"出土文献与古史史料学研究" 丛书

赵争 著

出土文献与古书成书新研

上海古籍出版社

本书为国家社科基金重大项目
"出土简帛文献与古书形成问题研究"（19ZDA250）
的阶段性成果

序

宁镇疆

　　这是我第二次为赵争的书写序了。上次是为他的《辨伪与存真：百年来的古书体例研究》（中西书局 2021 年），时隔三年，他的《出土文献与古书成书新研》又将出版，真是可喜可贺的事。这既显示赵争在相关问题上的学术积累，也反映了他的勤奋。考虑到三年中他还经历了工作调动这样不算大也不能算小的事，有此成绩就更属难得。这说明无论境遇如何变化，赵争始终能够秉承潜心向学的初心。当初从河海大学毕业时，对口入职的水利工作单位其实条件还算优渥，但赵争却毅然转行跨考相对冷门、枯燥的历史，这与今天很多学子为了改善工作条件而考研的初衷完全相反，说明他对学术的追求不是一时的冲动，用现在的俚语概括，的确"是真爱"。

　　赵争这部书的基础来自他当初博士论文的部分内容，毕业十多年来，学界在这方面的发现和研究均日新月异，所以赵争这部书里既有新增板块，如"书"类文献和古医书的案例；也有对既有板块的补充，如讨论《诗经》和《论语》文本流传的部分，这都显示赵争对古书形成的研究颇能与时俱进。赵争将目前发现的出土古书分为八个个案，探讨其文本的流传与形成，有鲜明的"类型学"意识，即不同古书在性质、材料来源、成书方式等方面均多有不同。古书形成"类型学"理论的研究和相关认识的深化，我认为恰恰是古书形成研究深入推进的一种反映。作为"类型学"意识的一个表征，比如作者注意到，"作为'王官四教'的'书''诗''礼'（应该也包括'乐'）在生成及流传方面大体上共享了一种相同的模式"。这里的讨论，说明作者意识到官方政教、垂范后世的"书""诗""礼"类等文献在形成模式上有共性。作者还说，"相较于'模块聚合模式'的古书成书方式,本书将'书''诗''礼'类文献为代表的成书方式称为'整篇汇辑模式'","两者的首要差异即在于文献基本单位的生成方式及文本形态:以'诗''书''礼'为代表的这类文献其基本单位的初始样态大体上均为具有一定规模的'篇',并且单篇文本往往蕴含较为清晰的逻辑关系,甚至具有特定的文本结构,因为相关的文本形态均基于相应的生成机制",这里明确点出了作为官方政教的"诗""书""礼"等文献在单篇生成模式上的共性。当然,如果细加区分的话,他们之间可能也有不同。比如很多《诗》篇本源于自出胸臆的个人情感抒发,最初本无意于王官政教,但有的则明显系对贵族官员的歌功颂德,作为周代日常行政的一部分,这类《诗》篇的性质则与《书》篇类似。有意思的是,有的《诗》篇还有整合《书》篇的现象,比如《大雅·江汉》云:"王命召虎,来旬来宣:文武受命,召公维翰。无曰予小子,召公是似。肇敏戎公,用锡尔祉。厘尔圭瓒,秬鬯一卣。告于文人,锡山土田。于周受命,自召祖命,虎拜稽首:天子万年。"《江汉》这一部分特别是后面讲赏赐和召伯虎答谢的文句,与很多册命金文相似,明显是将册命金文的格式嵌入《诗》篇之中。有严格行文规范的册命内容文句被整合进《诗》篇之中而圆融无碍,实际上体现了《诗》篇作为"篇"明确的布局、擘画意识。这显示了周人文章学的修养和所达到的水准。赵争又指出册命类《书》篇大都来自册命典礼,而典礼自有其规约程式,这又涉及同为王官政教的"礼"类篇目的形成。《仪礼》十七篇,委曲细致地分类介绍各种仪节的全过程,很明显,《仪礼》这种"篇"的形成要受到各种礼节既有程式的客观约束,这不是个人主观的才情和擘画能决定的。因此可以看出,虽然同为"王官政教",但《诗》与《书》之间、《诗》《书》与《礼》之间也存在细微的不同,共性之中又有差异,《庄子·齐物论》云"类与不类,相与为类",诚可谓当之。

赵争在讨论"诗""书"类文献的生成逻辑时经常提到"篇章的生成",也就是说,古书的"形成"研究,这时候要处理的其实是更小单位"篇章"的生成逻辑,就像赵争在文中说"这些君主发言(以及君臣谈话)被特定群体(史官)依照特定组织形式(史官制度)记录从而形成了具有特定逻辑关系和一定规模的'篇'"。我认为这种"篇章"的生成逻辑本质上反映的同样是周代文书制作者的文章学修养，与个人的知识素养和才情密切相关。像晚近公布的清华简《四告》，作为周公、伯禽、穆王满、召伯虎所作的告文（当然有的不排除史官代笔，但我不认为是后人拟托），一方面每篇前面都不乏叙事之笔，另一方面，当结尾部分回归告神主题时，其文句措辞又有明显的程式特征。作为独立篇什的体式收束意识也是非常清晰的，这实际上就反映了周人文章学意识的觉醒。关于周人的文章学素养，赵争在书中还引晚近学者对"王若曰"的讨论指出其口头性质，但也指出王的话恐怕也有事先预制的文本，不可能全凭现场任情发挥。这个看法是很对的。册命文本的制作，既涉及制度，也涉及从业者的知识水准。制度层面，自有相关的礼仪规程提供约束；而具体到从业者的知识水准，我们往往会想到史官，《左传·襄公十四年》说"史为书"，《国语·周语上》也说"史献书"，似乎册命文书的制作总是对应着史官。但《周语上》又言"使公卿至于列士献诗"，所谓"公卿至于列士"，显然包括百官，可知能"诗"者实涵盖各等级官吏。就像《左传·襄公四年》说"命百官，官箴王阙"，这里的"百官"都能作"箴"。有人可能会说"诗"与"箴"不一样，但我们看《左传·襄公四年》记载的《虞人之箴》可以说通体押韵，形同歌诗，说明"诗"与"箴"的区别也只是相对的。《左传·襄公四年》所载《虞人之箴》的"虞人"说起来也并非秩级多么高的官，但却可以写出这种水平的"箴"，这对我们思考周代服务王家人员整体的知识素养是个很好的参照。当然，具体到册书的制作我们不否认这可能是为某些家族垄断的世承职事，但作为西周知识阶层基本素质的文章学修养，又恐怕是共通的，并不能为某一家族或某一职事所垄断。窃以为，这种文章学修养正是西周王官之学的具体而微者。实际上，我们前面提到的《诗》《书》之异，同样可视为周人文章学意识的反映：他们不只布局谋"篇"，还有明确的文体意识。在这方面，长期以来很多学者的看法是比较机械的，他们习惯上把周初八诰那种诘屈聱牙的文风当成周人普遍甚至唯一的语言样态，并以此作为年代学划线的标尺，稍微浅白一点就说是晚出或后人拟托的，总之就不是周人的语言，实为大谬。可以说，他们对周人文章学所达到的水准严重估计不足。最近研读李学勤先生的金文讲义，我发现李先生在这方面的看法就比较通透，他说："读史墙盘铭文，大家要明白一点，就是商周时候的文字和书风不是只有一种。我们今天也一样，我们写公文用的语言和平常说的大白话就有所不同，……在同一个时代，同样的思想和观点，可以用不同的方式来表达。……英文在文白之间有四个等级，商周时期的文体一定也有不同的等级，……所以同样的内容，可以写得比较白，也可以写得比较文。"①所谓"同样的思想和观点，可以用不同的方式来表达"，就是明确承认那时是有文体之别的，而"商周时期的文体一定也有不同的等级"，一方面说明彼时文体的丰富性，另一方面也说明周人之"文"所达到的水准和高度。

上述周人文书制作及《诗》《书》篇什中所凸显的文章学修养，又可以促使我们思考西周王官之学的真实面貌。周代服务王家的知识群体，当他们为王家制作辅助行政甚至歌功颂德的文章时，这自然是"官学"，但贵族群体的知识素养恐怕也并非只有"王官"这样一个"出口"。这就涉及如何准确认识西周的王官之学及学术格局。在传统的先秦学术史认知框架中，战国诸子以下才有"学术"，西周则只有"官学"，好像"官学"不是"学术"似的，②其实大谬不然。在这方面，李学勤先生结合清华简内容，对西周的文化和学术格局同样有一种拨乱反正的认识，他说："一直以来都流传着一种错误的观点，即从孔子以来，中国才有学术。这个观点是不对的。……现在从清华简和其他传世文献结合起来研究，可以确知，孔子之前有很多的学术思想。所以早在孔子之前，中国就有了学术。"③这个看法是很对的，也说明我们长期对西周官学的认识过于片面和机械，把"官"与"私"完全对立起来。举个最简单的例子，如果"官学"真的

---

① 李学勤：《金文与西周文献合证》，北京：清华大学出版社，2023年，第927-928页。
② 相关的讨论参见拙文《先秦史上的"私家著作"问题与西周春秋的学术格局——兼谈李学勤先生关于先秦学术史的一个重要论断》，《出土文献与古书形成研究》，上海：上海古籍出版社，2024年，第25页。
③ 李学勤：《清华简与先秦思想文化》，《清华简及古代文明》，南昌：江西教育出版社，2017年，第216页。

与个人性的"私"水火不容，我们恐怕很难解释孔子所说的"古之学者为己"（《论语·宪问》），"为己"显然就是"为私"，孔子处春秋末期，他所谓"古之学者"显然更早了，那个时候都是"为己"或"为私"的，正说明"官学"也是以"私"为依托的。我们前面说贵族群体的知识素养并非只有"王官"这样一个"出口"，这里正好有一个形象的例子，恰可说明"官学"时代个人性之"私"的存在。《礼记·坊记》引佚书《君陈》说："尔有嘉谋嘉猷，入告尔君于内，女乃顺之于外，曰：'此谋此猷，惟我君之德。'"这里明确说如果自己有"嘉谋嘉猷"，但却要对外人说"此谋此猷，惟我君之德"，不过是"善则称君"或"诸侯有善，归诸天子"观念的反映。当个人的"嘉谋嘉猷"被周王采纳并施之于王家政治，这当然是王官之学，但这样幸运的毕竟是少数，大量个人的"嘉谋嘉猷"因找不到"出口"恐怕始终停留于"私"，正是那时的"为己"之学，即意在个人修养的养成和健全，其最终目的其实并不在于服务王官政教。或者说王官政教所需的知识、技能等要求，也仅仅是"为己"之学知识素养的一个方面而已。与"官""私"之辨相关，李学勤先生还以《老子》一书为例云："传说老子是周的守藏史，但《老子》一书则是他离职之后的著作，所以可以看作是老子的个人学术活动，与职务无关。"①这里李先生明确说《老子》一书的性质是"离职之后"的"老子的个人学术活动，与职务无关"，其意就是要与"官学"切割。这与《坊记》引《君陈》的情况适成对照：《君陈》所载说明西周大量的个人才情本无缘"王官"，所谓"一生襟抱未曾开"；《老子》的情况又说明离开"王官"后个人仍然有自己的兴趣和志业，这也正是"为己"之学的根本目的。这些都让我们看到西周"王官"体制下活跃的"个人"，因此传统上对西周王官之学的认识就需要进行重大革新。我们今天讨论古书形成问题，与"王官"之学相关的西周的文化及学术格局显然也是题中应有之义。近来业师谢维扬先生揭橥"知识社会学"这一命题，②而古书的形态和变迁，可以说正是"知识"如何"社会学"的反映。这可以视为古书形

---

① 李学勤：《清华简与先秦思想文化》，《清华简及古代文明》，第 217 页。
② 谢维扬：《古书形成研究与古史史料问题》，上海：上海大学出版社，2023 年。

成研究的一个"副产品"：古书形成研究作为古史研究的一个分支，本来关注的是纯粹史料（古书）本身，但我们越来越认识到，要想讲清楚史料本身的形态和变迁，又必须对当时的社会制度、观念、思想等有全面的了解，这已经是西周史研究的"本体"了。因此，可以毫不夸张地说，古书形成研究，等于揭开了以往西周史研究不太为人熟悉的一面。某种意义上，这也可以视作另一种"倒逼"。

读赵争的这本《出土文献与古书成书新研》，我们会发现他不少地方都提到了现有的论说框架，比如"诗"类文献的"三家诗"，"论语"类的"三论"等，在这些地方赵争都明确指出现成的这些论说框架是不敷应付的，古书的实际情况可能要复杂得多，很多中间环节不为我们所知。我觉得这是很有价值的方法论反思，特别是当前出土文献发现越来越多的情况下，这一方法论反思也愈显示其重要性。为了说明这一问题，赵争在学界已有讨论的基础上，倾向于把现在我们面对的出土文本称为"个别的抄本"——当然这个定名还可以再讨论。"个别"一词是想说明目前我们看到的很多出土古书，在古书流传、演进的历史洪流或链条中，其实是很偶然的现象，从古书演进的过程来讲，与这些具体的出土古书邻近的"前后""左右"的传本形态都不为我们所知，更不要说还要考虑到这些出土古书的抄写目的、埋藏情况等因素，因此对其文本性质进行界定就是非常棘手的事。与之相对的是，我们目前已有的论说或认知"框架"大都相对宏观，线条上也过于"粗"。举个例子来讲，安大简《仲尼曰》和王家咀简《孔子曰》都有大致相同的内容"一箪食，一勺浆，人不胜……不胜其乐，吾不如回也"，但今本《论语·雍也》作："子曰：贤哉，回也！一箪食，一瓢饮，在陋巷，人不堪其忧，回也不改其乐。贤哉，回也！"语言表述上虽多有差异，但其实意思是差不多的。我们是否能据出土文献在版本"量"上的优势就说《论语》本当如此？我觉得情况恐怕没有那么简单。虽然古书成书研究关注的是文本本身，但楚简的面貌也提醒我们，古书流传或传播的过程，并不见得都是"从文本到文本"的照抄，否则我们很难解释楚简与今本的这些差异。因此最近我在有些场合主张我们需要点"超越文本"的意识。因为古书的流传与形成，不纯粹是文本自身的事，还受经师解说、流传途径、不同地区语言及观念的差异等因素的影响（这也是"知识社会学"话题），因此各地流行的孔子语录也并不苛求语言表述形式的完全一致，这给我们古书形成研究方法论的启示就是不能轻率"立异"，以至于把仅仅是语言表述形式的不同上升为"意义"甚至是"文本"的不同。比如上述楚简与今本《论语》表述上的不同，私以为它们可能只代表了一种区域性流传的文本面貌。它们与今本表述形式上虽有"异"，其"意义"却是基本一致的。这种情况下，出土古本量上的优势其实也并不能说明传本性质有什么实质的不同，因此，"立异"还是要慎重的。

以上是我拜读赵争新书的一点粗浅的体会。个人感觉，古书形成研究无论就内容和方法上来讲都给我们带来不少新知。这些新知有的属于古书文本自身，有的则触及古史研究的"本体"，后者涉及的内容又是"正向"的古史研究不太容易发现的，这都揭示古书形成研究这一"新赛道"的独特价值。当前，简帛古书的新发现还在不断涌现，可以期待与之相关的研究带给我们更多新知。像本书中讨论的《论语》文本流传与形成，晚近又有安大简《仲尼曰》、荆州王家咀楚简《孔子曰》等新材料可作补充，这些材料较定州简、海昏侯简的时代更早，对我们认识《论语》及相关文献的形成无疑有着重要价值。希望赵争能一如既往地跟踪新材料，在古书形成的研究上取得更多、更出色的成绩。

目　　录

绪　　论

"古来新学问之起,大都由于新发见",王国维此论迄今近乎百年。百年间简帛文献持续涌现,尤其是 20 世纪 70 年代之后势如井喷,进入新世纪更是有清华大学藏战国竹简、北京大学藏西汉竹书、安徽大学藏战国竹简、海昏侯墓出土简牍等重磅材料再现。这些再现的简帛文献不仅使我们见到了古书实物的原貌,更使我们对古书形成及流传过程有了不同于以往且更加合理的认识和理解。百年间古书成书问题可谓历久而弥新,学界对古书的反思也由材料而方法终及理论层面的思考。

一、相反相成:对古书的第一次反思

众所周知,20 世纪上半叶,从事疑古辨伪的学者对我国的古书进行了规模空前的审查,取得了很多成果,产生了很大影响,然其中亦因疑古过勇而导致了某种程度的偏差。当时即有学者针对这种情况进行讨论并发起反思,如吕思勉谓"近二十年来,所谓'疑古'之风大盛,学者每訾古书之不可信,其实古书自有其读法,今之疑古者,每援后世书籍之体例,訾议古书,适见其卤莽灭裂耳",①明确提出要从古书体例的角度反思古书辨伪活动。与吕思勉对疑古辨伪活动的回应类似,较早关注古书体例并以此切入古书成书问题讨论的学者如孙德谦、刘咸炘、余嘉锡,均以古书体例为进路考察古书形成与流传情况,以期对疑古辨伪活动中某些较为偏颇的做法进行纠正。

不仅如此,直接参与疑古辨伪的学者对古书成书及相关的古书体例,甚而对古书辨伪学本身也有所反思,然而囿于古书真伪概念以及对古书品质的基本估计,从事疑古辨伪运动的学者(如梁启超、

---

① 吕思勉:《先秦史》,上海:上海古籍出版社,2005 年,第 6 页。

罗根泽、张心澂)对古书体例的认知及相关思考,多停留在古书真伪的二分法层面,未能对古书成书及古书体例总结出具有质变意义的突破性认识。① 对古书成书和古书体例形成自觉认识并进而反思辨伪活动的学者,最初也往往囿于古书真伪概念而对古书辨伪活动表示理解与赞同。然而随着对古书形成与流传情形的深入认知,相关学者出现了由辨伪到考信的态度转变,如胡适、傅斯年,后者甚至发展出了一些"足以破解疑古思想的论述"。②

(一)由疑到信:胡适、傅斯年对疑古辨伪活动的态度转变

1. 胡适对疑古辨伪活动的反思

胡适对顾颉刚的"层累说"最初是非常赞同的,将之誉为史学界的革命。在古史辨运动中,胡适是直接参与者,也是领导者、组织者。然而众所周知,胡适对顾颉刚疑古辨伪的态度前后是有变化的,胡适明确表示由疑古转为信古的时间为 1929 年,其此后的文章多有对疑古辨伪方法提出商榷者,较典型的如《陆贾〈新语〉考》《论观象制器的学说书》以及《评论近人考据〈老子〉年代的方法》与《论秦時及〈周官〉书》。

《论观象制器的学说书》是胡适作于 1930 年的一封与顾颉刚讨论《周易》"观象制器"说的信,③此文主要内容为讨论《周易·系辞》的年代及"观象制器"说的性质。对于《系辞》年代,胡适以《新语》一书可信而推定《系辞》年代,进而对顾颉刚《系辞》晚出的意见作出讨论;对于"观象制器"说,胡适认为是一种文化起源的学说,而非历史,实际上是对顾颉刚将传说与史事混同这一做法的批评。胡适谓其《论观象制器的学说书》于顾颉刚之作"毫无相犯",且其所指摘者"皆是后半的余论",④认为顾颉刚的研究小疵不掩大瑜。然而到了

---

① 详参赵争:《辨伪与存真:百年来的古书体例研究》,上海:中西书局,2021年,第一章第一节、第三节、第四节。

② 王汎森:《傅斯年对胡适文史观点的影响》,《中国近代思想与学术的系谱》,石家庄:河北教育出版社,2001年,第289页。

③ 胡适:《论观象制器的学说书》,《古史辨》第三册,上海:上海古籍出版社,1982年,第84—88页。

④ 胡适:《论观象制器的学说书》,《古史辨》第三册,第88页。

胡适写出《评论近人考据〈老子〉年代的方法》一文时,对顾颉刚是"大为生气"而加以"痛驳",从此以后,就对顾颉刚"很明显地"不满起来。①

　　这次关于老子其人其书的讨论是由胡适《中国哲学史大纲》中的论述挑起的。首先是梁启超于 1922 年针对胡适"老在孔前"的观点提出讨论,②紧接着张煦对梁启超的理据进行逐条反驳,③其后分别有学者加入讨论。其中,钱穆于 1923 年以"道""名"之思想线索为据对胡适的观点提出驳难;④冯友兰在其 1931 年出版的《中国哲学史》一书中以文体演变线索对胡适的观点进行讨论;顾颉刚作于 1932 年的《从〈吕氏春秋〉推测〈老子〉之成书年代》一文主要从古书内容及史事方面推论《老子》成书年代,⑤认同梁启超对于《老子》年代的意见,而"明白地反对胡适的说法"。⑥ 对此,胡适于 1931 年、1932 年分别写信作答,⑦并在此基础上,于 1933 年作《评论近人考据〈老子〉年代的方法》一文,对有关考证方法进行了深入的反思。

　　在《评论近人考据〈老子〉年代的方法》中,胡适首先剖析冯友兰论证方法中的"丐辞"嫌疑,次论以思想线索及文字、术语、文体推论《老子》年代方法的不确定性,最后对顾颉刚以《吕氏春秋》以书之"例"推论《老子》晚出的方法进行讨论。对于以"丐辞"为理据,胡适指出其中"尚待证明的结论预先包含在前提之中"的逻辑

① 顾颉刚:《我是怎样编写〈古史辨〉的》,《古史辨》第一册,上海:上海古籍出版社,1982 年,第 24 页。
② 梁启超:《论〈老子〉书作于战国之末》,《古史辨》第四册,上海:上海古籍出版社,1982 年,第 305—307 页。
③ 张煦:《梁任公提诉〈老子〉时代一案判决书》,《古史辨》第四册,第 307—317 页。
④ 钱穆:《关于〈老子〉成书年代之一种考察》,《古史辨》第四册,第 383—411 页。
⑤ 顾颉刚此文见《古史辨》第四册,上海:上海古籍出版社,1982 年,第 462—520 页。
⑥ 顾颉刚:《我是怎样写〈古史辨〉的》,《古史辨》第一册,第 24 页。
⑦ 《与冯友兰先生论老子问题书》《与钱穆先生论老子问题书》两封答书均收入《古史辨》第四册。

悖谬之处。① 对于以文体判定古书年代的方法,胡适指出以文体推定古书年代所蕴含的不确定性在于:首先,某种文体或术语起于何时不易确定;其次,一种文体往往经过长时期的历史而人们也许只知道历史的一部分;再次,对文体的评判易受主观成见的影响。②

在胡适看来,以文字、术语、文体来作推定古书年代的依据,其"危险之处"与从思想线索上立论大体相似,因为两种方法同样易于为主观成见所影响,"是一把两面锋的剑可以两边割的"。③ 况且一个人的思想往往有变化而前后不一致,对于"时代意识"就更不易把握了。这也是胡适针对顾颉刚《从〈吕氏春秋〉推测〈老子〉之成书年代》下半篇所用方法的批评,④胡适认为顾颉刚此文所用方法简直是"有意周内",⑤指出顾文因主观成见影响而致对古书内容产生了误判。

1930年顾颉刚发表《五德终始下的政治和历史》一文,随后(1931年)钱穆作《评顾颉刚〈五德终始说下的政治和历史〉》表达相反意见,紧接着顾颉刚撰《跋钱穆评〈五德终始说下的政治和历史〉》作答。胡适见此情形,便"想做一篇文字来参加你们的讨论",⑥于同年(1931年)作《论秦時及〈周官〉书》一文。胡适此文分两部分,第一部分从民俗学角度,以宗教发展演进过程对"造伪"说进行讨论,胡适以宗教演进替代"层累说",明显是要打破后者单线造伪的解释模型;⑦此文第二部分主要对《周官》一书的性质进行讨论,核

---

① 胡适:《评论近人考据〈老子〉年代的方法》,《古史辨》第六册,上海:上海古籍出版社,1982年,第388页。
② 胡适:《评论近人考据〈老子〉年代的方法》,《古史辨》第六册,第393页。
③ 胡适:《评论近人考据〈老子〉年代的方法》,《古史辨》第六册,第390页。
④ 胡适:《评论近人考据〈老子〉年代的方法》,《古史辨》第六册,第409页。
⑤ 胡适:《评论近人考据〈老子〉年代的方法》,《古史辨》第六册,第404页。
⑥ 胡适:《论秦時及〈周官〉书》,《古史辨》第五册,上海:上海古籍出版社,1982年,第637页。
⑦ 胡适的这一思路为后来的论者所继承,如被视为古史辨派"生力军"的杨宽提出了"神话演变分化说",以民族系属与神话演进来解释上古史,实际上消解了"层累说"有关古史"造伪"的解释,与胡适的宗教演进说可谓异曲同工。

心要点在于对刘歆遍伪群经说进行论辨。实际上,胡适对于刘歆遍伪群经说起疑较早,在 1930 年 10 月 28 日的日记中他就认为钱穆的《刘向歆父子年谱》"为一大著作","见解与体例都好",而"殊不可晓"何以顾颉刚在见过钱穆《刘向歆父子年谱》后仍"墨守康有为、崔适之说"。①

2. 傅斯年对疑古辨伪活动的反思

对顾颉刚的疑古辨伪活动,尤其是在史学界引起巨大反响的"层累说",傅斯年的最初反应是积极的和肯定的,然而与此同时傅氏的回应中还有一部分是谈论方法的,只是这些内容被淡化了,未遑经过充分的沉淀。② 比如,傅氏盛赞顾颉刚"层累说"的《与顾颉刚论古史书》一文中即有不少"被淡化了"的有关方法的讨论。其一,傅斯年基于地域因素解释古史的多元古史观,与"层累说"以造伪为核心解释古史及古书形成显然途辙各异;③其二,傅氏此文中对古书成书有了更加合理的思考。如他虽受今文家说影响对《左传》的品质持保留态度,但傅氏对刘歆造伪说已经产生某种怀疑,并对此提出十五条研究规划,如第十一条聚焦《左传》在刘歆以前的流传考察,认为"《左传》决不是一时而生,谅亦不是由刘歆一手而造","其前必有一个很长的渊源";④在第十二条规划中傅氏指出《左传》中不能自洽的内容,并将考查《左传》材料来源作为着力点,而不以书中不自洽之内容为造伪证据;又如论汉代思想趋势,傅氏认为"由今文到纬书是自然之结果",自有其内在理路,言外之意即相关情形并非全然出于造伪,并指出"造伪经在现在看来是大恶,然当时人借此寄其思,诚恐不觉其恶,因为古时著作人观念之明白

---

① 胡适日记内容见胡适著,曹伯言整理:《胡适日记全编》第五册,合肥:安徽教育出版社,2001 年,第 834 页。

② 张京华:《古史辨派与中国现代学术走向》,厦门:厦门大学出版社,2009 年,第 38—39 页。

③ 有关傅斯年多元古史说及其对胡适影响的讨论可参王汎森:《傅斯年对胡适文史观点的影响》,《中国近代思想与学术的系谱》,第 283—310 页。

④ 傅斯年:《与顾颉刚论古史书》,《傅斯年全集》第一卷,长沙:湖南教育出版社,2003 年,第 470 页。

决不如后人重也"。①

如果说这一时期傅斯年与顾颉刚之间多为"快乐的争论",那么以 1928 年傅斯年《历史语言研究所工作之旨趣》一文为分水岭,两人的分歧就非常明显了。② 除了考古学的进展及相关成果对傅斯年古史观的影响外,更重要的是傅斯年对古书成书及古书体例有了更加深入的认识。《战国文籍中之篇式书体——一个短记》一文的出现,③说明傅斯年"已发展出一些足以破解疑古思想的论述"。④ 此文分两部分,上半部分为傅氏对古书体例的总结以及在此基础上的对古书"真伪"概念的审视,下半部分是以傅氏对古书成书模式的认知推论战国古书的文体演变规律。傅氏指出,"切不可以后来人著书之观念论战国文籍",因为"战国文籍之成书性"自有其不同于后世之处:

> 战国时"著作者"之观念不明了;
>
> 战国时记言书多不是说者自写,所托只是有远有近有切有不相干罢了;⑤

傅氏所总结的战国古书体例的核心内容其实均为"著作权"观念。傅氏明确指出,战国时没有如后世这般的"著作权"观念,战国

---

① 傅斯年:《与顾颉刚论古史书》,《傅斯年全集》第一卷,第 464 页。除了《与顾颉刚论古史书》,傅氏回国前所作文章,如《评〈秦汉统一之由来和战国人对于世界的想像〉》《论孔子学说所以适应于秦汉以来的社会的缘故》《评〈春秋时的孔子和汉代的孔子〉》等,均有其对疑古辨伪活动的精到思考。这三篇文章均作于 1926 年,见《傅斯年全集》第一卷"1926 年"条目下,第 474—488 页。

② 张京华将傅斯年的治学倾向分作三个阶段,其中第二阶段为傅、顾有许多"快乐"的"争论"阶段,第三阶段为由观点相异而至产生分歧的阶段,并对傅氏每一阶段的情况有详细的论述,参张京华:《古史辨派与中国现代学术走向》,第 33—37 页。

③ 傅斯年《战国文籍中之篇式书体——一个短记》一文作于 1929 年,1930 年刊载于《中研院历史语言研究所集刊》。

④ 王汎森:《傅斯年对胡适文史观点的影响》,《中国近代思想与学术的系谱》,第 289 页。

⑤ 傅斯年:《战国文籍中之篇式书体——一个短记》,《傅斯年全集》第三卷,第 18 页。

古书多不题撰人,也多非作者自著,而是出于后人追记,这就是战国古书的存在状态,是当时书籍形成与流传的一种通例。只是后人多以今日书之内容须为作者亲作的著作权观念去看待战国文籍,想当然地认为某些战国书名即标明其书作者,且古书内容须与其作者相合,进而断定古书的真伪。若对照战国文籍体例,上述这种思路当然纯属以今度古,实为庸人自扰。傅氏有关古书成书与古书体例的讨论,不仅发展出一些足以破解疑古思潮的论述,也"几乎可以说是迄今为止可以破解疑古过勇的唯一有效途径"。①

(二)古书自有其读法:刘咸炘、余嘉锡对疑古辨伪活动的反思

除了从事疑古辨伪的学者群体内部逐渐生发出了对古书辨伪活动本身的反思外,其实在疑古辨伪活动风起云涌之时,即有学者保有冷静的观察和思考,较早注意到了古书成书及相关体例与古书真伪概念之间的内在张力,并对此进行了较为系统、深入的研究。

1. 刘咸炘对疑古辨伪活动的反思

刘咸炘认为目录学即古所称之校雠学,其荦荦大者在部次书籍,次而及书之真伪、名目、篇卷,至于校勘异本、是正文字,则为其末务。对于古书辨伪之学,刘氏提出了一个看似已无需讨论实则极为根本的问题:何为"伪书"?在刘氏看来,古书考辨之事自古及今,由疏而密,至近世几于无书不伪的境地,其中多有不了解古书体例的情况,"于不伪处疑伪,以非伪为伪者",故刘氏云"欲辨伪书,当先明伪书二字之义",②刘氏之真伪标准至为简明:"伪书者,前人有此书而已亡,或本无此书,后人以意造伪书而冒其名,实非其人之作也。"③标准底定,然后才可论真伪,在刘氏看来,昔人辨伪往往以非伪为伪,其原因即在于对真伪标准"囫囵不析"。④ 对于伪书情状,刘咸炘在胡应麟《四部正讹》基础上对辨伪方法作了总结和补充,分

---

① 张京华:《古史辨派与中国现代学术走向》,第 37 页。
② 刘咸炘:《目录学》,《推十书(增补全本)·丁辑》,上海:上海科学技术文献出版社,2009 年,第 255 页。
③ 刘咸炘:《目录学》,《推十书(增补全本)·丁辑》,第 255 页。
④ 刘咸炘:《目录学》,《推十书(增补全本)·丁辑》,第 255 页。

"体别"（缀古事、挟古文、传古人名、蹈古书名）及"意别"（惮自名、耻自名、假重、祸之、诬之、求利与济私）两类。

　　章学诚在《淮南子洪保辨》中已论及相关古书体例，如其论"古人有依附之笔""旁托之言""伪撰之书"及"杂拟之文"，刘咸炘在此基础上作了更加详细的总结，计有六类：一曰事之乖谬，谓古书记事，间或时代抵牾，或一事而异说兼存，或发抒己意，往往借古事以重其说，年岁舛谬，事实颠倒，甚且虚造伪事，近于寓言，"事虽伪而书则非伪"，若"以所言之误而疑其人之非，则乖矣"；二曰文有附益，谓一书流传写刻，非经一手，或笃古者掇舍而误入他书之文，或好事者改窜而妄加一己之意，更有后人注识之语误入正文而致书中之事延及后代者，固不能以偏概全；三曰传述，概谓古书多非自著，往往口耳相传而后著之竹帛，其书往往为其门人、宾客纂辑而定，故题某人之书不必为其自著而多为其学派一家之言，此不当以伪论；四曰依托，概谓古书多有依托古人为言者，口耳相传以至著于竹帛，中或不能无得失，然虽本无其书，而旨有所出，言有所承，无所谓造，也无所谓冒；五曰补阙，谓以己意补古书之阙，补者非作者，既非冒名，亦不自讳，故亦不为伪；六曰托古，谓己意不自抒而托古人以言之，借名不同冒名，故不合伪书标准。① 世之不明此古书体例而辨伪书者多矣，其误即在于"不明古人著述之情状"。②

　　此外，刘咸炘《续校雠通义》一书主要讨论由"七略"到四部的部类划分及体例流变。在刘氏看来，古书部类、体义之别实关乎对古书真伪的判断；又在《校雠述林·子书原论》中，刘氏条论子书不皆手著、子书多非成于一人一时而多后世裒辑、子书多重复零碎而不贯等等，因子书自有其体例，故今世考辨诸子者惟恃考检年代，而根本之误则在认子书皆由自作，故而考辨益密而纠纷益多，竟至无书不伪。③ 在刘氏看来，后世考论战国诸子者，因不解子书体例，几至于无书不伪之境地。

---

① 刘咸炘：《目录学》，《推十书（增补全本）·丁辑》，第 255—257 页。
② 刘咸炘：《目录学》，《推十书（增补全本）·丁辑》，第 257 页。
③ 刘咸炘：《校雠述林·子书原论》，《推十书（增补全本）·丁辑》，第 108 页。

相较于刘咸炘,稍早的孙德谦只可谓发章(学诚)氏之学的余绪,对古书体例的讨论实为承继高邮王氏之学并扩及字词之外而已;吕思勉论古书体例乃是其以学术为中心、以思想为线索之方法的支流,而于具体的古书体例论之不详,故孙、吕二人所论均有条理不甚明晰、不系统、不深入之嫌。相形之下,刘咸炘对古书成书与古书体例的见解更入微、更有条理;且部类条别领出专论、于古书体例另书论列的做法,反映了刘氏对古书体例有更加自觉的体悟,也使其对古书体例的研究进一步专门化了。此后余嘉锡《目录学发微》专论部类衍变、《古书通例》专论古书体例的做法,刘咸炘可谓为之开了先河。古书体例作为一种专门知识进入学人的考察视野,对古书成书与古书体例研究的深化是必不可少且至关重要的一步。①

2. 余嘉锡对疑古辨伪活动的反思

余嘉锡《古书通例》一书是以古书体例为进路观察和讨论早期古书的一部系统性论著,其真知灼见渐被出土文献所印证,并日益为学界所重。

余氏在《古书通例》绪论中论辨古书真伪有三法及三难,方法一曰:考之史志及目录以定其著述之人及其书曾否著录。然周秦之书不皆手著,史志所载之撰人不尽为著述之人,且即便不论史志记载是否能尽举天下之书及或有讹误之处,古书自有别称、单篇别行及后世复出、献自外国等种种情况,故此法不尽可凭,此其难一也。方法二曰:考之本书以验其记载之合否。然古书有不出自一人者,或成于众手,或编次于身后,故"学案与语录同编,说解与经言并载",又有"笺注标识,混入正文,批答评论,咸从附录"者,以致"语不类其生平,事并及于身后",又古书多有拟托者,"造作语言,设为主客之辞,鸣其荒唐之说,既属寓言,难可庄论",故此法容有未尽,此难二也。方法三曰:考之群书之所引用,以证今本是否原书。然古书不免阙佚,加之传抄讹误、编次不同及分合不定,又或后人重辑,疏漏

① 详参赵争:《古书体例研究与古书辨伪——以孙德谦、刘咸炘、余嘉锡为中心的考察》,《湖南科技学院学报》2012年第1期。

之所难辞而言伪造则非其罪,故此法尚非其至,此难三也。①

"以此三难,是生四误:不知家法之口耳相传而概斥为依托,误一;不察传写之简篇讹脱而并疑为赝本,误二;不明古书之体例而律以后人之科条,误三;不知学术之流派而绳以老生之常谈,误四。"②余氏所总结之辨别古书真伪的三法、三难及四误可谓简赅。

余氏《古书通例》共分四卷,每卷涵括数条通例,每条中详列事例。其卷一为"案著录",下分"诸史经籍志皆有不著录之书""古书不题撰人""古书书名之研究""汉志著录之书名异同及别本单行"四条,每条下条列事例,如"诸史经籍志皆有不著录之书"条下分别就正史之经籍、艺文六篇之志及四库提要举例说明诸史经籍志有不著录之书。

卷二"名体例",下分"秦汉诸子及后世之文集""汉魏以后诸子""古书多造作故事"三条。前两条论子、集源流及其分野,畅论源出六经诸子之说。余氏论子、集之异同及源流嬗变,除可知古今学术之得失外,于古书不皆手著、古书单篇别行及多有附益等情状多所关涉,且对后世以集之体制观照诸子著作以致抵牾处,也颇资镜鉴。

卷三"论编次",其中分"古书单篇别行之例""叙刘向之校雠编次""古书之分内外篇"条。如"古书之分内外篇"条例举古书分内外篇之例,条别其状,推求原由,谓以内外篇分为二书者,必其同为一家之学而体例不同者也;凡一书之内自分内外者,多出于刘向,且其外篇大抵较为肤浅,或并疑为依托者。至谓古书之分内外篇,犹后世文集之有内外也,诗文之见于外集者,特多为作者不存之稿及删去之文,少年之作、未定之论往往杂出其间,所以大致较内集为肤浅,然何可即指为造伪,且内集不皆手定,亦何可尽信,诸子亦类是。若因书中有可疑之处而尽指为伪作,则唐、宋人之集,又何异于古书,而其中即一无可信耶?

---

① 余嘉锡:《目录学发微·古书通例》,北京:中华书局,2007年,第185—187页。
② 余嘉锡:《目录学发微·古书通例》,第187页。

余氏《辨附益》篇总结后人辑著者言行之状有数端：一曰"编书之人记其平生行事附入本书，如后人文集附列传、行状、碑志之类也"；二曰"古书既多后人所编定，故于其最有关系之议论，并载同时人之辩驳，以著其学之废兴，说之行否，亦使读者互相印证，因以考见其生平，即后世文集中附录往还书札、赠答诗文之例也"；三曰"古书中所载之文词对答，或由记者附著其始末，使读者知事之究竟，犹之后人奏议中之录批答，而校书者之附案说也"；四曰"古书之中有记载古事、古言者，此或其人平日所诵说，弟子熟闻而笔记之，或是读书时之札记，后人录之以为书也"；五曰"诸子之中，有门人附记之语，即后世之题跋也"。余氏以为"当先明古人著作之体，然后可以读古书"，若不明古人著作之体例，不能深察著述变迁之迹，而好执当时之例以议古人，则考辩论说，不胜其纷纷矣。

实际上，对书体书例的总结几乎可以说是"迄今为止可以破解疑古过勇的唯一有效途径"，①余嘉锡对古书通例的研究和总结无疑切中肯綮。考虑到当时"疑古学派几乎笼罩了全中国的历史界"②的状况，余氏此书不能不说是有其针对性的。

综上所述，对古书疑伪运动的回应与古书辨伪活动相反相成，辩证地完成了对古书的第一次反思。在古书疑伪活动的刺激下，古书体例作为回应古书疑伪活动的核心议题被提出，进而将这次反思带向更深邃的层面。随着 20 世纪下半叶尤其是 70 年代以后大批简帛材料问世，对古书进行新一轮反思的条件日益成熟。

二、超越真伪：对古书的第二次反思

我国简帛文献的发现，据记载最早可追溯至汉代，如西汉初年张苍所献《春秋左氏传》及河间献王刘德所征民间书，其中较为著名者如武帝时之"孔子壁中书"。汉以后较著名的一次简帛发现为西晋武帝时的"汲冢书"，所出古书种类颇多，今天尚可见者有《竹书纪

---

① 张京华：《古史辨派与中国现代学术走向》，第 88 页。
② 徐旭生：《中国古史的传说时代》，北京：文物出版社，1985 年增订本，第 23 页。

年》及《穆天子传》。此后,古代还有多次简帛发现,主要有:晋元康年间所得汉明帝显节陵中的策文,南齐出土的楚简《考工记》,北齐武平年间项羽妾冢所出古文《孝经》《老子》,北周发现的居延汉简,唐大历间之帛书《古文孝经》,北宋政和年间发现的东汉永初二年的讨羌檄书等。① 不过以上古代简帛文献多为偶然发现,且内容遗留不夥。对出土文献进行科学的调查、发掘和研究是从 20 世纪开始的。

20 世纪简帛古书的发现大致可以新中国的成立为界分前后两个时期。由于历史原因,前一时期的简帛发现大多与外国人在中国的"考察""探险"活动密切相关,简帛发现地区大致局限在我国西北边疆地区,所发现的简帛文献也大多流往国外。这一时期的简帛文献基本为边障官文书、私人信件等实用性文书,除了《仓颉篇》《急就篇》等"小学"类古书外,基本未发现简帛书籍。

建国后的简帛发掘和发现,无论数量还是质量都远超以往。如50 年代出土的湖南长沙五里牌战国楚墓竹简、湖南长沙仰天湖战国楚墓竹简、河南信阳长台关楚简及甘肃武威磨嘴子汉墓竹木简等,其中武威磨嘴子汉墓所出木简存有《仪礼》部分篇章。70 年代迎来了一个简帛发现的高潮期,较重要的有山东临沂银雀山汉墓竹简、河北定县八角廊汉墓竹简、湖北江陵凤凰山汉墓群竹简、湖南长沙马王堆汉墓帛书、甘肃居延新简、湖北睡虎地秦墓竹简、安徽阜阳双古堆汉墓竹简、湖北随县曾侯乙墓竹简、青海大通县上孙家寨汉墓木简、甘肃敦煌马圈湾汉代烽燧遗址木简等。80 年代简帛发现进入了一个间歇期,较为引人关注的有湖北江陵张家山汉墓竹简、甘肃天水放马滩秦墓竹简、湖北荆门包山楚墓竹简和湖南慈利石板村战国墓竹简。进入 90 年代以后,简帛发现又形成了一个高潮,且至今不绝。典型如甘肃敦煌悬泉置遗址所出汉代简牍、湖北江陵王家台秦墓竹简、湖北荆门郭店楚墓竹简、上海博物馆入藏的战国楚竹书、湖南长沙走马楼三国吴简。② 进入新世纪更有清华大学藏战国

---

① 古代简帛发现情况可详参阅骈宇骞、段书安:《二十世纪出土简帛综述》,北京:文物出版社,2006 年,第 176—180 页。

② 二十世纪简帛文献的发现情况可详参骈宇骞、段书安:《二十世纪出土简帛综述》。

竹简、北京大学藏西汉竹书、安徽大学藏战国竹简、海昏侯墓出土简牍以及天回医简等重磅材料出现。

新出简帛古书使我们得以一睹汉魏乃至先秦古书的原貌。大批的一手古书文本极大地丰富了我们对于古书的知识,其重要性不仅在于为某些"伪书"恢复了名誉,更在于更新了我们对古书的整体认知,促使我们对相关理论与方法进行反思。

（一）对古书的第二次反思与古典学重建

李学勤是较早提出对古书进行重新反思的学者之一。早在 20 世纪 80 年代,李先生就对在新的历史条件下重新反思古书,进而重新估价中国古代文明的有关课题进行了系统的论述。如在《重新估价中国古代文明》一文中,李先生基于考古工作的收获及考古学的进展,提出重新估价中国古代文明的时机业已成熟,并指出以往我们对中国古代文明发展高度的估计,恐怕在一些方面明显偏低了。[1]

对于我国古代文明发展程度估计偏低的原因,李先生认为主要有二:一是不适当地套用了外国历史的观点,再一个就是经学今文学派的影响。[2] 其中后者虽具有特定的思想解放意义,对古书考辨也取得了不小的成绩,然而这一过程中也不乏疑古辨伪过勇的情况,造成了不少"冤、假、错案"。[3] 疑伪过勇的偏差"每每是由于对古书的形成传流没有足够的理解"。在印刷术发明之前,古书都是书于竹帛甚至依靠口传的,历久流传,"编次的变化,文句的更改,后世词语的羼入","都是可能的,或者是不可避免的",[4]这并不能当作古书造伪的依据。简帛古书的意义在于"提供给我们的有关古书形成过程的新知识","可知古书的形成要经过复杂的过程,一篇文

① 李学勤:《重新估价中国古代文明》,《当代学者自选文库:李学勤卷》,合肥:安徽教育出版社,1999 年,第 1、6 页。此文原载《人文杂志》增刊《先秦史论文集》,1982 年。

② 李学勤:《重新估价中国古代文明》,《当代学者自选文库:李学勤卷》,第 10 页。

③ 李学勤:《重新估价中国古代文明》,《当代学者自选文库:李学勤卷》,第 11 页。

④ 李学勤:《重新估价中国古代文明》,《当代学者自选文库:李学勤卷》,第 12 页。

字常有几种传本,通过若干学者之手"。① 重新估价中国古代文明,其核心内容首先在于基础材料问题,这其中包含了材料的数量、质量等材料本身的条件以及对待材料的眼光、分析材料的方法两方面义涵。李学勤提出对中国古代文明进行重新估价,其主要依据便是上述有关材料的两方面的进展:考古材料的更新以及基于其上的,或曰由其触发的,对待及分析材料的新理论与新方法。

李学勤先生提出的对中国古代文明重新估价的课题之所以"新",是相对于其所参照之物而言的,这个参照物主要就是 20 世纪 20、30 年代兴起的疑古思潮。从事疑古辨伪的学者核心工作即在于"史料审查",这些学者在史料审查上取得成绩的同时,其相关工作往往也存有一些缺陷,"根本缺点在于以古书论古书,不能跳出书本上学问的圈子",②造成了相应的后果。其实较早即有学者对疑古派在史料审查方面的缺陷有所觉察,并就此提出了富于建设性的意见和方案,如王国维对"古史新证"的论述及其所提出的著名的"二重证据法";③其后,郭沫若以王氏"二重证据法"为出发点,将古书的记载与考古的成果结合起来,再上升到理论的高度,提出了非常具有解释力的论说框架与话语体系,"决定了此后很多年中国古史研究的走向","应该说这已经超出疑古,而进入新的时代了"。④ 这种将考古研究与文献研究结合起来的做法是以往"疑古"时代所未能做到的,故而在现今的条件下,走出"疑古"时代不但是必要的,而且也是可能的了。⑤

在结合传世文献与考古材料的意义上,李先生提出"走出疑古时代"这一议题,并指出简帛古书的大量问世使我们对古书形成及

---

① 李学勤:《重新估价中国古代文明》,《当代学者自选文库·李学勤卷》,第 12 页。
② 李学勤:《谈"信古、疑古、释古"》,《古文献丛论》,北京:中国人民大学出版社,2010 年,第 258 页。此文原刊于《原道》第 1 辑,北京:中国社会科学出版社,1994 年。
③ 李学勤:《谈"信古、疑古、释古"》,《古文献丛论》,第 258—259 页。
④ 李学勤:《谈"信古、疑古、释古"》,《古文献丛论》,第 260 页。
⑤ 李学勤:《走出疑古时代》,《走出疑古时代·导论》,沈阳:辽宁大学出版社,1994 年,第 19 页。此文原载《中国文化》1992 年第 2 期。

流传有更真实、详细的情形认知成为可能。李先生归纳了古书成书及流传过程中十种值得注意的情形，①指出古书形成往往经过了很长的过程，其间历经较大的变动，才最终定型，如果以静止的眼光看待古书，不免有很大的误会。② 继承我国古籍考辨传统的疑古辨伪思潮开展了规模空前的古书审查工作，"从根本上改变了人们心目中中国古代的形象"，可将之称为对古书的一次大反思。③ 然而在对古书进行的这次反思中，学者们并不十分了解古书形成及流传过程中一些异于后世的情形，基本以静止的眼光来看待古书，并简单地以"真""伪"概念对古书进行评价，这就难免存在一些局限性，其影响至今仍然存在。在简帛古书大量问世的条件下，进一步了解古书形成及流传过程中的详细情形，这可以说是"对古书的新的、第二次的反思"，"必将对古代文化的再认识产生重要的影响；同时，也能对上一次反思的成果重加考察"。④ 李学勤指出，从这个角度看，对古书的第二次反思具有方法论意义。⑤

　　以往对古书的认识及评价是基于"真""伪"概念的二分法模型，这个模型大体上是以较为静止的视角看待古书的，而对简帛古书的研究则非常有助于以下观点的形成，即古书成书是一个动态的、长时段的复杂过程，"真""伪"二分法模型对此往往是不适用的。基于这一见解，李先生提出被形象称作"古籍排队"⑥的古书考查方法：以出土材料设立几个定点，然后把其他的古书排进去。⑦ 李先生是以一种古书考年的方法取代以往基于"真""伪"概念的古书判定方

---

① 李学勤：《重新估价中国古代文明》，《当代学者自选文库：李学勤卷》，第16—19页。此文最初刊于复旦大学历史系编：《中国传统文化的再估计——首届国际中国文化学术讨论会（1986）论文集》，上海：上海人民出版社，1987年，第548—553页。
② 李学勤：《对古书的反思》，《当代学者自选文库：李学勤卷》，第19页。
③ 李学勤：《对古书的反思》，《当代学者自选文库：李学勤卷》，第15页。
④ 李学勤：《对古书的反思》，《当代学者自选文库：李学勤卷》，第16页。
⑤ 李学勤：《对古书的反思》，《当代学者自选文库：李学勤卷》，第20页。
⑥ 葛兆光：《古代中国还有多少奥秘？——读李学勤〈简帛佚籍与学术史〉》，《读书》1995年第11期。
⑦ 李学勤：《走出疑古时代》，《走出疑古时代·导论》，第13页。

法,这在很大程度上成为学界的共识,如李零和郑良树便提出了以
"古籍时代学"取代"古籍辨伪学"的意见。

　　裘锡圭将 20 世纪前半叶疑古活动及其论辩方的工作称为古典
学的第一次重建,20 世纪后半叶,尤其是 70 年代之后,基于简帛古
书的相关工作为古典学的第二次重建,且后者无疑是个长期的工
作,若从 20 世纪 70 年代算起,至今仍处在初期阶段。① 对于古典学
第二次重建的史料学基础,裘先生着重讨论了简帛古书的文献学意
义及其在校读古书中的作用,②以及古典学重建中应该注意的问
题。③ 裘先生从正反两方面所作的讨论,对于考古学与文献学相结
合的研究方法有重要意义。

　　对于中国古典学,刘钊对相关概念进行了全面梳理和深入论
述,对古典学重建的历史、近代以来古典学重建的深层次动力及诱
因、条件和重要工具,以及此次古典学重建的成就和特点进行了详
尽的剖析。④ 在刘钊看来,相较于古代的古典学重建,我们"将长期
处于中国古代文明的探索过程中,处于中国古典学的重建过程中";
与古人相比,"我们对当前正在进行的古典学重建有着充分的认识
和宏观的把握","能用理论来指导实践,实现自觉的研究",学界所
提出的"走出疑古时代""重新估价中国古代文明""重写学术史"等
课题无疑是中国现代古典学重建从自发走向自觉的标志。⑤

---

① 裘锡圭:《中国古典学重建中应该注意的问题》,《中国出土古文献十讲》,
　　上海:复旦大学出版社,2008 年,第 2—5 页。此文为 2000 年 3 月 25 日在
　　东京召开的"文明与古典"研讨会上的发言底稿。
② 裘锡圭:《中国出土简帛古籍在文献学上的重要意义》,《中国出土古文献
　　十讲》,第 82 页。
③ 裘锡圭:《中国古典学重建中应该注意的问题》,《中国出土古文献十讲》,
　　第 8—14 页。
④ 刘钊、陈家宁:《论中国古典学的重建》,《厦门大学学报(哲学社会科学
　　版)》2007 年第 1 期。
⑤ 刘钊、陈家宁:《论中国古典学的重建》,《厦门大学学报(哲学社会科学
　　版)》2007 年第 1 期。值得注意的是,刘钊有关出土文献在历史文献学方
　　面意义的认识(刘钊:《出土简帛的分类及其在历史文献学上的意义》,《厦
　　门大学学报(哲学社会科学版)》2003 年第 6 期)是其对中国现代古典学重
　　建有精到论析的基础,此文中刘钊对出土文献"使我们对古书体例有了更
　　清楚的认识"及其学术意义有专门论述。

（二）由古书辨伪学到古书年代学

1. 郑良树的辨伪学研究与古籍时代学

马来西亚学者郑良树也是较早对辨伪学开展反思的学者之一。郑氏在 20 世纪 80 年代所编《续伪书通考》一书序言中，总结近三十年辨伪学发展的新趋势，并在此基础上对以往的辨伪学进行了扬弃；此后又在《古籍辨伪学》一书中对传统辨伪学的概念、理论和方法进行了反思。进入 21 世纪，基于对出土文献及古书成书的研究，郑良树倡议以"古籍时代学"替代"古籍辨伪学"。

郑良树继踵张心澂编成的《续伪书通考》是古书辨伪学领域内的一部标志性著作。① 郑氏所总结的辨伪学发展的新趋势主要针对以往辨伪学中"旧"的因素。在郑良树看来，传统辨伪学中这些不合理的做法更多地体现在承继以康有为、崔适为代表的今文学家态度与方法的古史辨派学者当中，"古史辨派及其追随者在古籍辨伪方面，的确是承继康、崔的余绪；因此，到了民国初年这一阶段，在古籍辨伪学这个范围内，立刻就展呈出一种现象：伪书愈来愈多，古籍愈推愈晚，而许多前人无法知晓、无法论断的问题，今人反而知道得更清楚，解说得更明确"。② 郑良树注意到了当时在古史辨派内部发展出的反思，指出胡适对有关考辨方法提出的批评，并认为这些声音在当时"势孤力寡而被淹没而已"。③

郑良树对古书体例与古籍辨伪学关系的认识是有一个发展过程的。虽则在 20 世纪 80 年代郑良树对古书成书与古书体例已有了一定的认知，然而以古书体例观照古书考辨活动，进而对辨伪学的核心概念进行全面审视，似乎是此后十几年的事情了。郑氏在《古籍辨伪学》序言中对古籍辨伪学这门学问名义进行了讨论，认为理论上来讲，古籍辨伪学应该包含将传闻为"真"的古籍经考订后判为"伪"的过程，同时也包含被认为"伪"的古书经考订而恢复为"真"

---

① 郑良树：《续伪书通考》（上中下三册），台北：台湾学生书局，1984 年。李学勤以《伪书通考》与《续伪书通考》为古籍考辨领域里的两本标志性著作，参李学勤：《走出疑古时代·导论》，第 10—11 页。

② 郑良树：《论古籍辨伪学的新趋势（代序）》，《续伪书通考》，第 33 页。

③ 郑良树：《论古籍辨伪学的新趋势（代序）》，《续伪书通考》，第 33 页。

的过程,"古籍辨伪学实际上应该包含来往的两条研究路线","是一门'真到伪''伪到真'双轨同时进行的学问",而古籍辨伪学这一称谓易于使人误解为由真到伪单方向进行的学问。然而改作"古籍真伪学"或最"大公无私"的"古籍真伪考订学"均不十分合适,因此,"与其含糊和噜苏,还是沿袭精简而不十分理想的旧名"并加"古籍"二字限定,或曰明确其研究范围。① 郑氏虽对古籍辨伪学之名义持保留意见,然其最终的方案是沿用旧名并加以限定。

在出版于21世纪的《诸子著作年代考》一书中,郑良树以《论古籍辨伪的名称及其意义》一文代为序言,②继续讨论古籍辨伪学名义问题。郑氏对古书真伪这一概念本身的意义进行了反思。"何为'真',何为'伪'? 以今日观点来看,作者亲著者为真,相反者即称伪。然而,古人似乎没有这种'著作版权'的观念","先秦古人著文,皆不书篇名及作者,随作随行,没有定规,后来编次成书,也不一定出于手定;既无'成一家之言'的意图,也无私家著作的版权观念。在编纂中,一些与作者生平行事相关的文字,或者他人之辩驳,或者作者平日的诵说而弟子熟闻而笔记之文录,以及门人附记的语录等,也都一概悉为编入",如此,则"试问何谓'真'和'假'? ……真伪之辨还有意义吗?"③

郑氏认为"真伪考"及"真伪学"之名恐怕不符合古籍流传及编纂的实况,也无法清楚表达这门学问目前所要从事研究的实情及范畴。④ 既然古书真伪的概念已然失效并丧失意义,所谓"真著"和"伪托"的说法自然也随之没有意义了,⑤郑氏认为"古籍其实是一种有生命的机体,在长期的流传过程中"是"生机蓬勃,有增减的变化,也有衍生异化等的演变",既然认为古籍是有生命的机体,有新陈代谢的现象,那么就无法确定有着漫长曲折演化史的古书中

---

① 郑良树:《古籍辨伪学·自序》,台北:台湾学生书局,1986年,第3页。
② 郑良树:《论古籍辨伪的名称及其意义(代序)》,《诸子著作年代考》,北京:北京图书馆出版社,2001年,第1—11页。
③ 郑良树:《论古籍辨伪的名称及其意义(代序)》,《诸子著作年代考》,第6页。
④ 郑良树:《论古籍辨伪的名称及其意义(代序)》,《诸子著作年代考》,第6页。
⑤ 郑良树:《论古籍辨伪的名称及其意义(代序)》,《诸子著作年代考》,第8页。

某一部分的"真假",在这种情形下,最好的办法就是撇开真伪的争论,找出各篇的时代先后,①对各篇的作成及传播情况加以考订研究,才能将古籍的真实情况说得准确。因此,郑良树认为"古籍真伪学"应当正名为"古籍时代学"。

2. 李零的古书成书研究与古书年代学

李零以"古书年代学"代替"古书辨伪学"的意见与郑良树不谋而合。李零十分认同郑良树的相关思考和提法,他认为"年代学可以涵盖辨伪学,辨伪学不能涵盖年代学。过去编过《续伪书通考》的郑良树先生,后来也提出类似的说法"。② 其实李零在始于20世纪70年代对《孙子》古本的研究中,已经对古书体例有相当程度的认知。如其以《孙子》一书为例对古书的形成及流传过程、古书附益、书题篇题、篇卷变动、篇章结构等问题有较为充分的讨论。

李零认为围绕《孙子》一书的时代及作者的"怀疑之说"便由以往的古书考辨方法而起:首先从书的内容引起,因为怀疑书的年代,进而怀疑到书的作者,否认题名作者的存在或推测真实作者另有其人等。③ 这些不科学的做法往往由于不了解汉魏以前古书成书过程以及相关的古书体例。古书成书是个相当复杂的过程,从思想的酝酿形成到口授笔录,整齐章句,再到分篇定名、结集成书,往往不是一个人完成的。古书是在学派内部的传习过程中经过众人之手逐渐形成的,且往往因所闻所录各异而形成不同的传本,有时还附以各种参考资料和心得体会。这就造成老师的东西与学生的东西并不能做到泾渭分明,所以对于这个漫长的过程,我们既不能以书中最早的东西为准,也不能以最晚的为准,而是要用上下限卡定它的相对年代,把此中的全部过程均考虑在内。

古书附益的情形也多伴随古书形成的过程,甚至某种程度上就是古书成书的一种普遍形式。汉魏以前的古书附编往往为后学之

① 郑良树:《论古籍辨伪的名称及其意义(代序)》,《诸子著作年代考》,第9页。
② 李零:《〈孙子〉十三篇综合研究·自序》,北京:中华书局,2006年,第3页。
③ 李零:《关于〈孙子兵法〉研究整理的新认识》,《〈孙子〉古本研究》,北京:北京大学出版社,1995年,第276页。

注解,古书注解与后世多不同,往往并不附列本文之下,在形式上是独立的,在内容上也较为灵活随意,通常并不逐字逐句解释正文,其在经书者可成为正式的传,在子书者往往保存于所谓外、杂篇中,这些注解实与后学的附益之作无严格区别,①与上文所说的各种参考资料和心得体会略可等同,而这也是古书多有附益故"老师的东西与学生的东西并不能分得那么清楚"的原因了。

李零指出,从宋代辨伪学到近代疑古派所使用的"真伪"概念有很大片面性,②因为"真伪"的概念是对"著作权"而言的,"著作权"的概念一乱,"真伪"的概念也势必大乱。辨伪学家讲"真伪"着眼点主要是"年代矛盾",这样的矛盾本来可以通过年代本身去解决,而不一定非得归入"真伪"的范畴。③ 研究古书年代的学问理应称为"古书年代学",将之与"辨伪学"相互混同的做法是不恰当的;并且传统辨伪学在逻辑上存有疏漏。传统辨伪学在操作上主要依据一种想定的推理,即古书的题名作者应与古书的内容相符,古书内容既然出于同一个题名作者,则它的各组成部分也应有同时性,符合此点为"真",反之为"伪"。这种判定古书性质的做法依据的是汉魏以后的著作体例,放之先秦,则大谬不然。④

不了解汉魏以前的古书体例、对古书形成的漫长过程只取其晚而不取其早、混淆古书本身与其所记内容、将"层累形成"理解成"层累造伪",这些也都是以往疑古辨伪活动中存在的重要问题。可见古书体例对于了解古书成书、判断古书性质,进而对古史研究均大有意义。随着考古学的进展以及相关材料尤其是简帛古书的大量问世,以往有关古书体例的研究成果也经历了一个重新发现的过程,如余嘉锡的有关著作,尤其是《古书通例》获得了越来越多的重视。李零便在此书所总结的古书体例的基础上,参以出土的"一手"

---

① 李零:《关于银雀山简本〈孙子〉研究的商榷》,《〈孙子〉古本研究》,第212页。
② 李零:《关于银雀山简本〈孙子〉研究的商榷》,《〈孙子〉古本研究》,第275—276页。
③ 李零:《简帛古书与学术源流》,北京:三联书店,2004年,第198页。
④ 李零:《出土发现与古书年代的再认识》,《李零自选集》,桂林:广西师范大学出版社,1998年,第23页。

古书文本,对古书体例进行了新的归纳。①

　　基于对古书成书与古书体例的认知,传统辨伪学以真伪二分的概念与模型审视古书的做法自然颇引讨论,而与此对应,考察古书年代作为审查古书的方法无疑值得认真对待。至此,"古书年代学"的提出便水到渠成了。其实,从对古书真伪概念反思的角度,疑古派学者所提出的一些概念或曰模型对于解释古书成书倒是有助益的,如顾颉刚"不立一真,唯穷流变"的提法与李零、郑良树基于古书体例而提出古书年代学的理路有某种程度的暗合,其描述古史的"层累造成"的模型,若稍加修改作"层累形成",其实也可视为对古书成书状态的一种较贴切的描述。② 需要注意的是,相关论述只有被置于长时段动态的古书成书观及对古书体例有深入体认的语境下,才有可能显现出其中所蕴含的合理内核。这种对学术史的反思及再认识本身是新的研究范式建立的基础。

　　(三)理论与方法的探索

　　1. 对古书辨伪方法的反思

　　廖名春依托出土文献从古书体例入手对传统的辨伪方法进行了较为全面的审查。在《梁启超古书辨伪方法平议》一文中,廖名春基于余嘉锡所总结的"古书通例"被出土文献证实的情形,对梁启超总结的辨伪方法逐一检讨。廖名春认为这些方法"基本上是错误的,至少可以说是有严重问题的"。③ 造成这种情况的原因则大致有三:一是在价值观上宁失之疑而勿失之信,考辨古书时先存了一种"书愈古者,伪品愈多"的偏见;二是在方法论上缺乏辩证观念与历史观念,以今律古,不懂得周秦古书形成和流传的独特规律,将古书自然演变的过程看作有意作伪,将古书流传中的问题与古书本身的问题混为一谈,将形式上的问题与思想实质上的问题、局部问题与

---

① 李零:《出土发现与古书年代的再认识》,《李零自选集》,第 27—31 页。

② 李零:《出土发现与古书年代的再认识》,《李零自选集》,第 23 页。

③ 廖名春:《梁启超古书辨伪方法平议》,见氏著《中国学术史新证》,成都:四川大学出版社,2005 年,第 153 页。

主体部分的问题简单地画等号;三是多依赖丐辞和默证。①

其实对辨伪方法的弊端胡适已有较为深刻的反思,然而胡适所批评过的一些方法,仍"广泛见于今人考证年代的文章之中",②其中的原因也多在于对古书成书及古书体例的隔阂。对此,有研究者进行了专门的讨论,其中李锐的工作颇具代表性。

对于有关研究在方法和理论预设上所存在的问题,李锐认为原因主要在于讨论古书时缺乏"发展"的观念。③ 由于古书是一个发展变化的过程,古书篇章的形成比较复杂,所以我们不能以今律古,以为古书都是一成不变的,且古书所记的思想内容与其语言形式在年代关系上往往并不对应,"思想内容可能来源很早,语言形式则可能形成很晚;思想内容可能源自其他人物、典籍,语言形式则可能归之于本门家学",④"语言形式上的伪或者晚,并不等于思想内容上的伪或晚"。⑤

比较某种思想概念或词语来判定古书早晚的方法很大程度上涉及"同文"现象与判定古书关系的方法。⑥ 以"同文"来分析古书的相对早晚也是古书辨伪中一种常用的方法,李锐指出以往据"同文"判定古书相对年代的方法忽略了古书大量佚失的情形以及"同文同源"的可能性,因而在实际操作中难免存有问题,所得结论当然也不尽可靠;⑦针对古书流传的复杂情形,李锐更进一步提出了"族本"概念,⑧助益"同文"文本关系的讨论。

2. 古书体例研究的学术定位及意义

随着 20 世纪初疑古思潮的勃兴,当时已有学者对不谙古书体例

---

① 廖名春:《梁启超古书辨伪方法平议》,见氏著《中国学术史新证》,第 152—153 页。
② 李锐:《考证古籍年代之反思》,《新出简帛的学术探索》,北京:北京师范大学出版社,2010 年,第 58 页。
③ 李锐:《考证古籍年代之反思》,《新出简帛的学术探索》,第 60 页。
④ 李锐:《考证古籍年代之反思》,《新出简帛的学术探索》,第 62 页。
⑤ 李锐:《考证古籍年代之反思》,《新出简帛的学术探索》,第 63 页。
⑥ 所谓"同文",是指"在先秦秦汉时期的古书中,不同的古书之间,乃至同一古书内的篇章之间,有许多文意相近乃至字句相同的文字",李锐:《同文与族本——新出简帛与古书形成研究》,上海:中西书局,2017 年,第 156 页。
⑦ 李锐:《同文与族本——新出简帛与古书形成研究》,第 161—163 页。
⑧ 李锐:《同文与族本——新出简帛与古书形成研究》,第 215—228 页。

而导致的"鲁莽灭裂"情形有所洞察,并基于传统的校雠学对古书体例进行了初步的研究。对这一学术"潜流",张京华是较早进行系统梳理和讨论的学者。在张京华看来,有关中国古代书体书例的总结是一些足以破解疑古思潮的论述,并且"实际上几乎可以说是迄今为止可以破解疑古过勇的唯一有效途径"。① 张京华将对古代书体书例之义例的总结与对古代史官史职体制的重新认识一道,作为考古学以外"重建古史"的两条"内证"之路。②

所谓古史重建的"内证"之路,质言之,是指从古史本身自有的内容和特性来证明古史具有可靠品格的途径。而对古史的认知和对古史品格的证明,无论以何种方法或途径,其所依材料大致均以作为史料的古书(包括简帛古书与传世古书)为主,因此甚至可以说,古史问题的最终解决其基础及核心内容均在于史料学。传统辨伪学"前后已历经数百年的努力,将大批先秦古书网罗为对象,凡在证伪方向上的所有可能的说辞应该都已提出,却并没有能给出判定古书真伪的真正有理的标准",③此中原因就在于传统辨伪学所讨论的"恰恰几乎都是古书体例范畴内的问题",然而先秦古书体例范畴内的真实情况"远比研究者想像的要复杂和富于变动","不仅传统辨伪学者不可能完整掌握其规律,就是现代学者在了解部分出土文本情况之后,恐怕也不能说已穷尽其所有的可能性",在对于古书体例问题的了解远未穷尽,"已知规律的判定力是不确定的,甚至可以说是可疑的"的情形之下,对于某种先秦古书证伪的最终标准除了依靠古书内容上的所谓"内证"外,还应该包括"来自书外情况的说明",即应该找到正面反映作伪行为的,包括"属于所谓知识社会学或知识动力学关注的领域"之足够的证据或证明。④

对于这种包括"内证"和"外证"的反映辨伪行为的"多方面的、

---

① 张京华:《古史辨派与中国现代学术走向》,第88页。
② 张京华:《古史辨派与中国现代学术走向》,第80页。
③ 谢维扬:《二十一世纪中国古史研究面对的主要问题》,《历史研究》2003年第1期。
④ 谢维扬:《二十一世纪中国古史研究面对的主要问题》,《历史研究》2003年第1期。

完整的证据",谢维扬称之为"关于论定古书真伪问题证据的完整性的概念"。① 他从建立完整的古史史料学基本概念的高度,对古书成书及其所反映的古书体例进行了更加深入的讨论和总结,并对相关问题的研究目标及意义开展了系统的思考和论述,初步廓清了这些研究对于建立完整的、更加科学的古史史料学的意义。

谢维扬以古史史料学为古史研究的基础及核心内容,他指出,对古书成书情况的再认识,尤其是通过新出土文献所作的研究,是"检讨和重新建立起完整的古史史料学的基本概念"的核心问题。② 谢维扬立足于古史史料学研究这一较为宏阔的领域,论述了在简帛古书大量出土的条件下古书成书要回答的三方面问题。其中第一个问题就是古书真伪的问题,更确切些,是以对先秦古书成书情况的了解来判断传世文献的可靠程度。这一问题涉及传统辨伪学的基本概念和模型、古书体例的研究以及对古书真伪判定的有效标准问题、与证伪标准有关的关于举证程序的问题。

谢维扬指出,整体上来看,"传统辨伪学的成果并不理想这一点表明,对中国早期文献这一大宗资料而言,其作为史料的价值在总体上与古书辨伪工作并没有重要的、全面的联系。如果说'传统的'史料学理论是以'辨伪'为主要特征,那么未来古史史料学将越过这个阶段,而进入更深层次问题的处理",未来史料学思考的重心"将会逐渐放到对于现代古史研究的要求更具针对性的问题上"。③ 同时,未来史料学的重心也是古书成书研究应该回答的另外两方面的问题,即关于古书内容来源判别问题的研究,以及加强早期文献文本之间关系问题的研究和整理。正是基于对传统辨伪学及相关古史研究成果的反思,谢维扬指出,应逐渐将文献学与古代"书史"的

① 谢维扬:《古书成书和流传情况研究的进展与古史史料学概念——为纪念〈古史辨〉第一册出版八十周年而作》,《文史哲》2007 年第 2 期。
② 谢维扬:《二十一世纪中国古史研究面对的主要问题》,《历史研究》2003 年第 1 期。
③ 谢维扬:《二十一世纪中国古史研究面对的主要问题》,《历史研究》2003 年第 1 期。

工作在特定课题的研究中同史料学工作的不同任务与要求区分开来。① 除了在较宏观的古史史料学范畴内对古书成书及古书体例进行讨论之外,谢维扬从有助于深入思考和恰当处理古史史料问题的角度对古书成书和流传情况进行了总结。②

3. 古书成书与古书体例研究的新进展

冯胜君在对 20 世纪古文献新证所做的研究中,对先秦两汉古书本身的特点及其在流传中不同于后世古书的主要情况均有讨论,③对前贤所总结的先秦、秦汉古书流传情形多所补证;④值得注意的是,冯胜君还将简帛古书的形制特征及抄写特点作为古书体例的组成部分予以专门论述。⑤ 与冯胜君的工作类似,李锐结合出土文献对余嘉锡所总结的古书命名问题进行了补充讨论。⑥

对古书体例进行更深入、细致的研究是学术本身持续发展的内在要求,经典的个案探讨是相关研究深入推进的产物和标志,宁镇疆对古书体例的研究即为代表。宁镇疆《〈老子〉"早期传本"结构及其流变研究》一书以郭店楚简及马王堆帛书所出《老子》为依托,在深入篇章词语的微观研究基础上,尝试从整体角度对《老子》的结构形态在"前今本"时期的演进进行宏观考察。⑦

宁镇疆对《老子》早期传本的整体性考察有两点值得注意:第一,将对相关材料的解释与结构研究结合起来,将相关材料置于《老子》结构演变的大背景下去讨论,在尽可能长的"时段"内去认识材料变异的"阶段性"和传承的"一般性";第二,将《老子》结构流变研

---

① 谢维扬:《二十一世纪中国古史研究面对的主要问题》,《历史研究》2003 年第 1 期。

② 谢维扬:《古书成书和流传情况研究的进展与古史史料学概念——为纪念〈古史辨〉第一册出版八十周年而作》,《文史哲》2007 年第 2 期。

③ 冯胜君:《二十世纪古文献新证研究》,济南:齐鲁书社,2006 年,第 216—217、218—219 页。

④ 冯胜君:《二十世纪古文献新证研究》,第 220—225 页。

⑤ 冯胜君:《二十世纪古文献新证研究》,第 201—216 页。

⑥ 李锐:《新出简帛与古书书名研究——〈古书通例·古书书名之研究〉补》,《文史哲》2010 年第 5 期。

⑦ 宁镇疆:《〈老子〉"早期传本"结构及其流变研究》,上海:学林出版社,2006 年,第 5 页。

究与《老子》成书过程相结合,对《老子》结构流变作出解释和评价,在此基础上,进一步丰富以往学者对古书体例的研究。① 搞清《老子》结构的演变,将会给我们认识《老子》及其他先秦古籍的成书过程提供必要的参考。以此为起点,我们就可以超越传统的,特别是以"疑古派"为代表的对老子其人或其书的看法,在《老子》的创作与形成年代上获得全新的视域,将《老子》一书的形成放到中国"书"史或著述史演变的大背景下去认识。② 这无疑体现了以长时段、动态的古书成书理念观照古书个案研究的学术自觉。

通过对《老子》早期传本结构流变的研究,宁镇疆对古书成书及古书体例形成了一些重要认识。如在关注古书成书"通例""通则"的同时,不应忽略某一类古书形成所遵守的特殊"规则",而应当对古书成书情况作"类"的区分,因为不同"类"的古书,其成书往往经历了不同的道路;③"诸书互见"现象实际上反映了在古书成书问题上"材料来源的多元化"情况,在横向上反映了此类古书最初材料来源的多元化,纵向上反映此类古书在内容上存在断续"增补""附益"、不断完善的特征;④古书"流传"与"形成"的辩证关系以及古书形成与流传过程中的求"优"而非求"真"的存佚规律等。⑤

三、小结

对古书疑伪运动的回应与古书辨伪活动一道,成为对古书第一次反思的重要组成部分。这两条线索可谓相反相成,辩证地完成了对古书的此次反思。在古书疑伪活动的刺激下,古书体例研究作为回应古书疑伪活动的核心课题被提出,进而将对古书的这次反思带向更广阔、更深邃的层面。

20世纪下半叶,尤其是70年代以后,简帛文献持续涌现,为我们提供了重新审视中华文明的宝贵契机。在此背景下,李学勤、裘

① 宁镇疆:《〈老子〉"早期传本"结构及其流变研究》,第48—49页。
② 宁镇疆:《〈老子〉"早期传本"结构及其流变研究》,第12—13页。
③ 宁镇疆:《〈老子〉"早期传本"结构及其流变研究》,第250—254页。
④ 宁镇疆:《〈老子〉"早期传本"结构及其流变研究》,第254—259页。
⑤ 宁镇疆:《〈老子〉"早期传本"结构及其流变研究》,第259—265页。

锡圭提出的"重估中国古代文明""重建中国古典学"等课题迅速凝聚了学界的共识,有关中国早期文献的讨论也持续深入。

最近半个世纪,有关古书成书的研究正在经历一场范式转换——由基于真伪概念的"古书辨伪学"转向基于长时段动态成书观的"古书成书理论"。其间不仅有较为宏观的理论思考,如李零、郑良树以"古书年代学"替换"古书辨伪学"的思考,廖名春、李锐对传统辨伪学理论与方法的检视,张京华对疑古思潮的学术史梳理与反思,谢维扬有关建立"科学的古史史料学"概念的探讨等;也有坚实的个案研究,典型如李零的《孙子》古本研究、宁镇疆的《老子》早期传本形态及流变研究、冯胜君及李锐对古书体例的重订补证;更有基于个案研究的具有方法论意义的思考,如李锐的"同文"分析法与"族本"概念、宁镇疆有关古书成书类型学研究的设想及其有关"诸书互见"的分类研究、韩巍"古书形态学"[1]的提法等。

古书成书与古书体例相关概念与模型的提出和建立,均源于学界长期扎实的研究实践,反过来,相关概念、模型及其所植根的新理论新方法对相关研究又有积极的指导意义和持续的推动作用。在这一意义上,对古书的新的反思无疑具有更加自觉的学术意识,可以视为中国现代古典学重建从自发走向自觉的重要标志。[2]

---

① 韩巍:《西汉竹书〈老子〉的文本特征和学术价值》,北京大学出土文献研究所:《北京大学藏西汉竹书(贰)》,上海:上海古籍出版社,2012 年,第 225 页。
② 刘钊、陈家宁:《论中国古典学的重建》,《厦门大学学报(哲学社会科学版)》2007 年第 1 期。

第一章　出土文献与《周易》经传的文本及流传

第一节　出土《易》类文献概述

一、马王堆帛书《周易》概述

马王堆帛书1973年底出土于湖南长沙马王堆三号汉墓,其墓主为第一代轪侯利苍的儿子,下葬于公元前168年,即文帝前元十二年,为帛书《周易》的成书下限。马王堆帛书放置于三号汉墓东边箱一长方形漆盒内,以形制大致分为两类:一类是书写在宽约48厘米的整幅帛上,长度依各书篇幅而异,折叠存放;另一类则书写在宽约24厘米的半幅帛上,折叠存放或卷于一块二至三厘米宽的木片上。出土时,帛书折叠边缘已经断裂,粘连破损情况也很严重。

依书体、避讳、纪年及墓葬年代,可大体将帛书分为两类:一类字体近篆书,不避汉高祖刘邦之讳,当抄写于秦汉之际;另一类字体为隶书,讳"邦"为"国",但不避汉惠帝刘盈之讳,当为汉初所写。帛书《周易》经传字体相同,均为规范的八分隶书,笔迹出于相同抄手。马王堆帛书多无书名,整理者据内容定名。帛书《周易》经传包括《周易》《二三子问》《系辞》《衷》《要》《缪和》《昭力》诸篇。

马王堆帛书《周易》经传包括分开抄写的两张帛书。帛书《周易》与《二三子问》同抄于一幅宽约48厘米、长约85厘米的黄色丝帛之上,画有朱色界栏,字以墨书,共129行,每行字数不等,满行约64—81字。从第1行至第93行为《周易》,约4 900字,其余36行为《二三子问》,约2 600字。此幅帛书的折叠以第64行革卦为中轴线,卷首向尾部对折,又自折缝向左连折两次,最后上下对折一次,尾部上下两截为全卷的最外层。帛书折叠处断裂,分为长约24厘米、宽约 10 厘米的长方形帛片 16 块。①

帛书《周易》无尾题，篇末也未记字数。帛书《周易》篇首不存见于他篇的长方形墨丁标记，原因当为第一行朱丝栏顶端标有键卦卦画符号而墨丁不好再标。帛书《周易》第一行前有空行。帛书《周易》六十四卦每卦抄毕留白，单独起行，每卦都先标出卦画符号，再接以卦名及卦爻辞。卦画阳爻与今同，阴爻作⌐⌐。帛书《周易》不分上下经，始于键（乾）终于益，排列次序以键（乾）、根（艮）、赣（坎）、辰（震）、川（坤）、夺（兑）、罗（离）、筭（巽）为上卦，以键（乾）、川（坤）、根（艮）、夺（兑）、赣（坎）、罗（离）、辰（震）、筭（巽）为下卦，每个上卦与八个下卦组合而成六十四卦，且分别以上下卦相同的组合居首。这种排列顺序与清华简《别卦》相同。

帛书《二三子问》接抄于《周易》之后，另起一行，其第一行顶端涂有长方形墨丁标志，原无标题，也未记字数。全篇共 36 行，据文中的黑圆点标记可分为三十二节。其内容为针对《周易》部分卦爻辞的论说。

帛书《系辞》与《衷》《要》《缪和》《昭力》抄于另一幅宽约 48 厘米的帛上，折叠存放，出土时已经断裂为若干长约 24 厘米、宽约 10 厘米的残片。② 帛书《系辞》为此幅帛书的首篇，篇首有一空行，篇首顶端有长方形墨丁标志。帛书《系辞》结尾处有残损，在相当于尾题处尚余两个小墨点，当为尾题第一字残余墨痕，故此篇可能原有尾题及字数。本篇共 47 行，约三千字，内容基本同于今本《系辞》，故而以帛书《系辞》名之。相较今本《系辞》，帛书《系辞》不分上下篇，且内容有所差异，详情下文有论。

帛书《衷》篇接抄于帛书《系辞》之后，另起一行，篇首顶端涂有长方形墨丁标志，最后一行残片上有尾题及字数。本篇开头部分帛片与后文断开，其接续关系不明，故导致全篇行数难于确定。目前

---

① 有关帛书《周易》与《二三子问》的折叠情形可详参湖南省博物馆、复旦大学出土文献与古文字研究中心编纂，裘锡圭主编：《长沙马王堆汉墓简帛集成（叁）》，北京：中华书局，2014 年，第 4—6 页。

② 有关《系辞》与《衷》《要》《缪和》《昭力》所在帛书的折叠方式以及衬页情形，详参《长沙马王堆汉墓简帛集成（叁）》，第 6—10 页。

可见三处位于字行中央的小圆点符号,当为句读符号而非分章符号,因此此篇确切节数不确定。

紧接《衷》篇之后的为帛书《要》篇,另起一行抄写,篇首顶端有长方形墨丁标志,篇尾记有篇题与字数,据此可推定全篇共 24 行。第 1 至第 8 行基本残缺。《缪和》接抄于《要》篇之后,另起一行,篇首顶端涂有长方形墨丁标志,篇尾有篇题,未记字数(总计于《昭力》之末)。《昭力》接抄于《缪和》之后,另起一行,第一行顶端无墨丁标志,共 14 行,篇尾有篇题及字数统计"六千",当为《缪和》《昭力》字数之和。其后为大片带栏线的空帛和空白页,此卷至此结束。①

二、上海博物馆藏楚竹书《周易》概况

上海博物馆藏楚竹书《周易》是 1994 年及此后上海博物馆从香港文物市场购得的竹简中的一种。这批竹简是楚国迁陈郢以前贵族墓中的随葬物,先于秦始皇"焚书坑儒"(前 213 年),为战国晚期竹书。

上博简《周易》共 58 支简,涉及 34 卦内容,共 1 806 字,存卦画 25 个,阳爻符号同今本而以"八"为阴爻符号。完整的竹简两端平齐,长 44 厘米,宽 0.6 厘米,厚 0.12 厘米左右,有上中下三道编绳。上契口与下契口间距约 20.5 厘米,下契口距尾端 1.2 厘米,契口位于竹简右侧。竹简第 1 字起于第 1 道编绳之下,最后一字终于第 3 道编绳之上,一枚完整的竹简一般书写 44 字左右。每字工整端正,大小一致,字距基本相同。每卦占两简或三简。

上博竹书《周易》有经无传,既不称上下经也不称上下篇,当以符号"匚"示意分为上下两部分。每卦结构同今本,即由卦画、卦名、卦辞、爻题、爻辞组成,字句与今本大同小异。特异处为竹书《周易》六组红黑符号。首符在首简,置于卦名之后卦辞之前,尾符在末简,置于该卦最后一爻的爻辞之后,尾符后留白,不再接续下一卦内容,

---

① 有关马王堆帛书《周易》经传情形详参《长沙马王堆汉墓简帛集成(叁)》的总说明及各篇说明。

以明每卦的独立性。①

三、阜阳汉简《周易》概述

　　阜阳汉简《周易》1977 年 7 月出土于安徽阜阳双古堆一号汉墓。此座汉墓的墓主是第二代汝阴侯夏侯灶,死于汉文帝前元十五年(公元前 165 年),此即为阜阳汉简的年代下限。此墓曾被盗塌陷,存放简牍的漆笥朽坏,不仅简牍散乱扭曲,变黑弯朽,且纤维质出现溶解粘连,成为类似刨花板样的朽木块。简片已薄如纸张,相互叠压,残损严重。

　　阜阳汉简《周易》为竹质,字迹模糊,最长的简宽 0.5 厘米,长 15.5 厘米,存 23 字,其余长短不一,存字不等。阜阳汉简《周易》目前共整理出 752 多片,计 3 119 字,其中属于经文的有 1 110 字,其余为卜辞。经文部分存卦画五组(大有、林、贲、大过、离),卦名、卦爻辞内容分属今本 52 卦,阳爻符号同本,阴爻符号作"∧"。

　　阜阳《周易》简片散乱,原卦序已无法复原,整理者依今本卦序进行释读。其书写格式为每卦卦画写于简的上端,下空一字间距再写卦名,然后书写卦辞、卜辞,再写爻题、爻辞和卜辞。爻题前均有圆墨点间隔。卦爻辞与卜辞间无明显区分,仅在卜问事项前加"卜"字以区分;也有卜问数事,而于每事前加"卜"字;也有直书筮占结果而无"卜"字的。阜阳汉简《周易》文本结构与今本最显著的不同在于前者卦爻辞后保存了许多具体卜问事项的卜辞,与睡虎地及放马滩秦简《日书》所占卜的语辞类似,与《史记·龟策列传》所记卜问事项接近。②

　　本书涉及的其他出土易筮材料,有湖北江陵王家台秦简"易占"类简(多数研究者以其为秦简《归藏》)、湖北江陵望山楚简、荆门包

---

① 　可详参陈仁仁:《战国楚竹书〈周易〉研究》,武汉:武汉大学出版社,2010 年,第 3—7 页。

② 　此处有关阜阳汉简《周易》情况概述主要参中国文物研究所古文献研究室、安徽省阜阳市博物馆:《阜阳汉简〈周易〉释文》,《道家文化研究》第十八辑,上海:三联书店,2000 年,第 15—62 页;韩自强:《阜阳汉简〈周易〉研究》,上海:上海古籍出版社,2004 年。

山楚简以及河南新蔡葛陵楚简。此外新近发现的重要的涉《易》材料有清华简《筮法》《别卦》,以及海昏侯简《易占》《卜姓》和《去邑》。本书讨论暂不深涉这些材料,故相关情形恕不详列。

第二节　今、帛本《周易》卦序与 《周易》的文本及流传

一、今、帛本《周易》卦序问题综论

在以上出土简帛《易》学文献中,帛书《周易》保存较好,内容较完整,尤其是其卦序尚存,故有关今本与帛书《周易》卦序的问题多受瞩目,其中最要者集中于两者卦序的早晚问题。学界相关意见大致可分为三种:

（一）今本《周易》卦序早于帛书《周易》卦序

张政烺先生认为"汉唐石经和通行本《周易》六十四卦次序一样,从'十翼'和一些古书的引文看,知是旧本如此",而大不相同的帛书《周易》卦序乃经人改动。张先生推测,作为筮家常用之书的《周易》早期以竹简书写,当历有散乱,若不依《序卦》则卦序很难复原,而筮人一般文化程度不高,为了实用,不求深解,按照当时通行的八卦次序机械地编造出帛书《周易》这样一个呆板的形式,自然会便于检查,却把《易》学上的一些微言奥义置之不顾了。[1] 高亨先生认为,帛书卦序在占筮时得到某一卦与变为某一卦,易于寻检《易经》本文,只合于巫术之需要,不具有哲学之意义。[2]

李学勤先生认为帛书《周易》卦序在体现阴阳规律这一点上胜于传世本,但帛书《周易》卦序不会早于传世本。因为若帛书《周易》卦序早于今本,则打乱如此严整规律的卦序而改编为今本卦序似不合情理,《序卦》传也用不着撰写了;且由于帛书《易传》所据卦序为

---

①　张政烺:《帛书六十四卦跋》,《文物》1984 年第 3 期。又见黄寿祺、张善文编:《周易研究论文集》第一辑,北京:北京师范大学出版社,1987 年。

②　高亨:《周易大传今注·卷首》,济南:齐鲁书社,1998 年,第 9—10 页。

今本卦序,所以"如果帛书《周易》的经文卦序是更古的,《易传》的卦序不应是传世本的卦序。如果由古的卦序变成传世本卦序,帛书就不应该保留古的卦序",且"一般来讲,先有比较乱的次序,而后才有比较有规律的次序",①帛书《周易》与今本《周易》相比,似乎更能体现阴阳规律,更合乎逻辑,应是改编后的结果。因此,事实只能是"传世本是渊源久远的经文原貌,帛书本则是学者出于对规律性的爱好改编经文的结果"。②

韩仲民先生认为六十四卦在先而八卦在后,后者是从前者提炼而来。③ 帛书《周易》卦序是依重卦的方式,由两个单卦重合而来,故帛书《周易》卦序是经过改编的结果,其时代必然较晚。④

廖名春先生认为今本卦序早于帛书卦序,理由有二:一是《周易》六十四卦中只有乾、坤两卦有用辞,今本卦序中,乾坤两卦接续排列,"用九""用六"相对,而帛书《周易》中乾、坤隔离排列,用辞的示范性不甚清楚,这只能是改编者顾及卦画形式而忽视用辞间联系的结果;二是较早文献引《易》均依今本卦序而未见同于帛书者。⑤

张立文先生认为六十四卦有多种排列顺序,帛书《周易》卦序仅为其中一种而已。帛书《周易》与今本《周易》为同一底本,可能为别本《周易》。⑥ 对于帛书《周易》与今本《周易》的卦序早晚,张先生没有明确说明,然细审其意见,有今本或正本则才有别本,如此则张先生似略倾向于今本《周易》在先的意见。

陈仁仁先生认为,尽管京氏《易》的主题内容乃是一种与今本

① 李学勤:《出土文物与〈周易〉研究》,《齐鲁学刊》2005 年第 2 期。
② 李学勤:《帛书〈周易〉的卦序卦位》,《简帛佚籍与学术史》,南昌:江西教育出版社,2001 年,第 235 页。
③ 韩仲民:《帛书〈系辞〉浅说——兼论易传的编纂》,《孔子研究》1988 年第 4 期;又刊于《周易研究》1990 年第 1 期的《帛书〈系辞〉浅说——兼论〈易传〉的编纂》主要内容相同。
④ 韩仲民:《帛书〈周易〉六十四卦浅说》,《江汉论坛》1984 年第 8 期。
⑤ 廖名春:《帛书〈周易〉经、传述论》,《帛书〈周易〉论集》,上海:上海古籍出版社,2008 年,第 13—14 页。
⑥ 张立文:《帛书周易注译》前言部分《帛书〈周易〉浅说》,郑州:中州古籍出版社,2008 年,第 12—13 页。

《周易》卦序截然不同的八宫卦序,然而从《京氏易传》谈《易经》上下篇、谈乾坤到坎离等内容,可知其依今本《周易》卦序发论,故陈先生认为今本卦序比八宫卦序早得多,应该是目前最古老的一种卦序。①

（二）帛书《周易》卦序早于今本《周易》卦序

基于汉石经及传世文献所记《周易》卦序相同的情形,于豪亮先生认为帛书《周易》"显然是另一系统的本子",又因为帛书《周易》的卦序简单,故于先生推断帛书《周易》可能是较早的本子。②

通过卦名比较,邓球柏先生认为通行本《周易》是在帛书本《周易》的基础上改写的,通行本改写之后反映了改写者的时代精神和思维方式。③

张启成先生认为"帛书《周易》比之王本《周易》似更古老一些,更接近古代《周易》的原貌"。张先生从两方面进行论证:一是通过帛书《周易》卦名用字,如今本"坤"卦,帛书《周易》作"川"卦,由文献所记知古文"坤"作"巛",故帛书作"川"比今本"坤"更古老;又如今本"离"卦,帛书作"罗",由《易·系辞下》"古者包牺氏之王天下也,仰则观象于天,俯则观法于地,……作结绳为网罟,以佃以渔,盖取诸《离》",则《周易·离卦》属狩猎之卦,帛书《周易》"罗"卦之名更切伏牺创作八卦之本义。另一方面是通过帛书《周易》基于八宫卦的卦序,张氏认为今本《周易》与帛书《周易》是两种不同的卦序体系,两者的卦序排列基本无卦义的内在联系,但今本《周易》的卦序,除突出乾卦、坤卦外,八卦的主体不明,而帛书《周易》卦序以八宫对应八卦的思路非常清晰。所以,"从《川》《罗》的卦名来看,从帛书《周易》的卦序以八宫与八卦相对应的思路来看,应该说帛书《周易》比之王本《周易》似更古老一些,更接近古代《周易》的原貌"。④

---

① 陈仁仁:《战国楚竹书〈周易〉研究》,第 110 页。
② 于豪亮:《帛书周易》,《文物》1984 年第 3 期;又见黄寿祺、张善文编:《周易研究论文集》第一辑。
③ 邓球柏:《帛书周易校释》,长沙:湖南出版社,1996 年,第 53 页。
④ 张启成:《两种〈周易〉本卦名与卦序之比较》,《黔南民族师范学院学报》2000 年第 1 期。

刘大钧先生指出今本卦序体现了《周易》中阴阳的复变和对应，并无死板的公式可循，帛书《周易》卦序排列依照固定的格式，显然属于另外的卦序系统。通过比较今、帛本《周易》卦序，刘先生发现两者有四卦顺序相同：乾卦居首相同，恒卦同处六十四卦之半为第三十二卦，巽卦均作为五十七卦出现，中孚均为第六十一卦。刘先生认为这"不会是偶然的巧合"，其中乾为首卦不变，恒卦处六十四卦之半或能体现守中以恒，由经卦组成的巽卦也许蕴含特殊意义，中孚作为第六十一卦，在"卦气"卦序中排在首位，中间相差六十卦，正是六十四卦去掉坎、离、兑、震四卦之数，故刘先生认为"今本六十四卦当初可能是在帛书《易经》六十四卦排列顺序的基础上，按照'二二相耦，非覆即变'的原则"，对多数卦进行了重新的排列。①

（三）目前条件下今本与帛书《周易》卦序早晚问题无解

李尚信先生将《周易》古经原初卦序问题与今、帛本《周易》卦序早晚问题作了深入分析，认为二者并非同一个问题，不可相互替代。对于今、帛本《周易》卦序早晚问题，李尚信先生归纳出帛书《周易》先于今本《周易》卦序相关意见的主要理据：第一，帛书《周易》卦序是简单卦序，今本《周易》卦序是复杂卦序，一般简单卦序产生在前而复杂卦序产生在后，故帛书《周易》卦序先于今本《周易》卦序。第二，今本《周易》卦序与帛书《周易》卦序有四卦的位置是相同的，而这四卦都是重要的，不会是巧合，由于帛书《周易》卦序是"依一种固定格式得出的"，而今本《周易》卦序却"并无死板的公式可循"，故今本《周易》卦序很可能是在帛书《周易》卦序的基础上对多数卦重新进行排序的结果。对于今本《周易》卦序先于帛书《周易》卦序的观点，李尚信先生同样归纳出两条主要理据：第一，帛书《周易》卦序比今本《周易》卦序更有规律，后出现的肯定是更合乎规律和逻辑的，故今本《周易》卦序是先于帛书《周易》卦序的。第二，今本《周易》卦序还没有重卦的思想，而帛书《周易》卦序是依上下卦相重的方式排列的，重卦观念后起，故帛书《周易》卦序是经过改编而来的，今本《周易》卦序是先于帛书《周易》卦序的原有卦序。通过对相关

---

① 刘大钧：《周易概论》，成都：巴蜀书社，2008 年，第 221 页。

意见进行梳理和分析,李尚信先生认为在现有条件下此问题无解,帛书《周易》卦序只不过是一个非正统的别本卦序而已。①

李尚信先生对学界相关意见的讨论已然较为深入,以下仅略加补充。首先来看陈仁仁先生的意见。陈仁仁先生由京氏《易》卦序依据今本《周易》从而认为前者晚于后者。陈先生虽未提及帛书《周易》卦序,但细玩其意可知,他认为帛书《周易》卦序与京氏八宫卦当同为一系,故而今本《周易》卦序早于帛书《周易》卦序。虽然帛书《周易》卦序与京氏八宫卦形似,然两者差别颇大。正如邢文先生所言,二者在思想上有着本质的区别:京房八宫卦说强调重卦中爻的变化与性质,反映了汉易中以爻的变化为着眼点的易学思想,可谓《周易》之爻学;而帛书《周易》反映的是重卦中内、外卦的变化,可谓《周易》之卦学。② 也有学者认为,帛书《周易》六十四卦文本谱系与《说卦传》、清华简《别卦》密切相关,其分为八组的卦序结构来源于《说卦传》父母六子学说,其每组内各卦生成方式与京房八宫卦的生成方式完全不同,也就是《说卦传》的"八卦相错"。③

帛书《周易》卦序是否属京氏《易》尚不确定,则由京氏《易》之八宫卦序依今本卦序似并不能推知帛书《周易》卦序晚于今本《周易》卦序。

接下来看张启成先生的意见。张启成先生引尚秉和的意见,认为"𝌆"为"坤"的古文,帛书《周易》作"川"应比今本《周易》作"坤"更古老。为便利计,将张启成先生所引尚秉和《周易尚氏学》的意见抄录如下:

坤古文作𝌆,而𝌆为顺之段字。故宋(衷)王(弼)皆读𝌆为顺。自"正义"改作坤,而顺字遂无由识。……夫坤古作𝌆,是古文作𝌆也。……《大戴礼·保傅篇》:"易之乾𝌆。"《家语·执辔篇》:"此乾𝌆之美。"《后汉·舆服志》:"尧舜垂裳,盖取诸乾𝌆。"《北史·太和三年》:"𝌆德六合殿成。"又坤字之见于汉碑者,无不作𝌆。再徵之

---

① 相关讨论详参李尚信:《今、帛、竹书〈周易〉卦序研究》第四章第三节,山东大学博士学位论文,2007 年,第 77—88 页。

② 邢文:《帛书周易研究》,北京:人民出版社,1997 年,第 87—88 页。

③ 于萌:《"父母六子"与"八卦相错":帛书〈周易〉形态谱系新探》,《学术交流》2023 年第 8 期。

金文,周师訇敦铭云:"用作《《宫宝。"……《玉篇》《《下注曰:"古文坤字。"《广韵》亦曰:"古文以坤为《《。"①

  刘大钧先生据《释文》"坤"字释义"本又作《《。《《,今字也",认为今本作"坤"为古文,且据《隶释》所载汉碑文,知汉人隶字多以"川"为坤,并疑帛书《周易》"川"即"《《",取今文隶字。② 廖名春先生又例举《贾子新书·胎教》"《《"作"坤",《集古录》下《司隶杨君碑》"《《灵定位"之欧阳修语"以《《为坤,汉人皆尔",认为"《《""川"写法有别而实质相同,疑本字为"川",形体稍变而成"《《",并谓"坤"字后出,战国玺印文字始见。③

  综合以上可知,对于"《《"与"坤"孰今孰古的意见实际上远未论定。④ 若考之金文及玺印,则帛书《周易》作"川"似当比今本之"坤"更近古,但由此也并不足以论证帛书《周易》卦序早于今本。首先"《《"与"坤"二字孰今孰古诸书所记不同;其次,"《《"有金文字例而"坤"之字例以战国玺印为早,只可证明在现有材料下,"《《"早"坤"晚,但并不代表"《《"绝对早于"坤",这实际上关涉默证及其限度问题。⑤ 最当注意者在于,帛书《周易》文本抄写用字的古近与其卦序早晚实际上是两个问题,二者无法相互替代。即便论定帛书《周易》与今本《周易》文本的相对年代,对二者卦序早晚问题的讨论实际上意义有限。这提示我们,对古书文本与其内容元素当分别处理,二者是不同的研究对象,呈现出不同的流变规律。

---

① 此《广韵》"古文以坤为《《",似应解为古文作坤而不作《《,恰不支持古文作《《的意见。
② 刘大钧:《今、帛、竹书〈周易〉综考》,上海:上海古籍出版社,2005 年,第4—5 页。
③ 见廖名春:《帛书〈周易〉论集》,第5—6 页。又可详参廖名春:《〈周易〉经传与易学史新论》,济南:齐鲁书社,2001 年,第33 页。
④ 相关讨论可参王化平:《〈周易〉卦爻辞校释》,重庆:西南师范大学出版社,2020 年,第14—15 页。较新的讨论可参辛亚民:《〈周易·坤卦〉卦名新探——秦简〈归藏〉及清华简〈筮法〉的启示》,《现代哲学》2022 年第 2 期;平新浩:《释〈周易〉的"坤"字》,《汉字文化》2023 年第 19 期。
⑤ 张荫麟:《评近人对于中国古史之讨论》,《古史辨》第二册,上海:上海古籍出版社,1982 年,第271—273 页。

又今本《周易》"离"卦帛书《周易》作"罗",张启成先生据今本《系辞下》所记伏羲氏观象制器,取"离"卦而"作结绳为网罟,以佃以渔",以离卦为罗网,为狩猎之卦,因此张启成认为作"罗"更近伏羲氏创设八卦之本义,于义更为近古。① 刘大钧证古"罗""罹""离""俪"相通,且今本"离"、帛本"罗"均为古文。② 帛书《周易》卦名虽作"罗",然其卦爻辞同于今本《周易》,如"罗,利贞,亨","六二,黄罗","九三,日昃之罗"。今本《周易》及传世注疏均以"离"为义,如离卦之《彖》曰"离,丽也",注云"丽犹著也。各得所著之宜",其《象》曰"明两作,离。大人以继明照于四方",《正义》曰"离为日,日为明"。又如九三爻辞"日昃之离",此处"离"当以日以明为义作解,若作"罗"则不可解。再如六五爻之《象》曰"离王公也",此"离"当以附丽义作解,以"罗"不可解。③ 且《系辞下》谓伏羲观"离"象而制网罟,韩康伯注、孔颖达疏均以"离"为字作解,以其附丽义而与网罟比类。④ 因此,若依帛书用字,以"罗"为本字则相关辞义颇不可索解。

再来看《系辞》的讲法。《系辞》确谓伏羲氏观象制器,取"离"象而制网罟,帛书作"罗"似与网罟义合,于义似较以"离"为"丽"简明。然考《系辞》义例,则或可有所发现。

包牺氏没,神农氏作,斲木为耜,揉木为耒,耒耨之利,以教天下,盖取诸益。日中为市,致天下之民,聚天下之货,交易而退,各得其所,盖取诸噬嗑。……黄帝、尧、舜垂衣裳而天下治,盖取诸乾、坤。刳木为舟,剡木为楫。舟楫之利,以济不通,致远以利天下,盖取诸涣。……斲木为杵,掘地为臼,杵臼之利,万民以济,盖取诸小过。弦木为弧,剡木为矢,弧矢之利,以威天下,盖取诸睽。上古穴居而野处,后世圣人易之以宫室,上栋下宇,以待风雨,盖取诸大壮。古之葬者,厚衣之以薪,葬之中野,不封不树,丧期无数,后世圣人易

---

① 张立文意见同此,参氏著《帛书周易注译》,第 346—347 页。
② 刘大钧:《今、帛、竹书〈周易〉综考》,第 26—27 页。
③ 《十三经注疏》整理委员会:《十三经注疏·周易正义》,北京:北京大学出版社,1999 年,第 133—138 页。
④ 《十三经注疏》整理委员会:《十三经注疏·周易正义》,第 298 页。

之以棺椁，盖取诸大过。上古结绳而治，后世圣人易之以书契，百官以治，万民以察，盖取诸夬。

对此，孔颖达认为："诸儒象卦制器，皆取卦之爻象之体，今韩氏之意，直取卦名，因以制器。案上《系》云'以制器者，尚其象'，则取象不取名也。韩氏乃取名不取象，于义未善矣。"[1]由此可知，后世对象与器的对应关系尚有不同解释。且上引《系辞》文有二点似可注意：《系辞》观象制器，象之为象而不为器，因其多具象征及抽象义涵，象为理之表现，由象之理可推而得器之形及用，此其一；由此，则象与器之关系不当为实物反复，而应为抽象与具体、虚与实的关系。故今本《周易》"离"卦与《系辞》所论当可接受，而张启成先生以"罗"义合网罟则不类《系辞》义例。否则若依"网罟之制取诸罗而罗义为罗网"之理，则耒耜取诸"益"而"益"当为耒耜，市之聚合取诸"噬嗑"则"噬嗑"当为市，"涣"当为舟楫，"小过"当为杵臼，"睽"当为弧矢，"大壮"当为宫室，"大过"当具棺椁葬仪之义，"夬"当为书契等，这种解释逻辑显然是不通的。

又张启成先生根据帛书《周易》卦序以八宫对应八卦，从而认为帛书《周易》卦序比今本《周易》卦序更加古老，但对此似并未详论。细绎张启成先生的逻辑当如下：八卦的产生早于六十四卦，帛书《周易》卦序与八卦关系较今本《周易》更为简明，而简明的事物在发生序列上较早。以上逻辑至少有二点可商：何谓简明？以及是否越简明就越早出。对此，李尚信对李学勤先生关于今、帛本《周易》卦序早晚意见的讨论似可资参照，[2]此不烦述。

此外，尚有刘大钧先生的某些意见值得注意。前文所列，刘大钧先生认为帛书《周易》卦序早于今本《周易》卦序。然而刘大钧先生通过考察今、帛、竹书《周易》的用字情况，发现帛书《周易》经传卦名多依今本《序卦》《说卦》《系辞》等训释，如今本《周易》"睽"卦，上博竹书《周易》作"楑"而与今本近同，帛书《周易》此卦作"乖"，显然应是据《序卦》"家道穷必乖，故受之以睽，睽者乖也"之训释而得名；

---

[1] 《十三经注疏》整理委员会：《十三经注疏·周易正义》，第 298 页。
[2] 李尚信：《今、帛、竹书〈周易〉卦序研究》，第 82—85 页。

又如今本《周易》"履"卦,帛书《周易》作"礼"应是得之《序卦》"物畜然后有礼,故受之以履",今本《周易》"乾""坤"两卦帛书《周易》分别作"键"和"川",皆为得之《说文》"乾,健也""坤,顺也",今本《周易》"离"帛书《周易》为"罗",应本之《系辞》"作结绳而为网罟,以佃以渔,盖取诸离"。① 刘大钧先生总结帛书《周易》卦名多依今本《易传》训释,其本意在于说明帛书《周易》经传为孔门所传之《易》,然由此似可推知帛书《周易》的内容参考了今本《易传》,则帛书《周易》应晚于今本《周易》。此分析如无误,似乎与刘大钧先生所论帛书《周易》卦序早于今本《周易》卦序的意见有所冲突了。这无疑显示了相关问题的复杂性。

以上是在李尚信先生工作的基础上略加补充。其实李尚信先生的讨论已经触及了今、帛本《周易》卦序问题背后更深层次的方法问题,即古书文本与其内容元素当分而观之。具体到帛书《周易》及其卦序而言,帛书《周易》文本的抄写年代较为晚近,但其卦序渊源有自。这一推断在当时没有太多的证据支持,直到清华简《别卦》的出现。

此外还应注意帛书《周易》与《归藏》的关系以及牵涉到的帛书《周易》卦序年代的相关问题。帛书《周易》与《归藏》的相关性体现在卦名、卦爻辞用字及经卦卦序方面。如今本《周易》咸卦,帛书《周易》与《归藏》作钦;今本《周易》临卦,帛书《周易》作林,当与《归藏》"林祸"有关;今本《周易》豫卦,帛书《周易》作余,《归藏》作"分"当为"余"之误;今本《周易》遯卦,帛书《周易》作掾,与《归藏》之"逐"可通;今本《周易》谦卦,帛本《周易》作嗛,通《归藏》之"兼"。② 又如今本《周易》夬卦九三爻辞"君子夬夬",九五爻辞"苋陆夬夬",帛书《周易》分别作"君子缺缺"和"苋勒缺缺",即今本作"夬夬"处,帛本作"缺缺",据有关学者考证,王家台秦简《归藏》"蹶"卦之"劂"当为"劂"之省文,而"劂"当是"夬"之借字。又帛书《周易》下卦卦序

---

① 刘大钧:《帛〈易〉源流蠡测》一文,收于《今、帛、竹书〈周易〉综考》,第113—114 页。此文收入 2005 年《易学与儒学国际学术研讨会论文集(易学卷)》,又刊于《文史哲》2005 年第 4 期。

② 廖名春:《帛书〈周易〉论集》,第 7 页。

为乾、坤、艮、兑、坎、离、震、巽,同于《归藏·初经》。故有学者认为帛书《周易》颇有渊源,甚或属《归藏》系统。①

对于帛书《周易》与卦名及卦爻辞用字与《归藏》相同的情况,廖名春先生的意见值得重视。廖先生原也注意到帛书《周易》用字与《归藏》可能存有关联的情况,但通过对王家台秦简《归藏》的考察,廖先生认为秦简《归藏》的卦名与今本《周易》同者多于帛书《周易》。秦简《归藏》卦名与今本《周易》全同者有21个,它们是旅、丰、临、升、复、节、涣、损、咸、讼、师、比、履、同人、大过、困、井、大壮、兑、归妹、渐。此外小过误书为大过,否写作否,实质也是同于今本《周易》。这样,秦简《归藏》卦名与今本《周易》相同者就达到了23个,而秦简《归藏》卦名与帛书《周易》全同者却只有15个,它们是旅、丰、小过、复、节、涣、损、讼、师、比、同人、困、井、归妹、渐。特别是人们津津乐道的临卦,帛书《周易》作林,传本《归藏》作林祸,而秦简《归藏》作临;咸卦,帛书《周易》作钦,传本《归藏》作钦,而秦简《归藏》作咸,全同今本。此外,升,帛书《周易》作登,传本《传藏》作称,而秦简《归藏》作升;否,帛书《周易》作妇,传本《归藏》作否,而秦简《归藏》作否;大壮,帛书《周易》作泰壮,帛书《易传》作大壮,而秦简《归藏》作大壮;兑,帛书《周易》作夺,传本《归藏》作兑,而秦简《归藏》作兑;离,帛书《周易》作罗,传本《归藏》作离,而秦简《归藏》作丽。事实证明,不是帛书《周易》,而是今本《周易》的卦名距离秦简《归藏》更近。帛书《周易》卦名的异文,大多是假借而非本字。② 除卦名外,廖名春先生对卦爻辞用字也多有辩证,均可资参考,此不烦述。

基于上述所论可知,以卦名及卦爻辞用字情况推断帛书《周易》与《归藏》相关似需进一步讨论。对于帛书《周易》下卦卦序同于《归藏·初经》的意见,起码有以下三点可以讨论:首先,八卦卦序相合是否可以说明帛书《周易》与《归藏》的关系?众所周知,八经卦

① 刘彬:《子夏与〈归藏〉关系初探———兼及帛书〈易经〉卦序的来源》,《孔子研究》2007年第4期。
② 廖名春:《王家台秦简〈归藏〉管窥》,《周易研究》2001年第2期。

卦序不惟一种,这点只要看《说卦》便知,且八卦卦象多有两两成组者(乾与坤、艮与兑、坎与离、震与巽),其排列组合顺序变化有限,不同传派方案相合的可能性不小。其次,以目前的材料看,《归藏》与《周易》的区别似不仅仅在于卦序不同,其卦名、卦爻辞乃至占筮方式、阐释体系均有不小差异,帛书《周易》除卦序及个别用字与今本《周易》不同外,其余部分两者基本一致,依此将帛书《周易》归入所谓《归藏》系统似可再论。① 再次,现存《归藏》本身有许多问题需要讨论,如真伪、年代、篇目构成、材料性质、材料来源等均需进一步研究。虽然王家台出土了秦简《归藏》,但此批材料性质及其与传本《归藏》的关系学界多有争论,且即便王家台有关材料的性质能够坐实,似仍不能充分解决传本《归藏》的有关问题。② 所以,《归藏》本身的问题尚不明晰,其与帛书《周易》的关系无疑尚待讨论。

　　目前所知的占筮古书有所谓"三易",其中《连山》基本不可详考,《归藏》相关问题尚夥。整体来看,帛书《周易》除了个别字词差异外,基本同于今本《周易》,故以目前掌握的情况来看,以帛书《周易》属《周易》系统当较为稳妥。对于帛书《周易》与今本的关系,李零先生的意见当可参考:"今本《周易》是东汉魏晋以来整理定型的本子,它同马王堆和双古堆出土的西汉写本的《周易》相比,同上海博物馆收藏的战国楚写本的《周易》相比,当然会有一些字句差异(主要是文字通假和个别字的出入),卦序排列有时也不太一样(如与马王堆帛书本不同)。但从大的方面讲,我们不应夸大其差异。因为从卦形、卦名和卦爻辞的内容讲,我们必须承认,它们在总体特征上还是比较接近。这也就是说,至少从战国到西汉早期,其形式相对稳定,

---

① 有论者比较了《连山》《归藏》《周易》的文体异同,详参于萠:《易学革命与新易学的创建:上博简〈周易〉形态谱系新探》,《学术交流》2024 年第 1 期。

② 如李尚信即对秦简《归藏》与传本《归藏》的关系问题提出疑问,参李尚信:《读王家台秦墓竹简"易占"札记》,《周易研究》2008 年第 2 期。学界对于秦简《归藏》与传本《归藏》的关系多有讨论,大致情况可参赵争:《湖北江陵王家台秦简〈归藏〉研究综述》,《周易研究》2012 年第 5 期;程浩:《辑本〈归藏〉源流蠡测》,《周易研究》2015 年第 2 期。

很明显是一种连续的发展,在当时的筮占中乃自成一类。"①

二、由今、帛本《周易》卦序看《周易》的流传

通过上文论述,从目前的材料情况来看,帛书《周易》属《周易》系统应无太大疑问。然而由于帛书《周易》卦序确与今本《周易》不同,则当自有其渊源,正如邢文指出"帛书《周易》有一个祖本,……这个祖本与今本《周易》经传非常相近,但决不是同一个本子",②清华简《别卦》也有助于说明这一点。且由帛书的抄写特征判断,帛书当是由竹简转抄而来,有竹简祖本存在。③ 帛书《昭力》《缪和》之"昭""缪"两姓,均为楚国姓氏,具有楚地色彩,则帛书《周易》经传或为《周易》楚地传本。④ 据此,推论《周易》存在不同的传派和传本当无大谬,这也与上文中李零先生的论述一致。

关于《周易》传派问题,出土文献给我们带来了很多启示。如上海博物馆藏楚竹书《周易》,因竹简散乱,其最初卦序已不可复原。通过对上博竹书《周易》所含的特殊符号的考察,大致可知上博竹书《周易》"卦序无疑是一个与今本卦序有关的卦序,而且极可能就是今本卦序"。⑤ 当然,推论竹书《周易》卦序同于今本《周易》卦序很重要的一条论据,就是若按今本卦序排列,竹书《周易》所具有的特殊的红黑符号呈现出规律的聚合状态,否则便似无规则可寻。对于竹书《周易》的红黑符号代表一种对阴阳观念的认识和表达这一观

---

① 李零:《跳出周易看周易》,《传统文化与现代化》1997 年第 6 期。

② 邢文:《帛书周易研究》,第 60 页。

③ 可参廖名春:《帛书〈周易〉经、传论述》一文,收入氏著《帛书〈周易〉论集》,上海:上海古籍出版社,2008 年,第 23—24 页。

④ 李学勤:《周易溯源》,成都:巴蜀书社,2006 年,第 339—340 页。张岱年先生通过对帛书《系辞》的研究,也推断帛书《周易》为楚地传本而通行本为北方传本,参张岱年:《初观帛书〈系辞〉》,《道家文化研究》第三辑,上海:上海古籍出版社,1993 年,第 1—5 页。

⑤ 李尚信:《今、帛、竹书〈周易〉卦序研究》,第 72 页。具体论证可参此论文第三章"楚竹书《周易》红黑符号与卦序问题"。关于楚竹书《周易》卦序与今本卦序关系的讨论大致情况可参陈仁仁:《战国楚竹书〈周易〉研究综述》一文,见陈仁仁:《战国楚竹书〈周易〉研究》一书附录部分,第 310—312 页。

点,研究者的意见基本一致,且有学者对此套符号的含义进行了讨论。① 但从目前的情况来看,似乎竹书《周易》的此种特殊符号所表示的阴阳观念与其标识所对应的易卦阴阳状态是无关的,这套特殊符号的排序所代表的对阴阳观念的认识不是从易卦卦序得出的,而是某种外在的阴阳观念附着于易卦之上。② 虽然这套特殊符号所表示的阴阳观念不是从易卦推展而来,但是其具体的标识原则与易卦卦形及卦序相关,这表明"标识者对易卦卦形卦序特点的理解与把握"。③

上博竹书《周易》特殊符号与易卦的关系也为"同序异构"卦序问题的思考带来了启发。所谓"同序异构"卦序是对相同的卦序产生的相异理解。具体到上博竹书《周易》的情况,"同序异构"卦序意味着其虽然可能基于今本《周易》卦序,但以特殊符号对六十四卦进行了分区,从而反映了与今本《周易》不同的卦序思想。④ 这种以相同的文本结构表达相异的理论观点,形象地讲,是用《周易》文本系统的"瓶",装外附理论的"酒"。所以虽然在文本层面基本相同,但背后的知识结构是相异的,这实质上可以视为《周易》的不同传派,也反映了《周易》流传过程中的复杂情形。

再来看阜阳汉简《周易》。从现存的残简内容可知,阜阳汉简《周易》的卦画、卦爻辞与今传本《周易》大体相同;所不同者在于,阜阳汉简《周易》比今本《周易》多出了不少卜辞。阜阳汉简《周易》卜辞位于卦爻辞之后,与经文无明显区分,以"卜"或"以卜"作开头引出卜辞,或卜辞径衔接经文,"成为《周易》经文注解似的句子"。⑤ 由卜辞内容可见,阜阳汉简《周易》的卜问事项非常丰富,涉及社会

---

① 大致情况可参陈仁仁《战国楚竹书〈周易〉研究综述》相关部分,见陈仁仁:《战国楚竹书〈周易〉研究》,第307—308页。
② 可参陈仁仁:《战国楚竹书〈周易〉研究》,第84—85页。
③ 引文见陈仁仁:《战国楚竹书〈周易〉研究》,第85页。陈氏对此问题的研究可参其书第五章第二节"战国楚竹书易卦的分区与卦序骨构";有关特殊符号与易卦卦形卦序关系的讨论情况可参陈氏《战国楚竹书〈周易〉研究综述》一文。
④ 关于"同序异构"卦序的论述可参陈仁仁:《战国楚竹书〈周易〉研究》,第112—116页。
⑤ 韩自强:《阜阳汉简〈周易〉研究》,第96页。

生活的方方面面,可谓包罗万象。① 韩自强认为阜阳汉简《周易》卜辞所记贞问的筮主多为"人主""人君""有土之君""大臣"等社会的统治阶层,似比《史记·龟策列传》中求卜问卦的人群高出不少档次。② 筮主属统治阶层似并非阜阳汉简的特例,当承自前世卜筮之书的辞例。如新蔡楚简、望山楚简、包山楚简,卜辞均围绕墓主一人展开,其身份自然处于一定的社会层级;秦简《归藏》多古代帝王功臣及神话人物,今本《周易》之卦爻辞中多有上古人物、事件(如帝乙归妹及利建侯、利见大人等),似为筮书较普遍的辞例,其意义当有所泛化而非俱为特指。整体上看,阜阳汉简《周易》更适合被视为《周易》文本与日书类文献的某种融合形态,它的占卜事项和使用范围均有所扩大,有论者谓这一情形反映了卜筮从先秦时期掌于卜史而流落民间,日益"切于民用"的演变趋势。③ 这种趋势的强化反映了《周易》流传的一些情况:《周易》较早完成了经典化,其文本结构大体稳定,流传广泛且影响深刻,具备了作为基础性思想资源的特质。

由以上论述略可牵连论及陈仁仁先生的意见。陈先生认为从新蔡、望山、包山等战国楚简易筮材料到秦简《归藏》再到今本《周易》,存在一种从卦画到后加增卦名卦辞到再加增爻辞的由简到繁的过程,这是一个对占筮之辞的抽象过程,而阜阳汉简《周易》是与之相反的对筮辞还原、具象化的过程。陈先生所考察的材料序列,其占辞确存在由个人具体的卜筮之辞到淡化筮人、筮主的抽象化过

---

① 参胡平生:《〈阜阳汉简·周易〉概述》,《简帛研究》第三辑,南宁:广西教育出版社,1998 年,第 255—266 页;或韩自强:《阜阳汉简〈周易〉研究》"阜阳汉简《周易·卜辞》"一节,第 95—100 页。

② 韩自强:《阜阳汉简〈周易〉研究》,第 96 页。通读阜阳汉简《周易》简文可见,卜辞筮主之"人主""人君"等称谓多见于无法明确归划卦辞的散编残简,可明确对应卦辞的卜辞简文几不见类似称谓。因与阜阳汉简《周易》同出汉简尚有日书、五星、天历、星占等术数书,且阜阳汉简《周易》与日书类古书关系密切(可参黄儒宣:《阜阳汉简〈周易〉卜辞试探》,《周易研究》2008 年第 5 期),甚至形式相近,故韩自强所列之无法明确归系卦名的卜辞,也可能不属阜阳汉简《周易》而为其他术数书之内容。

③ 吴勇:《从出土文献看筮法与卦序的演变》,《荆楚学刊》2013 年第 3 期。《史记·龟策列传》所记卜辞内容进一步取消了"筮主"及"筮人",只录卜问事项及验辞,如此,则卜辞内容显得更灵活而"切于民用"。

程,然这里所考察的战国楚简易筮材料并非最早期的筮例,在此之前尚有《左传》筮例及商周考古发现之筮例材料,由此陈仁仁先生也指出,《周易》起源史上应该存在过一个单凭卦画之象而不靠卦爻辞来断占吉凶的时期。① 如果将此作为考察材料序列源头的话,则以上由卦画逐渐加增卦辞、爻辞的演变线索,恰为一个由粗疏到精致、由抽象到具体的过程,而由阜阳汉简《周易》到《史记·龟策列传》则为一个愈益抽象化的过程。这种矛盾无疑反映了《周易》形成与流变的复杂性。

再及,陈仁仁先生认为作为卜筮之书的《周易》存在一种自上而下的流变过程。② 如果单以《周易》系统而论,则陈先生所据材料及所下论断应无大碍。然若将《周易》与其他系统的筮法综合考量,则陈先生的论断当可进一步讨论。如陈先生提到,秦简《归藏》所记巫咸、巫仓等人名更具有自然宗教向人为宗教过渡的"绝地天通"宗教改革影响的痕迹,而随着这种影响的减弱,封君大臣有了专职的神巫人员专为个人占卜,这便是从秦简《归藏》到战国楚竹书占筮时期的情形。③ 其中似有未安之处。"绝地天通"之宗教改革前的民间占筮技术是否在"绝地天通"之后即消失殆尽?战国楚竹书占筮方法被大致掌握在统治阶级手中的同时,民间的占筮及信仰状况如何,以及其与"官方"占筮方法及信仰体系的关系如何?这些问题对于陈仁仁先生的推论有直接的影响,对于《周易》流变形态同样关系密切。④ 由此再及,陈先生纳入考察的战国楚简卜筮材料与《周易》

① 参陈仁仁:《战国楚竹书〈周易〉研究》,第 39 页。
② 陈仁仁认为:"易之为卜筮书有一个从太卜所掌、王室封君所用,到民间日用的下移过程。其内容对社会生活的涉及面在不断扩展。"见氏著《战国楚竹书〈周易〉研究》,第 36 页。
③ 陈仁仁:《战国楚竹书〈周易〉研究》,第 37 页。
④ 有关"绝地天通"的解读多种多样,以其为远古时期的宗教改革为较值得重视的意见。对于此次宗教改革的具体解读如何,大体上总归涉及民间与官方的信仰秩序的整合,而我们所关切的正是"绝地天通"后民间信仰世界与官方的区别与联系。这"一般知识、思想与信仰的世界"正是各种思想产生的土壤,其影响既深且远,且当以各种方式对思想及文本塑形,同类材料其民间形态可能不同于官方形态及演变规律,如不顾及则易造成偏颇。

系统的关系如何,以及由此牵连而及前《周易》时期的占筮格局、其他占筮系统与《周易》的关系以及《周易》早期样态究竟如何等问题。只有将有关问题理清,相关推论才不至于因过于简明而有所偏差。当然,个中涉及的问题非常繁杂,本书所论似有求全责备之嫌。这也与早期占筮系统的复杂性以及《周易》在其间所处的地位有关。

以上着眼于出土材料对《周易》存在不同传派及传本情形所具有的提示及证成作用,并对《周易》传派及传本的具体情形略加讨论。虽然《周易》前史问题及《周易》成书及其早期样态尚不十分清楚,然由目前所掌握的情况及以上讨论大致可知,《周易》一书渊源久远,其成书与漫长历史阶段的占筮经验及材料累积密切相关。以往的占筮经验及内容元素在《周易》形成与流变过程中持续产生影响,对《周易》不同传派及传本形态进行形塑。当然,也可以将此过程看作是《周易》文本系统对有关材料及思想的熔铸过程,在此过程中产生不同的《周易》传派,出现不同的《周易》传本。因此,《周易》的成书与流传具有非常复杂的过程,其文本系统有着复杂的面貌。整体上看,早期易学呈现的是一种多元生成的图景:不仅有不同的易学体系,同一系统内也存在分化,不同流派之间相互渗透、融合,传流线索纷繁复杂。① 我们可以从整体上为《周易》成书划分大致的演进阶段,然而落实到具体的文本及内容元素上,应该充分考虑到古书形成与流传的可能情形,避免用过于简明的线性模型遮蔽材料本身的丰富性和复杂性。

第三节　帛书《易》传与《系辞》的文本及流传

马王堆帛书《系辞》与今本《系辞》关系密切,讨论两者关系对认识《易传》成书情况当有所帮助。

研究者对于帛书《系辞》与今本《系辞》关系的意见大致可分为

---

① 刘光胜:《从"阶段"到"分系":早期易学理论研究范式的转换》,《哲学研究》2023 年第 11 期。

三类：

一是通行本《系辞》比帛书《系辞》晚出，前者是在后者基础上编纂而成。楼宇烈先生认为通行本《系辞》是在帛书基础上编纂而成，两者间的异文，除异体字、通假字及错别字等无关宏旨之处外，帛书多胜于今本，更接近于原貌。①　王葆玹先生认为通行本《系辞》抄录了《易之义》的文字，是根据帛书《系辞》《易之义》及《要》篇改编纂集而成，②并对帛书《周易》经传所属的文化地域进行了讨论。③　王博先生也认为今本《系辞》是在帛书的基础上整理而成。④　陈亚军先生文《帛书〈系辞〉探源》主要从早期筮法史、早期易学发展史、西周史官文化史与先秦学术史对帛书《系辞》成书过程进行了探讨，认为帛书《系辞》成书大约经历了底本的形成与定本的形成两个阶段，其底本形成与早期易学之《蓍书》关系密切，而定本形成当与战国时期易学经师的义理阐发有关。陈先生谓："如果通行本《系辞》中排除掉周文王、颜回、'大衍之数'和'三才'的一些章节之后，这种'舍人事而任鬼神'的原始宗教和巫术的色彩就浓烈了，……而我们所设想的这汇总删节本，恰好就是帛书《系辞》。"虽未言及今、帛本《系辞》的早晚问题，但细绎其思路，则其似认为通行本《系辞》在帛书《系辞》之后。⑤

陈松长先生认为通行本《系辞》有而帛书无的文句多数与《系辞》原义不合，当为汉初以后的易学家补入。且相较于今本《系辞》，

---

① 楼宇烈：《读帛书〈系辞〉杂记》，《道家文化研究》第三辑，上海：上海古籍出版社，1993年，第47—54页。

② 王葆玹：《帛书〈系辞〉与战国秦汉道家〈易〉学》，《道家文化研究》第三辑，第73—88页，及《帛书〈要〉与〈易之义〉的撰作时代及其与〈系辞〉的关系》，《道家文化研究》第六辑，上海：上海古籍出版社，1995年，第350—366页。又可参氏著《〈系辞〉帛书本与通行本的关系及其学派问题——兼答廖名春先生》一文，《哲学研究》1994年第4期，此文又见《中国哲学史》1994年第6期。

③ 王葆玹：《帛书〈周易〉所属的文化地域及其与西汉经学一些流派的关系》，《道家文化研究》第三辑，第181—189页。

④ 王博：《从帛书〈易传〉看今本〈系辞〉的形成过程》，《道家文化研究》第三辑，第144—154页。

⑤ 陈亚军：《帛书〈系辞〉探源》，《道家文化研究》第三辑，第90页。

帛书本内容朴实，比今本少象数理论和玄妙色彩，故而当为更原始、古朴的本子。① 刘大钧先生认为帛书《系辞》内容多优于今本，②今本《系辞》是在帛书《系辞》基础之上补充、修饰而成。③

　　二是今本《系辞》在前，帛书《系辞》据今本《系辞》而成。李学勤先生通过分析今本《系辞》内容在帛书《易传》中的分布情况后认为，"帛书所根据的《系辞》，其构成其实是和今传本基本一致的"，只是帛书所据之本内容脱佚或散入帛书他篇，从而形成了帛书的面貌，④所以帛书《系辞》据今本《系辞》而成。⑤ 朱伯崑先生认为帛书所本为竹简本而非汉人自撰，帛书《系辞》仅为传本之一，帛书《系辞》相较今本《系辞》少"大衍之数"章当为竹简残脱或抄写遗漏，帛书"易有大恒""圣者仁勇""古物定命""易之马（象）也"四处异文为帛书或有笔误，或另有传本，但不能代替通行本，⑥又指出帛书不仅解经而且释传，且帛书所引据多依通行本《系辞》。⑦ 廖名春先生通过比较今本与帛书《系辞》异文情形，认为帛书《系辞》的祖本当与今本《系辞》非常接近，帛书《系辞》较今本缺失的文句在其祖本中是存在的，帛书《系辞》当为今本《系辞》的删节本。⑧

　　三是认为两者关系复杂，对此问题持保留谨慎态度。韩仲民先生认为，帛书《系辞》及其卷后佚书的发现提供了《易传》另外的传

① 陈松长：《帛书〈系辞〉初探》，《道家文化研究》第三辑，第155—164页。
② 刘大钧：《今本、帛本、汉唐本〈系辞〉异同考——并论帛本〈系辞〉胜于今本〈系辞〉》，《孔子研究》2003年第5期。
③ 刘大钧：《帛〈易〉源流辨析》，见氏著《周易概论》（增补本），成都：巴蜀书社，2008年，第231页。
④ 李学勤：《帛书〈系辞〉略论》，《周易溯源》，成都：巴蜀书社，2006年，第325页。
⑤ 李学勤先生有关今、帛《系辞》的意见前后有变化，起初李先生认为两者为不同传本，不好说有先后关系，后认为帛本《系辞》为今本《系辞》散乱而致。
⑥ 朱伯崑：《帛书本〈系辞〉文读后》，《道家文化研究》第三辑，第36—46页。
⑦ 朱伯崑：《帛书本〈易〉说读后》，《道家文化研究》第六辑，第310—311页。
⑧ 廖名春：《论帛书〈系辞〉与今本〈系辞〉的关系》，《道家文化研究》第三辑，第133—143页。廖先生对自己的观点又有进一步的论证，参氏著《帛书〈周易〉论集》，上海：上海古籍出版社，2008年，"帛书《系辞》篇研究"相关部分论文。

本,由今本《系辞》个别篇章散见于帛书其他篇章,并不能断定今本《系辞》的编定晚于帛本。① 张岱年先生认为今传本《系辞》不可能晚于帛书《系辞》,两者当为同时异地传本。以《史记》所引文证汉初《易传》传本非止一种,帛书《易传》很可能是《汉书·艺文志》所记诸家易传之类古书。② 张立文先生以帛书《周易》为今本之外的另一传承系统,故无从以通行本《系辞》为参照来认识帛书《系辞》,两者关系当待考。③ 王化平先生认为今、帛本《系辞》为并行关系:两者同出一源,然后沿着不同的学术理路发展。④ 刘光胜先生意见与此较为类似,只是刘先生认为帛书《系辞》是由竹简本抄录而来,帛书底本《系辞》(竹简本)成篇之后散乱之前,包含帛书《易传》中所有今本《系辞》的内容及今本《说卦》前三章,帛书底本《系辞》和今本《系辞》源于同一祖本的不同传本,且两者成书时间大致相同。⑤

学界有关今、帛本《系辞》关系的意见略见于上。相关论证主要从思想脉络及异文入手。首先来看以思想线索推论今、帛本《系辞》早晚关系的情形。这种讨论与帛书《系辞》的学派性质问题关系密切。帛书《系辞》内容既有与儒家相合者,亦不乏与道家近同者,甚或有学者指出帛本《系辞》与《管子》之间存在关联。⑥ 有关帛本《系辞》学派属性似成了一个见仁见智的问题,颇难论定。有论者进而反思所谓家派的性质问题,究竟何谓道家何谓儒家,两千多年一直争论不休而未得妥善解决。⑦

---

① 韩仲民:《帛书〈系辞〉浅说——兼论易传的编纂》,《孔子研究》1988 年第 4 期,又见《周易研究》1990 年第 1 期。
② 张岱年:《初观帛书〈系辞〉》,《道家文化研究》第三辑,第 1—5 页。
③ 张立文:《帛书〈系辞〉与通行本〈系辞〉的比较》,《道家文化研究》第三辑,第 120—132 页。
④ 王化平:《帛书〈易传〉研究》,成都:巴蜀书社,2007 年,第 168 页。
⑤ 刘光胜:《帛书〈易传〉成书问题新探》,《辽宁师范大学学报(社会科学版)》2009 年第 1 期。
⑥ 战化军:《〈周易·系辞〉与〈管子〉》,《管子学刊》1996 年第 4 期。
⑦ 余敦康:《帛书〈系辞〉"易有大恒"的文化意蕴》,《道家文化研究》第三辑,第 22 页。

　　具体到帛书中的相关概念，如"精白"之说与各派关系及其概念流传运动情况多不十分清楚，①实际上暂无法以之论定文本家派；又如帛书中的"阴阳""精气"概念，可能渊源久远，当反映原始宗教哲学观念，②并非专属特定家派而具有公共知识的性质，故论断相关文本的年代及学派问题需多加参证而不能仅据之以定论。再及，上文讨论帛书《周易》卦序问题，曾提及其涉上古占筮格局、商易及《周易》前史等诸多问题，且目前我们对早期筮法史、易学史的认识还比较有限，所以据之来推论相关古书年代问题尚存有不确定因素，如上述陈亚军的意见认为说解易象及术数类占书当更接近于早周和西周巫史文化中的易学传统，而陈松长恰认为帛书比今本少象数理论和玄妙色彩，故而当为更原始、古朴的本子。对于同一研究对象，不同论者的认识恰恰相反。以思想线索及某种概念来考察古书年代之法不甚可据，胡适指出以思想系统或思想线索来证明《老子》年代的方法是柄双刃剑，可以两边割，结论随成见转移，③其所论对于判定古书家派也是同样适用的。④ 加之古书成书多非一次定型，而是经过长时段、多人次的整理修订，内容多不"单纯"，所以，以思想线索和流派以及用某种概念判定古书家派及其早晚关系的方法，需要与其他更具说服力的材料相互参验，而不可仅据之为论。

　　其次来看帛书《系辞》与今本《系辞》的异文。今、帛本《系辞》的异文大致可分为两类：

　　第一类为较为具体的字句异文，以下即其中较受关注的几条：

　　一是今本《系辞》第八章"大衍之数"章不见于帛书《易传》。此章为今本《系辞》第八章，其内容主要为"明占筮之法、揲蓍之体"，整章内容为帛书所无。对于今本《系辞》"大衍之数"章不见于帛书的

---

① 除了不少学者认为"精白"属黄老道家概念外，李锐认为"精白"不专属道家。李锐意见参其《论帛书〈二三子问〉中的"精白"》，收入氏著《新出简帛的学术探索》，北京：北京师范大学出版社，2010 年，第 136—142 页。

② 陈亚军：《帛书〈系辞〉探源》，《道家文化研究》第三辑，第 99 页。

③ 胡适：《评近人考据〈老子〉年代的方法》，见欧阳哲生编：《胡适文集》第 5 卷，北京：北京大学出版社，1998 年，第 86 页。

④ 对于帛书《系辞》家派属性问题的讨论，可参王化平：《帛书〈易传〉研究》，第 71—80 页，第三章第二节相关内容。

情形,张政烺先生认为今本此章为后加的,李学勤先生认为此章与
上下文融合无间,当非后出;①廖名春先生认为帛书虽无"大衍之
数"章,然其后仍保留了"天一,地二;天三,地四;天五,地六;天七,
地八;天九,地十"之说,今本"大衍之数五十"当作"大衍之数五十有
五",此章与其后"天一地二"段内容存在紧密的逻辑关系,只有后者
而无前者当为传者所删去。② 朱伯崑先生认为不能因帛书所无文句
而断定帛书必然晚出,可能为帛书所居竹简有脱落,也可能为帛书
漏抄,并以传世文献引文推断今本《系辞》"大衍之数"章出现较早,
认为帛书《系辞》仅为汉初传本之一而已。③ 王葆玹指出廖名春认
为今本"大衍之数五十"当作"大衍之数五十有五"的意见缺乏根据,
"大衍之数"章与"天一地二"一段内容并无非常紧密的逻辑联系,后
者单独存在亦可理解。④ 张立文认为帛书无第八章不是帛书抄写者
删去,亦非漏抄,而是帛书编纂者没有整理进去,这是因为帛书《六
十四卦》不分上下经之故。且删去之说,是以通行本为据,然帛书属
另一个诠释系统,则无所谓删不删的问题。⑤

　　二是今本《系辞》之"象"帛书均作"马"。张岱年先生认为不是
误写而是异文,可能因为避某人名讳而改。魏启鹏先生也认为不当
为形近致误,而当为某种避讳。⑥ 王化平先生认为不应为形误,也不

---

① 张政烺意见参《座谈长沙马王堆帛书》,《文物》1974 年第 9 期;李学勤意见
　参《帛书〈系辞〉略论》,《齐鲁学刊》1989 年第 4 期。以上两位先生意见均
　转引自廖名春:《帛书〈周易〉论集》,第 18 页。
② 廖名春:《论帛书〈系辞〉与今本〈系辞〉的关系》,《道家文化研究》第三辑,
　第 138—139 页。
③ 朱伯崑:《帛书本〈系辞〉文读后》,《道家文化研究》第三辑,第 37 页。
④ 王葆玹:《〈系辞〉帛书本与通行本的关系及其学派问题——兼答廖名春先
　生》,《哲学研究》1994 年第 4 期,又见《中国哲学史》1994 年第 6 期。又参
　王葆玹:《再论帛书〈系辞〉太极与大衍之数诸问题——兼答廖名春先生》,
　《国际易学研究》第二辑,北京:华夏出版社,1996 年,第 288—305 页。
⑤ 张立文:《帛书〈系辞〉与通行本〈系辞〉的比较》,《道家文化研究》第三辑,
　第 123 页。
⑥ 魏启鹏:《帛书〈系辞〉骈枝》,《道家文化研究》第六辑,第 293—294 页;又
　其《帛书〈易传〉窥管》一文相关部分大体相同,《帛书〈易传〉窥管》收入
　《简帛研究》第二辑,北京:法律出版社,1996 年,第 148—155 页。魏先生
　列举了相关字形,可参看。

当作“码”讲,而为某种避讳。① 李学勤、黄沛荣、梁韦弦诸位先生认为是讹误。② 楼宇烈先生认为二字为篆书形近致误,并推测其时马、象同义而通用。③ 张立文先生认为“象”与“马”形近而误,④或在拟象、想象之意上二字相通。⑤ 张、楼意见有类似之处,然张说似可讨论。如张立文先生举文献之例论以马作兵象,又以《周易》坤为马、震为马、坎为马为例,推测帛书之马以拟象从而意与象通。因《说卦》中各卦之象繁多,如乾为马外,还为良马,为老马,为瘠马,为驳马;除马外,还为首,为天,为圜,为君,为父,为玉,为金,为寒,为冰,为大赤等。若马为乾之象而与象通,则所通为良马、老马还是瘠马、驳马? 又马为象而通,非马之物也为卦象,则与象通否? 且帛书作马不仅多对应通行本之象字,还有其他情况,如“天地设位”帛书作“天地设马”,此与避讳似无关联了。仅聚焦于象与马的讨论似不能对帛书相关用字情况作出合理的解释。

从字形来看,金文中“象”字写法如象,“马”字写法多样,较有代表性且与“象”字形较接近的有如下几种:(尹姑鼎)(大簋)(兮甲盘)(鄂君启舟节)(鄂君启车节)。⑥ 帛书《周易》经传之“象”皆作“马”,与帛书其他内容中所存“象”字比对,二字字形似不易相混,⑦且参考其他楚系简帛写法,二字因字形混淆的可能性似乎也不大。⑧ 廖名春先生认为象、马音近,“帛书《系辞》将

① 王化平:《帛书〈易传〉研究》,第 45 页。

② 李学勤:《周易溯源》,第 348 页;黄沛荣:《帛书〈系辞传〉校证》,《道家文化研究》第三辑,第 105 页。梁韦弦认同黄沛荣意见而有所解说,参梁韦弦:《易学考论》,哈尔滨:黑龙江人民出版社,2005 年,第 23 页。

③ 楼宇烈:《读帛书〈系辞〉杂记》,《道家文化研究》第三辑,第 49 页。

④ 张立文:《帛书〈系辞〉与通行本〈系辞〉的比较》,《道家文化研究》第三辑,第 127 页。张先生列举了象、马二字的甲骨文、金文、小篆、古文、籀文等写法,可参看。

⑤ 张立文:《帛书〈系辞〉与通行本〈系辞〉的比较》,《道家文化研究》第三辑,第 127—128 页。

⑥ 容庚:《金文编》,北京:中华书局,1985 年,第 673—677 页。

⑦ 参陈松长:《马王堆简帛文字编》,北京:文物出版社,2001 年,第 391—392 页。

⑧ 参滕壬生:《楚系简帛文字编》,武汉:湖北教育出版社,2008 年,第 851—854 页。

'象'皆写为'马',应为音借",①此可备一说。然仍可虑者在于,为何仅帛书《周易》有此音借现象,而同墓所出其他古书无此现象,其他楚系简帛古书似也未见此情形?尤其是今本《系辞》"日新之谓盛德,生生之谓易"后半句帛本《系辞》作"生之胃马",今本《系辞》"是故君子所居而安者,易之序也"后半句帛书《系辞》作"易之马",今本《系辞》"天地设位"帛书《系辞》作"天地设马",此与象、马音近似无关联。有论者指出,帛书《系辞》抄写者对以"马"代"象"似乎有着近乎偏执的狂热,如此执着肯定不会是"书写随便"或者音借、形似甚至错讹了,因为"易"和"位"无论如何与"马"不存在音借或形似的关系,并认为这种情形是帛书抄手有意识地反映服象被服牛乘马取代的历史变迁,而没有注意到易象之象与动物之象的区别。②连劭名认为帛书之马义为数,且对今本《系辞》"天地设位"帛书作"天地设马",同样以位、马均作数度讲来解释。③ 综上,以目前所掌握的情况来看,帛书的"马"字异文似仍无法论定。不过这起码说明帛书《系辞》属于一个非常独特的传派。

三是今本《系辞》"显诸仁,藏诸用,鼓万物而不与圣人同忧,盛德大业至矣哉。富有之谓大业,日新之谓盛德,生生之谓易",帛书作"圣者仁,壮者勇,鼓万物而不与众人同忧,盛德大业至矣哉!富有之谓大业,日新之谓盛德。生之胃马"。张岱年先生认为通行本"鼓万物而不与圣人同忧"不如帛书"鼓万物而不与众人同忧"易于理解,"盛德大业"用来形容圣人较形容天道为好,惟"富有""日新"等语用来形容圣人不十分恰当,"生生之谓易"只能是赞述天道而非圣人。故今、帛本皆有难通之处,何为原本,何为改本,难以确定。④楼宇烈先生认为通行本的修改优于帛书,然帛书受道家影响,故其

---

① 参廖名春:《帛书〈周易〉论集》,第 312 页。
② 吴勇:《马王堆帛书〈周易·系辞〉中以"马"代"象"辨析》,《长江大学学报(社会科学版)》2019 年第 6 期。
③ 可参连劭名:《马王堆帛书〈系辞〉研究》,《周易研究》2001 年第 4 期及《再论马王堆帛书〈系辞〉中的"马"》,《周易研究》2002 年第 3 期。
④ 张岱年:《初观帛书〈系辞〉》,《道家文化研究》第三辑,第 3 页。

讲法也并非不可理解。① 魏启鹏先生认为"壮"当借为"臧",作善讲,"勇"借为"容",则帛书"壮者勇"句为"善者容",可依《老子》思想解读;对于帛书"生之胃马",魏启鹏先生疑帛书"生"字之下脱漏重文符号,且以儒家说解此句难通,而以"象(马)"作"道"之道家言解之,则可涣然冰释。② 陈松长先生认为帛书于义为佳,更好地保留了《系辞》原貌。③

朱伯崑先生认为帛书文意自相矛盾,通行本于义为长,帛书此句当受《老子》影响。④ 廖名春先生发现帛书此句其实存在改补情况,释文当作"圣者仁,藏诸用,鼓万物而不与众人同忧",且从文意看,帛书"仁"字下左右所补"藏""诸"二字当为依照今本《系辞》之文而补加;⑤且今本"生生之谓易"即阴阳转化相生为"易"合于易理,而帛书以"象"代"易",以"象"有"生"之"盛德大业",于义不通。⑥ 王化平先生据帛书照片认为帛书释文当作"圣者仁,壮者勇",壮与藏、勇与用同声或声近,而圣与显在楚方言中关系接近,故此处异文当为帛书流传过程中口耳相传时不同的方言所成。⑦ 连劭名先生认为南北风气不同,南方的强者以柔克刚,北方的强者为信仰献身,敢于赴汤蹈火。帛书云"壮者勇",显然是来自北方齐鲁地区儒学的影响。这说明,帛书《系辞》虽然出土于长沙,但绝不属于南方楚学的流派。⑧

四是今本《系辞》"夫《易》,开物成务,冒天下之道,如斯而已者也",帛书作"夫《易》,古物定命,乐天下之道,如此而已者也"。朱

---

① 楼宇烈:《读帛书〈系辞〉杂记》,《道家文化研究》第三辑,第51页。
② 魏启鹏:《帛书〈系辞〉骈枝》,《道家文化研究》第六辑,第295—296页。
③ 陈松长:《帛书〈系辞〉初探》,《道家文化研究》第三辑,第163页。
④ 朱伯崑:《帛书本〈系辞〉文读后》,《道家文化研究》第三辑,第39页。又可参朱伯崑:《帛书易传研究中的几个问题》,《国际易学研究》第一辑,北京:华夏出版社,1995年。
⑤ 廖名春:《论帛书〈系辞〉与今本〈系辞〉的关系》,《道家文化研究》第三辑,第134—135页。
⑥ 廖名春:《论帛书〈系辞〉与今本〈系辞〉的关系》,《道家文化研究》第三辑,第136页。
⑦ 王化平:《帛书〈易传〉研究》,第48—49页。
⑧ 连劭名:《马王堆帛书〈系辞〉研究》,《周易研究》2001年第4期。

伯崑先生认为帛书作"古物定命"很费解,通行本于义为长。① 廖名春先生认为今本为说易之功用,"开物""成务"均指易而言,且与前文之铺垫相应,帛书作"古物定命"不但尽去人谋,且语气欠顺;帛书"如此"显较"如斯"后出。② 楼宇烈先生认为,帛书"古物定命"当作"占物定命",且其义较今本更朴实、更贴切。③ 魏启鹏先生认为帛书"古物"之"古"字有"经远之规"的意义,"古物"意为"对世间众物进行深远的思量、谋虑、筹算,以推测其未来命运";"定命"即《易》以占卜"考其征兆,推知其命"。④ 王化平先生认同连劭名先生的意见,认为"开物成务"与"古物定命"为同义替换,两者义理上无大的差别。⑤

　　五是通行本"盖取诸夬"帛书作"盖取者大有也"。李学勤先生指出高亨先生有"兑为小木,为竹"之说,故夬卦象与书契和,认为从卦象解说,帛书作"大有"似不通,当为讹误。⑥ 廖名春先生认为从卦义看,帛书作"大有"与上文"百官以治,万民以察"无关,以今本作"夬"为是。⑦ 魏启鹏先生认为帛书"取诸《大有》"与今本最大的区别即在于强调了"以乾灭坤"而不是"以乾照坤",并认为这与汉初惠帝至高后间吕氏专擅的"坤世"有关。⑧ 王化平先生认为事与卦因象而发生联系,并从今本《系辞》下第二章观象制器诸卦之象、事关系出发,认为夬卦上兑下乾,与"易之以书契"联系不明显,而大有上离下乾,其《象》曰"火在天上,大有,君子以遏恶扬善,顺天休命",与"百官以治,万民以察"更贴切。⑨

_____

① 朱伯崑:《帛书本〈系辞〉文读后》,《道家文化研究》第三辑,第 39 页。
② 廖名春:《论帛书〈系辞〉与今本〈系辞〉的关系》,《道家文化研究》第三辑,第 137 页。
③ 楼宇烈:《读帛书〈系辞〉杂记》,《道家文化研究》第三辑,第 51—52 页。
④ 魏启鹏:《帛书〈系辞〉骈枝》,《道家文化研究》第六辑,第 297 页。
⑤ 王化平:《帛书〈易传〉研究》,第 52—53 页。连劭名意见参见其《马王堆帛书〈系辞〉研究》,《周易研究》2001 年第 4 期。
⑥ 李学勤:《周易溯源》,第 352 页。
⑦ 廖名春:《论帛书〈系辞〉与今本〈系辞〉的关系》,《道家文化研究》第三辑,第 137 页。
⑧ 魏启鹏:《帛书〈系辞〉骈枝》,《道家文化研究》第六辑,第 301 页。
⑨ 王化平:《帛书〈易传〉研究》,第 61 页。此外,连劭名对此亦以卦象为说,可参连劭名:《马王堆帛书〈系辞〉研究》,《周易研究》2001 年第 4 期。

　　首先,高亨先生及王化平先生以卦象解说似均不甚圆通。高亨先生认为"兑为小木,为竹",以《说卦》"乾为金"解说,高亨先生解乾依《说卦》而解兑不依《说卦》,似嫌不协。这种情形是因为,若依《说卦》则巽为木,而兑与木无关。王化平先生之解则仅照顾到"百官以治,万民以察"之义而与书契无涉。其实以卦象释物之法本不易圆通,如噬嗑与市、随与"服牛乘马,引重致远"、豫与"重门击柝"、小过与杵臼、睽与弧矢等等,观其象与所对应之物即可发现,以卦象制器之说为解不乏牵强。对此古人早有觉察:如豫为坤下震上,其《象》曰"雷出地奋",此与"重门击柝,以待暴客"之事之联系似乎也不明显。此段观离卦制网罟句孔疏云"诸儒象卦制器,皆取卦之爻象之体,今韩氏之意,直取卦名,⋯⋯于义未善矣",①但其后"重门击柝,以待暴客,盖取诸豫",韩康伯注云"取其豫备",孔颖达《正义》云"豫者取其豫有防备,韩氏以此九事,皆以卦名而为义者。特以此象文,取备豫之义,其事相合。故其余八事,皆以卦名解义,量为此也",②则孔颖达对韩康伯以卦名制器之法似有会意。相形之下,韩氏以卦名释物似更合情理、更显圆融。如此,仍当以今本作夬、以决为义者为佳。不过,帛书当自有所据。

　　六是"易有大恒"之"大恒"与今本"太极"。张岱年先生认为,《庄子・大宗师》所见《系辞》作"太极","大恒"当为后来所改之异文。③ 朱伯崑先生认为"太极"有极限之意,表示揲蓍或画卦的最初状态,而"大恒""太一"无此涵义,帛书作"大恒"当为"太极"之误,并从字形上推论两者误写的可能性,同时对"恒"作"极"是出于避讳的意见进行了辨析。④ 廖名春先生与李学勤、张政烺先生意见一致,认为此当为形误。⑤ 郑万耕先生观点同此。⑥ 王化平先生认为字形上"恒"与"极"区别明显,应非形近致误;"大恒"当并非《系辞》原

---

① 《十三经注疏》整理委员会:《十三经注疏・周易正义》,第298页。
② 《十三经注疏》整理委员会:《十三经注疏・周易正义》,第301页。
③ 张岱年:《初观帛书〈系辞〉》,《道家文化研究》第三辑,第2—3页。
④ 朱伯崑:《帛书本〈系辞〉文读后》,《道家文化研究》第三辑,第38—39页。
⑤ 廖名春:《帛书〈周易〉论集》,第282页,李、张二先生意见均依廖先生转引。
⑥ 郑万耕:《帛书〈易传〉散议》,《国际易学研究》第一辑,第124—127页。

貌,且不排除为避讳改字的可能。①

饶宗颐先生认为帛书作"大恒"为《系辞》本来面貌,"大恒"转写为"太极"或"太一",是因其本为同事异称。饶文补记有"《系辞上传》大恒的恒字,和《阴阳五行》的《天一图》均作亟,是汉初的字体,与篆文的恒非常接近,决非随意写错"。② 楼宇烈先生虽确定帛书作"恒"而非"极",但并不排除"恒"与"极"误写的可能;且楼氏认为帛书当为原貌而"太极"后起。③ 许抗生先生认为帛书"大恒"概念源自帛书《老子》,通行本改为"太极"是后来演变的。④ 陈鼓应先生认为《系辞》道论由《老子》而出,但囿于体例,其说系统性反而不如《老子》,而"太极"的概念源于《庄子》,且两字形误的可能性不大。⑤ 细绎陈鼓应先生之义,可推知"大恒"早于"太极"。王葆玹先生认为《庄子·大宗师》"在太极之先而不为高,在六极之下而不为深"之"太极"当为"六极"之误,二处均当作"六极",以此认为《系辞》作"太极"为合理的意见不可据;且帛书同有"恒"与"极",当排除误写可能,此处异文显然出于避讳。⑥

魏启鹏先生认为"大恒"在早期道家宇宙论中已具有"形而上"的特点,且帛书无今本"大衍之数"章与帛书有"大恒"而无"太极"有关联。盖儒家将"大衍之数五十"中不用的"一"解作"太极",帛书属道家传《易》,称"大恒"则略去"大衍之数"章以免抵牾。⑦ 连劭名先生认为"大恒"之观念商代即存,"大恒"近于"天常",而"太极"即"太一"。⑧

---

① 王化平:《帛书〈易传〉研究》,第55—56页。
② 饶宗颐:《帛书〈系辞传〉'大恒'说》,《道家文化研究》第三辑,第18页。
③ 楼宇烈《读帛书〈系辞〉杂记》,《道家文化研究》第三辑,第52—54页。
④ 许抗生:《略谈帛书〈老子〉与帛书〈易传·系辞〉》,《道家文化研究》第三辑,第59—60页。
⑤ 陈鼓应:《〈系辞传〉的道论及太极、大恒说》,《道家文化研究》第三辑,第64—72页。
⑥ 王葆玹:《帛书〈系辞〉与战国秦汉道家〈易〉学》,《道家文化研究》第三辑,第79页。
⑦ 魏启鹏《帛书〈系辞〉骈枝》,《道家文化研究》第六辑,第299页。
⑧ 连劭名:《马王堆帛书〈系辞〉研究》,《周易研究》2001年第4期。

　　七是通行本"乾坤毁,则无以见《易》;《易》不可见,则乾坤或几乎息矣",帛书多出两句,作"乾川毁,则无以见《易》矣。《易》不可见则乾川不可见,乾川不可见则乾川或几乎息矣"。王葆玹先生认为是今本删除帛书。① 黄沛荣先生指出帛书此句为战国散文之连珠句式。② 其实单看此句,实不足以断定早晚关系。今本此句确比帛书显得简明,然是否简明的就一定晚于不甚简明的,似无此必然,也很可能是简明语句被润色为繁复、连珠语句。其实此处以语义优劣来推断文本早晚应当区分两件事:即版本学意义上的优劣与文章学意义上的优劣。③ 文章学意义上的优并不能推定版本学意义上的优,且在两条材料文章学意义上之优劣尚有分歧的情况下,更不可以之推定其他。所以,单以此句语义上的优劣推定今、帛《系辞》的早晚关系,也难免有"丐辞"之嫌。

　　纵观以上研究者对今、帛本《系辞》异文的讨论可见,大家对于相同的异文往往存有不同的见解,且这些意见往往是相反的。这很容易使人想到上文胡适"双刃剑"的讲法:判断取决于预设,可左可右。其实,认为帛书《系辞》早于或晚于今本的意见均有不够圆融之处:首先,若认为帛书早于今本,今本《系辞》是在帛书基础上撰集而成,但是帛书《易传》见于今本《系辞》的内容中有不少胜于今本之

① 王葆玹:《帛书〈系辞〉与战国秦汉道家〈易〉学》,《道家文化研究》第三辑,第 79—80 页。相关意见又可参王葆玹:《〈系辞〉帛书本与通行本的关系及其学派问题——兼答廖名春先生》,《哲学研究》1994 年第 4 期;又见《中国哲学史》1994 年第 6 期及《再论帛书〈系辞〉太极与大衍之数诸问题——兼答廖名春先生》,《国际易学研究》第二辑,北京:华夏出版社,1996 年,第 288—305 页。
② 黄沛荣:《帛书〈系辞传〉校证》,《道家文化研究》第三辑,第 113—115 页。
③ 宁镇疆先生在进行《孔子家语》成书的相关研究时指出:"目前在古书年代学及古书成书的研究中,我们往往把类似《家语》这种经过整理的文章学上的优,与版本学上的优混为一谈,简单地以文章学上的优,来论定版本学上的早出,这是非常危险的。"见氏著《八角廊汉简〈儒家者言〉与〈孔子家语〉相关章次疏证》,《古籍整理研究学刊》2004 年第 5 期,第 13 页。类似意见还可参宁镇疆:《〈家语〉的"层累"形成考论》,《齐鲁学刊》2007 年第 3 期及《读阜阳双古堆一号木牍与〈孔子家语〉相关章题余札》,《中国典籍与文化》2008 年第 2 期。宁镇疆针对《家语》成书所提意见,对于其他文献的类似研究具有方法论意义。

处。此外,帛书《易传》尚有不少内容不见于今本,且不少内容对相关问题非常具有启发性因而独具意义,今本《系辞》甚至今本《易传》在撰集之时没有理由弃之不用或弃精取粗,且今本《系辞》有部分文句在帛书中的分布形态并无规律,今本如何调整至目前的面貌? 同样道理,若认为今本《系辞》早于帛书,则帛书同样没有理由打乱今本的行文次序;尤其是那些内容不如今本之处,帛书似乎也没有理由弃精取粗;又若帛书是今本之删节,则难以解释为何今本《系辞》上篇基本保持原貌而下篇删改如此之甚,且删改处仅限于特定文句而无涉其他内容、被删改文句与其上下语句似并无不同;又帛书《衷》篇所引见于今本《系辞》的内容是否当时即属《系辞》尚可讨论。①

第二类为句群的存佚及次序。相较于今本《系辞》,帛书《系辞》缺少若干章节,具体情形如下:②

1.《系上》第八章整章"大衍之数五十"至"可与佑神矣";

2.《系上》第九章首句"子曰知变化之道者其知神之所为乎";

3.《系下》第四章"子曰知几其神乎"至"几者动之微吉之先见者也"句;

4.《系下》第八章"《易》之为书也,广大悉备"、"故曰物"至"惧以终始";

以上今本《系辞》文句不见于帛书《周易》经传。

5.《系下》第五章整章"子曰乾坤其易之门邪"至"以明失得之报";

6.《系下》第六章整章"易之兴也其于中古乎"至"巽以行权";

7.《系下》第七章整章"易之为书也不可远"至"则思过半矣";

---

① 如帛书《衷》篇最末部分引文前皆以"子曰""易曰"开头。又可参刘光胜:《帛书〈易传〉成书问题新探》,《辽宁师范大学学报(社会科学版)》2009 年第 1 期。

② 释文用宽式。马王堆帛书内容湖南省博物馆、复旦大学出土文献与古文字研究中心编纂,裘锡圭主编:《长沙马王堆汉墓简帛集成(叁)》,北京:中华书局,2014 年;今本《周易》内容据《十三经注疏》整理委员会:《十三经注疏·周易正义》(简体横排本),北京:北京大学出版社,1999 年;《系上》为《系辞·上篇》的简称,《系下》为《系辞·下篇》的简称。

8.《系下》第八章"二与四同功而异位"至"其刚胜邪";

以上今本《系辞》内容见于帛书《衷》篇。

9.《系下》第四章"子曰危者安其位者也"至"言不胜其任也";

10.《系下》第四章"子曰颜氏之子其殆庶几乎"至"立心勿恒凶";

11.《系下》第八章"有天道焉"至"爻有等","其要无咎,此之谓《易》之道"。

以上今本《系辞》内容见于帛书《要》篇。

虽然相较于今本《系辞》,帛书《系辞》存有许多异文——包括具体的字句差异以及句群的分布差异,但从内容上看,今本《系辞》绝大部分内容见于帛书《系辞》及《衷》《要》篇。另,今本《说卦》前三章见于《衷》篇。

主张帛书《系辞》为今本《系辞》成书所参考的学者,基本上均认为二者之间存在承袭及演化关系。相关论证从不同角度展开,然少有论者对以下问题做出较为圆融的解释:若今本《系辞》参考帛书《系辞》而编成,那么帛书《系辞》是如何与帛书《易传》中的相关内容整合成今本《系辞》的? 也就是说,依何种标准从帛书《衷》《要》篇中仅撷取出以上第5—11条内容,且依何种原则将其编入帛书《系辞》的? 尤其是在有关内容并不连贯甚至异常分散的情况下,如今本《系下》第八章的内容,前半部分见于帛书《衷》篇末尾,下半部分见于帛书《要》篇起首,今本《系下》第四章的内容在帛书中的分布尤其分散,这些内容究竟是如何被编为今本《系辞》的?

帛书《易传》与今本互见的内容中,有不少文义胜于今本者,若今本《系辞》是参考了帛书有关内容改编而成,则何以出现这种"弃精取粗"的情形? 帛书与今本《系辞》的互见内容多有差异,有些差异涉及不同的文本和解释方案,今本《系辞》是以何种原则进行改编的? 对帛书《系辞》与今本《系辞》的互异之处,论者多聚焦于二者间文义优劣的分析,并以此推定后者参考、改编前者而成,而少有论者意识到内容优劣与参考改编完全是两码事。也就是说,内容优劣并不必然决定今本《系辞》与帛书《系辞》间一定存在直接的参见关系。况且,所谓文义优劣并无固定或明确的标准,角度不同的研究者对于相同的文句会做出不同的优劣判断。①

以上问题少有论者进行深入讨论的原因在于,学者们均先行认定帛书《系辞》与今本《系辞》处于同一文本演化线索之中,两者间存在直接的承袭及参考关系,并将今本《系辞》视为《系辞》成书的唯一及最终形态,一切判断均以今本《系辞》为依归,而未对这一立论前提进行核验。

主张帛书《系辞》较今本《系辞》所缺文句原存于帛书底本中、帛书《系辞》是底本转抄疏漏或简编散乱所致的意见,虽克服了上一意见的解释困难,然其中尚有可议之处。廖名春先生认为帛书《系辞》的文本面貌非一人一时形成,帛书《系辞》的底本近于今本《系辞》,而这个底本所依的文本更近于今本,帛书《系辞》的异文是在多次传抄过程中生成的,帛书《系辞》较今本《系辞》缺失的内容是由于抄者去重。②

对于第一种情况,若帛书《系辞》较今本缺失部分是由于底本多次传抄过程中的疏漏,则何以竟无传抄者补充及修正,且漏抄或删去的内容在帛书其他篇中出现? 其次,帛书《系辞》与今本《系辞》的部分异文可能反映了更为复杂的流传统绪,如颇引讨论的今本之"太极"和对应的帛书之"大恒",今本《系下》第二章之"百官以治,万民以察,盖取诸夬"之"夬",帛书作"大有",以及今本《系下》第六章的"巽"在《衷》篇中均作"涣"等,诸如此类涉及文义的异文以传抄过程中的疏漏及改动来解释似有未安。

对于第二种情况,若帛书《系辞》较今本所缺文句是出于抄手有意识的去重而删去,那抄手为何不去除《衷》《要》中与今本互见部分,反去除帛书《系辞》中的相关内容,尤其在《衷》《要》篇中的相关内容与今本《系辞》多有差异的情况之下,若抄手对今本《系辞》非常熟悉,则其在去除重复时当有所鉴别;其次,根据今本《系下》第四章

---

① 这也是有关问题多引争论的原因之一。有学者认识到此问题,主张改依更为客观的标准进行讨论,如夏含夷从语言用法,尤其是句子结构入手讨论《系辞》的成书问题,参夏含夷:《帛书〈系辞传〉的编纂》,《道家文化研究》第十八辑,第371—381页。

② 廖名春:《帛书〈周易〉论集》,第269、281、276页。

在帛书中的分布情形，则抄手的去重工作可谓相当细致，因此帛书《要》篇"乡物巽德，大明在上"诸句与帛书《系辞》互见的内容很可能并非由于去重者照顾不周，①并且帛书《衷》《要》篇中有与《系辞》重复的内容，②《系辞》本身也有文义重复者③以及与其他古书互见的文句。④ 这些情况反映了《易传》类古书的某种内容特点，有助于审视"去重"说及进一步思考帛书《系辞》与今本《系辞》的关系问题。再者，即便退一步说，帛书《系辞》较今本缺失部分确出于去重，然而熟悉今本《系辞》的抄手为何不对《衷》《要》篇的引文进行核对及修正？

李学勤与刘光胜二位先生主张帛书《系辞》的底本内容与今本《系辞》基本相同，帛书《系辞》的文句缺失是竹简底本简编散乱所致。竹简散乱蕴含了偶然因素，因此这种意见拥有更大的解释力度。然细绎之下，其中也略有若干可议之处：

首先，竹简散乱的不确定性与特定文本的形成之间存在矛盾。具体到《系辞》文本而言，帛书《系辞》的竹简底本散乱是一种偶然状态，其散乱情形充满了几乎无限多的可能性，并且即便针对若干相同的竹简残篇，其编联方案也并不唯一。因此，从竹简底本散乱的大量可能形态中产生帛书《系辞》这一特定的文本结构，其概率极其微小。举例而言，如本书开头所列今本《系上》第八章不见于帛书《易传》的情形，若竹简底本中《系上》第七、八、九章未散裂而保持原来的连续状态，那么无论如何编联，均不至出现单单缺失第八章的

---

① 帛本《系辞》与帛书《要》篇可对照的内容分别见《长沙马王堆汉墓简帛集成（叁）》第80、109页。
② 如今本《系下》第五章见于《衷》篇，其"阴阳合德，而刚柔有体"句可与《衷》篇起首"阴阳流形，刚柔成体"句对照，《要》篇起首论三才之道的内容与今本《系下》第八章相近，近似内容也见于《要》篇结尾，见于《衷》篇的今本《说卦》内容主旨也与此近似。
③ 如《系上》第十一章"定天下之吉凶，成天下之亹亹者"句也见于《系下》第九章，《系上》第二章论三极之道与六爻之动的内容与《系下》第八章相关内容可对读，《系下》第六章推论《易》之兴及作《易》者与第八章论《易》与文王的关系可对读。
④ 如今本《系上》第七章"亢龙有悔"句见于《文言》，今本《系下》第八章论三才与成卦的内容与《说卦》第二节内容可以对读。

情况;再如,今本《系下》第四章内容在帛书《易传》中分布得尤其分散,其"子曰:危者安其位者也"至"言不胜其任也"的内容见于帛书《要》篇,"子曰:知几其神乎?君子上交不谄,下交不渎,其知几乎?几者,动之微,吉之先见者也"句不见于帛书《易传》,"君子见机而作,不俟终日"至"君子知微知彰,知柔知刚,万夫之望"见于帛书《系辞》,"子曰:颜氏之子,其殆庶几乎"至"《易》曰:莫益之,或击之,立心勿恒,凶"见于帛书《要》篇,若竹简底本这几部分保持原来的连续状态,则必然不会出现以上的分散情形。这意味着,若假设帛书《系辞》是出于其竹简底本散乱所致,则其竹简底本必须满足特定的条件。具体而言,对以上所列《系上》第七、八、九章,其竹简底本的第八章须与其前的第七章及其后的第九章散裂开来,才可能出现帛书《系辞》中独缺第八章的情形;上列《系下》第四章"子曰:危者安其位者也"至"言不胜其任也"的内容,其竹简底本须与其前后内容散裂开来,此部分内容才有可能脱离《系辞》文本而被编入帛书《要》篇;同理,《系下》第四章"子曰:知几其神乎?君子上交不谄,下交不渎,其知几乎?几者,动之微,吉之先见者也"句,其竹简底本须与其前后内容散裂开来,这句话才可能脱离《系辞》文本。也就是说,若假设帛书《系辞》是出于其竹简底本散乱所致,那么前面所列举的帛书《系辞》与今本《系辞》有异的 11 条内容中,每条内容的竹简底本均须与其前后内容散裂从而脱离《系辞》文本,这些文句才可能被编入新的上下文中。对充满偶然性的竹简散乱而言,以上特定散乱情形出现的概率无疑非常小,由此看来,帛书《系辞》是其近于今本《系辞》的竹简底本散乱所致的假设背后,实则隐含了异常"严苛"的前提条件。退而言之,即便满足了以上特定的竹简底本散乱条件,面对十几片竹简残篇,仍存在多种编联方案,恰编为帛书《系辞》的可能性也并不大。

　　若假设帛书《系辞》是其近于今本《系辞》的竹简底本散乱所致,另一个值得思考的情形在于,帛书《系辞》底本散出部分及其上下文均首尾完整,尤其是可与今本《系辞》对照的文句,相较之下均完整而几乎不见残句。竹简底本散乱均以整句为单位发生,这个可能性也微乎其微。且作为竹简底本,卷放应为其最常用的收存状态,对于帛书《易传》而言,发生散乱的内容多为简册的中间部分,无论简册如何卷放,发生散乱的内容均位于简册内部,问题在于,为何简册卷之于内的部分散乱如此严重而露之外围的部分反不甚残散?①

此外,用字情形也不支持底本散乱说。如卦名用字,今本"涣"卦,帛书《系辞》作"奂",帛书《衷》篇均作"涣",其中见于今本《系下》第六章的部分"涣"二见;又如今本"谦"卦,帛书《系辞》卦爻辞"劳溓,君子有冬,吉",其后一句有"溓也者"句,可见帛书《系辞》的"谦"卦作"溓",而帛书《衷》篇见于今本《系下》第六章的部分均用"嗛";再如"动"字,帛书《系辞》均作"勤",帛书《衷》篇均作"僮",且其中见于今本《系下》第五章及第六章的内容中各有一"僮"字;又帛书《要》篇见于今本《系辞》第四章的内容有两个"动"字,与《要》篇其他"动"字保持一致而不同于帛书《系辞》的"勤"字。也就是说,帛书《衷》《要》篇见于今本《系辞》的内容中,特定字的用字习惯与《衷》《要》保持一致而与帛书《系辞》不同,这种情形无疑是不支持帛书底本散乱说的。

无论主张帛书《系辞》是今本成书所参考的材料,还是源出于今本或某种近于今本的底本,在解释二者关系时均存在某些困难。这两种意见虽然对于帛书《系辞》与今本《系辞》的关系有不同解释,实则均主张帛书《系辞》与今本《系辞》处于同一条成书线索中,二者之间存在直接的承袭关系。由于今本与帛书两种《系辞》文本在内容上有较高的近似度,将二者进行比较在所难免,且今本《系辞》也为我们讨论帛书《系辞》提供了非常重要的参考,然而这并不意味着今本《系辞》是《系辞》形成过程中唯一的、最终的形态。换句话说,虽然今本《系辞》是以往我们所能见到的唯一《系辞》传本,然而在《系

---

① 刘光胜通过考察帛书《易传》的分章符号论证《二三子问》《缪和》《昭力》基本未发生竹简散乱,而《系辞》《衷》《要》发生了一定程度的散乱(刘光胜:《帛书〈易传〉成书问题新探》,《辽宁师范大学学报(社会科学版)》2009年第1期),这一推论似与本书依据简册卷放形态所作推论相矛盾,并且将小圆黑点作为分章符号的做法不甚可据,因为帛书《周易》与《衷》篇有小圆黑点被用作句读符号(《长沙马王堆汉墓简帛集成(叁)》第87页),小圆点不作为分章符号的情形也见于帛书其他篇,如《足臂十一脉灸经》。

辞》成书及流传过程中,今本《系辞》并不具有特殊的流传优势和地位。如《京氏易传》《遁》卦云:"《系》云:能消者息,必专者败。"①所引《系辞》文句不见于帛书《系辞》与今本《系辞》,这表明在这两种《系辞》之外还存在不同的《系辞》传本,并且至少在京房之世,今本《系辞》尚未取得通行本的强势地位。②

目前我们可以确定的《系辞》传本至少有帛书本、今本及京房引述本三种,并且《系辞》传本系统之外的其他《易传》也包含可与《系辞》对照的文句。鉴于这种情形,则对于帛书《易传》与今本《系辞》互见内容的判断就不能仅考虑一种可能性。实际上,对于帛书《衷》《要》篇可与今本《系辞》及《说卦》对照的内容究竟属于《系辞》《说卦》还是其他今本之外的《易传》,我们是无法确认的。③ 同理,对于帛书《易传》中其他不见于今本《系辞》的内容,其中是否包含了其他《系辞》或《易传》传本的内容,我们也无从得知。也就是说,即便

① 郭彧:《〈京氏易传〉导读》,济南:齐鲁书社,2002 年,第 68 页。
② 《史记·太史公自序》记司马谈《论六家要旨》云:"《易大传》曰:'天下一致而百虑,同归而殊途。'"此文句见于今本《系辞》,文献称引《易大传》者另有《汉书·郊祀志》记刘向回答成帝问曰:"……《易大传》曰:'诬神者殃及三世。'"此句《易大传》引文不见于今本《系辞》。对于《易大传》所指,历来有不同意见,或据《集解》及《正义》引张晏语以《易大传》为《系辞》,或以《易大传》为今本《易传》十篇,或认为《易大传》是另外一种古书,如丁四新(《从出土竹书综论〈周易〉诸问题》,《周易研究》2000 年第 4 期)、菏泽恒(《孔子与〈易传〉相关问题复议》,《周易研究》2001 年第 1 期)、朱天助(《两汉十翼称经考》,《儒家典籍与思想研究》第 5 辑,北京:北京大学出版社,2013 年)。首先,从《汉书》所引《易大传》文句可知,《易大传》必非今本《系辞》。其次,从《史记》引《易》以及两汉文献引《易》情形来看,除大部分为"易曰""孔子曰"外,其他明言篇名者均指单篇文献,因此《易大传》所指也当为一种具体的古书,而不太可能通指十篇《易传》;且《汉书·儒林传》所记"费直……徒以《彖》《象》《系辞》十篇文言解说上下经",可知其时多有据"十翼"之外内容解经的情况,参照文献中所引《易传》佚文以及帛书《周易》经传,这种情形不难想见。因此,司马迁之世,今本《周易》这种以"十翼"为传,传附经后的文本面貌是否形成尚无法定论。因而《史记》及《汉书》所谓的《易大传》当非今本十篇《易传》,而应特指一种具体的古书。至于《易大传》的内容,惜已无从得知,其是否属于某种《系辞》传本无从判断,将《易大传》视作一种单独的古书不失为较稳妥的做法。
③ 朱伯崑先生已虑及这种情况,见朱伯崑:《帛书本〈系辞〉文读后》,《道家文化研究》第三辑,第 42 页。

《衷》《要》篇中的某些文句属于某种《系辞》文本,我们也无从判断。

其实,帛书内容本身的特点也提示了其他的可能性。如帛书《衷》篇末尾见于今本《系辞》的内容,仅最后见于今本《系下》第八章的内容以"《易》曰"领起,其他文句并非如此,这提示我们当对帛书与今本《系辞》内容的可能性做更为周全的考量。再如,不同古书中多称引一些较为流行的类似格言的文句,①有研究者已经注意到了这种古书称引"习语"的情形,并就此对古书成书及流传问题进行了讨论。② 这些均提示我们,在讨论帛书《系辞》的成书问题时,对今本《系辞》的作用和局限均应有合理的认识。

《系辞》文本的内容特点及其可能的成书情形,也提示了不同《系辞》传本的情形。欧阳修《易童子问》谓《系辞》"繁衍丛脞而乖戾",这恐怕也是古今研《易》者的共同体会,《系辞》非成于一人一时也基本成为共识。有学者认为《系辞》是"通过意群的整合来完成的",③这种成书方式无疑会造成不同《系辞》传本流传于世的情形,④而帛书《系辞》、今本《系辞》以及京房所据《系辞》,当是分属不同传派的传本,各本独立流传,之间很可能不存在相互影响。

若单从理论上看,《系辞》"意群整合"的成书方式当产生数量较大的、互有异同的《系辞》传本,然而综合文献线索,在实际的流传领域,《系辞》的传本数量并不多,且可被确认的《系辞》佚文也非常少。造成这种情况的原因可能在于,《系辞》文本的主体内容是在一段相对集中的时间内、被某个较有影响的人或团体编纂而成,从而得以较早完成某种程度的"经典化"过程。唯有如此,不同的《系辞》传本才可能具有大体相同的主体部分,而不同的《系辞》传本当为不同传

① 如上文所举的可与《系辞》对照的《衷》篇起首"阴阳流形,刚柔成体"句,在《上博七·凡物流形》篇有"流形成体"连言之例。
② 陈立正:《由马王堆帛书〈要〉篇谈古代文献中"类似文本"的演变》,《甘肃社会科学》2013 年第 4 期。
③ 王化平:《帛书〈易传〉研究》,第 70 页。
④ 有学者对古书成书与流传过程中这种具有"家族相似性"的"族本"的情形进行了讨论,参李锐:《谈古书形成过程中的"族本"》,《古史史料学研究的新视野——新出土文献与古书成书问题学术研讨会论文集》,上海:上海大学古代文明研究中心,2013 年,第 216—226 页。

派加工整理的结果。从先秦至两汉,符合以上《系辞》成书及流传情形的学派非儒家莫属。儒家对中国早期重要文献文本的形成作出过重要贡献,其对古代文献的重视及整理使儒学本身表现出鲜明的"文献主义"特征。① 虽然也有其他学派研习相关的中国古代文献,然其程度和作用均不可与儒家同日而语,且即便有其他学派研习、引用甚至改编《系辞》及《易传》,也不影响这些古书与儒家的渊源关系。因此,《系辞》的成书情形也有助于我们认识孔子及儒家后学与《系辞》的关系:不同《系辞》传本当拥有大致相同的主体部分,这些内容很可能与孔子存在非常密切的关系,而《系辞》传本间的内容差异当主要出于不同儒家传派的整理与传习。

---

① 有关儒家及儒学与中国文献传统的关系,参谢维扬:《儒学对中国古代文献传统形成的贡献》,《上海师范大学学报(哲学社会科学版)》2010 年第6 期。

第二章 出土文献与"书"类文献的文本及流传

第一节 出土"书"类文献概述

《尚书》先后经历了秦火之厄、两汉今古经文之争与伪书之扰,这些历史事件使《尚书》流传与演变的情形变得更加复杂。幸而清华大学所藏战国楚简(下文简称"清华简")"书"类材料与郭店楚简引书文本等早期"书"类文献的再现,为学界进一步理解《尚书》文本及其流传与演变提供了新材料和新思路。

郭店楚简是 1993 年在湖北省荆州市郭店一号楚墓出土的竹简古书,共有 804 枚,文字数量有 13 000 多字。这批竹简出土时因编线腐朽而散乱无序,大部分完好,少部分残断。竹简长 15 至 32.4 厘米,宽 0.45 至 0.65 厘米。主要有两种形制:一种两端作平头,另一种两端削成梯形。简上保存有编连痕迹 2 至 3 道。简文字体有明显的战国时期楚国文字的特点,内容丰富,主要是儒、道两家著作。由于郭店一号楚墓曾遭盗掘,可资判断墓葬确切年代的证据不足,据墓葬形制以及随葬器物,该墓葬具有战国中期偏晚的特点,年代约为公元前 4 世纪中期至前 3 世纪初。① 郭店楚简文本多见引用"书"类文献的现象,这些引文与今传《尚书》文本有同有异,更有不见于今本篇目者。如郭店简《缁衣》引《祭公之顾命》、《唐虞之道》引《虞诗》,郭店简《成之闻之》所引《诏命》与简33"《大禹》曰"后文,俱疑为《尚书》佚文佚篇。此外,可与今传《尚书》对读的郭店简引文有《缁衣》引《尹诰》《君奭》《吕刑》、《成之闻之》引《康诰》等。郭店简的引书材料对研究先秦《尚书》的流变,特别对于研究不同时期的《尚书》文本演变有着重要的参考

① 湖北省荆门市博物馆:《荆门郭店一号楚墓》,《文物》1997 年第 7 期。

价值。

清华简为 2008 年清华大学接受校友捐赠而收藏的一批战国竹简。该批竹简总数约 2 500 枚,整理者初步判断为战国中期竹简,与荆门郭店一号楚简、上海博物馆藏战国楚简近似,其文字为楚地风格。北京大学加速器质谱实验室、第四纪年代测定实验室对这批竹简中的无字残片标本进行了 AMS 碳 14 年代测定,经树轮校正后的年代数据为公元前 305±30 年,即抄写年代为战国中晚期。清华简的形制多种多样,最长的达 46 厘米,最短的仅为 10 厘米左右。简上的墨书文字出于不同书手,风格不一,大多结体精整,十分清晰。由于清华简在秦灭六国之前就被埋入地下,未经"焚书坑儒"影响,所以能够最大限度地展现先秦古籍的原貌。自 2011 年以来,在清华大学出土文献研究与保护中心的整理与释读之下,清华简正以每年一辑的速度出版。在已公布的篇目中,有不少为"书"类文献,如《尹至》《尹诰》《傅说之命》《厚父》《金縢》《皇门》《封许之命》《汤在啻门》《说命(上、中、下)》《祭公之顾命》《摄命》等篇目。其中《尹诰》或为《尚书》中的《咸有一德》篇,《金縢》则为《尚书·金縢》篇的战国写本。《厚父》《摄命》则应为《尚书》的逸篇。《成人》篇的部分语句可与《尚书·吕刑》对读,《祭公之顾命》《皇门》则可与今见《逸周书》的部分篇目对读。

第二节　西周册命文与"书"篇形成

正如我们所知,册命文是两周铜器铭文中的荦荦大者,尤其西周册命文是研究西周史不可或缺的重要史料。有关周代册命文及册命制度,学界已经有了较为深入的讨论,对相关重要问题有了初步的认识。近年来,地不爱宝,铜器、竹书等新材料不断涌现,为我们思考及推进古史研究提供了不可多得的宝贵史料。有关西周册命文及册命制度的研究同样得益于此,这不仅表现在新材料对原有史料范围的扩充和数量的提升,更表现在新材料在相关问题的研究上所引发的思考和讨论。典型如清华简中的"书"类文献引发了学界对"何为'书'"——"书"类文献概念的内涵与外延这一问题的重新思考,①尤其是清华简中的《封许之命》《摄命》引发了对西周册命文及册命制度研究的思考和讨论。② 有鉴于此,以下尝试从史料生成的视角观察西周册命文档的形成、流变及成书过程,并讨论《摄命》的文本结构以及成书过程。

一、册命文"王若曰"性质问题

有关周代册命制度学界已有非常深入的论述。③ 近年来,聚焦于西周册命文的生成、流传以及与此相关的册命制度问题,学界进行了一些新的讨论和思考,焦点之一主要是册命文中"王若曰"领起的内容性质以及与此相关的文本生成和册命制度问题。

以往的主流观点认为"王若曰"内容就是册命仪式上预先写就、在史官与王之间传递并被宣读的实物命书。近来有论者注意到"王若曰"内容的口头特点,并在不同程度上思考口语化特征与命书的书面性质之间的可能关系。④ 有关《摄命》的讨论最值得注意的是对周王发言部分性质的理解,相关学者均引述了张怀通先生有关

---

① 略如(美)艾兰:《何为〈书〉?》,《光明日报》2010 年 12 月 20 日第 12 版,及氏著《论〈书〉与〈尚书〉的起源——基于新近出土文献的视角》,《出土文献与古文字研究(第六辑)——复旦大学出土文献与古文字研究中心成立十周年纪念文集》,上海:上海古籍出版社,2015 年,第 643—652 页;程浩:《"书"类文献辨析》,《出土文献》第八辑,上海:中西书局,2016 年,第 139—145 页,及氏著《从出土文献看〈尚书〉的体裁与分类》,《文艺评论》2017 年第 3 期;章宁:《"书"类文献刍议》,《史学史研究》2019 年第 1 期。

② 略如张怀通:《"王若曰"新释》,《历史研究》2008 年第 2 期,及氏著《大盂鼎与〈康诰〉体例》,《青铜器与金文》第二辑,2019 年,第 100—110 页,及氏著《蠡方彝、〈祭公〉与〈厚父〉诸篇体例》,收入宁镇疆、赵争编:《"出土文献与诸子学研究新境——第四届诸子学学术研讨会"论文集》,上海:上海大学,2017 年,第 160—164 页;彭裕商:《"王若曰"新考》,《四川大学学报(哲学社会科学版)》2014 年第 6 期;李冠兰:《西周册命文体的文本生成》,《中山大学学报(社会科学版)》2019 年第 6 期;王浩:《论西周文章文献的书面传播》,《西北师范大学学报(社会科学版)》2020 年第 2 期。

③ 国内外相关研究综述可参陈慧子:《西周册命金文格式研究》,吉林大学硕士学位论文,2022 年,第 2—12 页。

④ 有关"王若曰"内容的学术史回顾可参王硕:《"王若曰"研究成果述评》,《文物鉴定与鉴赏》2022 年第 8 期。

"王若曰"性质的新的思考和讨论。①

对于册命文中的"王若曰"内容,主流意见均将其视为册命仪式上的"命书"内容,而张怀通先生分析了"王若曰"内容的口语化特点,将周王的发言记录与具有实物形态("册")的"命书"进行了区分,并指出"王若曰"内容是周王在册命仪式上发表"命官之辞"的现场记录,而非"命书"。② 张先生对于"王若曰"内容口语化特点的分析无疑与我们的阅读感受一致,足可解周王发言繁琐絮叨之惑。刘丽大致认同这一意见,并以此讨论《摄命》与《封许之命》的成书问题;③程浩也认同张怀通意见,并以此讨论册命文档与"书"类文献的成书问题。④ 赵培同样认为册命文书和命官之辞不宜等而视之,前者由作册拟定,是册命过程中的必要参与物,后者为王或高级别的贵族在册命仪式上所讲的话,由史官记录。⑤

略可补充的是,"王若曰"内容除了这些口语化特点外,还多有语气词,如册命铭文中习见的"叡""繇""已""乌虖",传世文献《尚书》中的"呜呼""俞""吁""嗟""噫"等,⑥这些语气词的使用也与"王若曰"内容口语化的特点相吻合,这无疑有助于说明"王若曰"内容的性质。

对于"王若曰"的具体意涵前贤的讨论已经非常充分了。较为晚近的讨论如张怀通认为"王若曰"只是史官记录时标明周王开始发言的文本标记,并无实际意义;彭裕商认为"若"字不好准确训释为何词,具有一定的语气词性质但又不是纯粹的语气词,有表示庄

---

① 张怀通:《"王若曰"新释》,《历史研究》2008 年第 2 期。
② 张怀通:《"王若曰"新释》,《历史研究》2008 年第 2 期。
③ 刘丽:《也论清华简〈摄命〉体例》,《简帛研究·2020 秋冬卷》,桂林:广西师范大学出版社,2020 年,第 61—67 页;刘丽:《清华简〈封许之命〉探析》,《简帛研究·2022 春夏卷》,桂林:广西师范大学出版社,2022 年,第 34—46 页。
④ 程浩:《有为言之:先秦"书"类文献的源与流》,北京:中华书局,2021 年,第 243—247 页。
⑤ 赵培:《西周铜器铭文与〈书〉类文献之关系》,《中原文化研究》2023 年第 4 期。
⑥ 详参武振玉:《两周金文词类研究(虚词篇)》,吉林大学博士学位论文,2006 年,第 235—242 页。

严的意思。① 张、彭二位先生对"王若曰"相关材料的梳理较为全面，不过仍有材料可以补充。复公仲簋盖(《集成》04128)铭文有"复公仲若我曰"，在"若"与"曰"之间加了宾语，罗泰认为这可以作为"若"字表示天子对诸侯恩宠和赞同的例证，不为无理。据此，综合彭裕商及罗泰的意见，"王若曰"的"若"字或并非仅作文本标记之用，"若"字虽然并不具有明确的词义，但其作为语气词当有表示郑重及赞同之意。

另需注意的是，篇幅较大的册命文中往往包含多个"王若曰"及"王曰"，而不同"王若曰"及"王曰"领起的内容往往在规模上差别较大，多则数十上百字，少则一句。对此，张怀通基于对史官记录制度(交替记录)的讨论认为这是史官的记录标记，也与王的发言节奏变化、思路转换有关。② 当然，更值得重视的原因在于，周王发言以及周王与受册命者的对话之间有时还夹杂册命仪式的某些动作及程序，③以及《书》篇的整合方式。④

有关"命官之辞"所记周王发言依据了册命仪式程序的推论不仅合乎情理，而且有助于我们深入思考西周的册命仪式。实际上，我们对西周册命仪式的理解仍有进一步深入的空间。传统意见多

---

① 彭裕商：《"王若曰"新考》，《四川大学学报(哲学社会科学版)》2014 年第 6 期。
② 张怀通以毛公鼎为例已指出"王曰"内容与王的思路转换有关，张怀通：《"王若曰"新释》，《历史研究》2008 年第 2 期，第 183 页。
③ 如《康诰》中最后一句的"王若曰"内容当对应相应的册封仪式，这种依据典礼仪式程序来选择材料、安排结构、制作文章的情况其实并不鲜见，详参张怀通：《〈尚书〉新研》，北京：中华书局，2021 年，第 15—28 页。有关周代封建仪式的资料不多，最值得注意的是新出曾公𰯼钟，其铭文"析应亳社"，应为曾公的皇祖南公在南土封邦建曾之时，周天子分取亳社之社土与之的程序；诸侯封建除立亳社之外，还要立国社，国社之土是从天子大社诸侯国所在方对应的方色土中分割，在其上覆盖黄土，再用白茅包裹赐予受封诸侯立社，详参黄益飞：《曾公𰯼钟铭所见曾国建国史实考》，《北京师范大学学报(社会科学版)》2023 年第 3 期。作册旂诸器铭中周王赐予"圣土"亦当与此同理，详参王晖：《作册旂器铭与西周分封赐土礼仪考》，《中国历史文物》2005 年第 1 期。有关周王赏赐土地的情形还可参考宜侯夨簋(《集成》04320)，其铭文记周王在发布迁封宜侯之命前有检视地图及占卜的程序。这均有助于理解《康诰》最后一句"王若曰"内容之前所进行的相关册赐仪式。
④ 如大克鼎铭文以及《多方》《多士》的编辑整合情形，详参张怀通：《〈尚书〉新研》，第 28—40 页。

认为西周册命仪式大致包括人员就位、授书、宣命、受命者拜谢领命退出以及再返入觐王等程序。除上述内容外,西周册命仪式不乏可补充之处。如狱簋及狱盨铭文中的右者通报环节应当对应了册命仪式上的某种程序;曶鼎(《集成》02838)铭文在"王若曰"领起的包括任命和赏赐的"命官之辞"后还记有"邢叔赐曶赤金",显示了册命仪式中赏赐受册命者铜器铸造原料("赤金")的情形;①册命仪式中周王发言结束后有受命者"受令册佩以出"这一程序,②此句断读素引讨论,我们认为将其断为"受命册、佩,以出",意即接受了"命册"与"佩(命服)"两种物品后退出或为比较允当的方案,③如此,则册命仪式中当有与命服相关的仪节。④ 此外,册命铭文中所记周王赏赐土地的情形无疑应当有相应的土地界划文书,⑤这些文件的授予

---

① 与此相类,曶簋(《铭图》05217)铭文记王命赏曶后"叔朕父嘉曶历用赤金一钧"。有关曶簋的讨论参张光裕:《新见曶簋铭文对金文研究的意义》,《文物》2000 年第 6 期。另,蔑历赏赐的彔乍辛公簋(《集成》04122)也有"赐赤金"的记录。

② 见善夫山鼎(《集成》02825)、四十三年逨鼎、颂鼎(《集成》02827—02829)。需要指出的是,册命铭文中有关命服的赏赐是非常多见的,对此可参李春艳:《西周金文中的天子礼仪研究》,陕西师范大学博士学位论文,2016 年,第 228—236 页。

③ 杨明明:《颂器铭文与西周册命礼新探——"受令册佩以出"再释》,《中华文化论坛》2015 年第 2 期;黄益飞:《霸伯盂铭文与西周朝聘礼——兼论穆王制礼》,《考古学报》2018 年第 1 期。

④ 《仪礼》所记"觐礼"中的相关内容可为此提供一些参考:"天子赐侯氏以车服。……诸公奉篋服,加命书于其上,升自西阶,东面,大史是右。侯氏升,西面立。大史述命。侯氏降两阶之间,北面再拜稽首,升成拜。大史加书于服上,侯氏受……"《十三经注疏》整理委员会:《十三经注疏·仪礼注疏》,北京:北京大学出版社,2000 年,第 603—605 页。

⑤ 如大克鼎及宜侯夨簋(《集成》04320)铭文都记载了周王赏赐土地的情形。有关西周土地制度,尤其是土地界划方面的记录以散氏盘最为详细。相关制度的较新成果可参徐子黎:《西周关涉土地制度类金文集注及疑难字词专题研究》,华东师范大学博士学位论文,2018 年;有关西周土地制度的文书作成可参李峰:《青铜器和金文书体研究》,上海:上海古籍出版社,2018 年,第 118—124 页。对于周代封建礼程序或可总结如下:(一)王入图室省图;(二)占卜;(三)于庙堂享祀祖先;(四)委派营办之臣;(五)君臣即位;(六)史官册命;(七)周王训诰;(八)受纳裂土;(九)赏赐。这对于西周土地赏赐仪式与程序问题的研究不无助益。

无疑也应该有相应的动作及程序。目前对册命仪式的讨论主要基于铜器铭文,然而铭文有其特定的生成和使用情境,我们不能期待从中获取册命仪式的完整信息,故有关西周册命仪式的研究仍有待深入,这对我们理解周王"命官之辞"也有重要意义。

综上所论,西周册命铭文的"王若曰"内容当为周王发言的现场记录,性质为册命礼上的"命官之辞",其中"若"字无实际语义,仅表达郑重、赞赏这类语气。"命官之辞"中包含多个"王若曰"及"王曰"的情形,除了可能反映周王发言的节奏变化、思路转换外,更重要的原因在于"命官之辞"的作成方式:周王发言并非一气呵成地连续进行,"命官之辞"可能是基于册命仪式的程序和仪节整合而成,以及对不同场次册命文本进行编纂整合。

二、"命官之辞"与"命册"

理解册命铭文中"王若曰"内容的性质对于我们认识册命铭文其实有较大影响。因为若"王若曰"(以及"王曰")内容是周王现场发言的话,那么它便不会是册命仪式上事先写就的"命书"了,因而以往将"命官之辞"当作"命书"的意见便应重新思考了。《康诰》最后一句"王若曰"内容中的"典听朕诰",此"诰"当指代此前周王的发言,且此篇发言也并非此封建仪式上提前写就的"命书"("命册")实物,对此有学者论之已详。① 我们还可补充两则材料作为例证。清华简《封许之命》主要内容是周王册封吕丁的发言,部分简文残缺,后第四简被找到,补入后可知其中有"册羞折人"句。这表明在周王发表此册封之"诰"前,应该进行了一种以"册"向天"羞"(荐)"折人"(吕丁)的程序。② 清华简《摄命》主要内容是周王册命摄的发言,其中有"今余既明命汝"句,表明对摄的册命当在周王的"诰"前,即周王先对摄进行命官,随后发表告诫之辞。③ 因之,有论

① 参李山:《〈康诰〉非"诰"》,《文学遗产》2011 年第 6 期;张怀通:《〈尚书〉新研》,第 22—24 页。

② 详参贾连翔:《〈封许之命〉缀补及相关问题探研》,《出土文献》2020 年第 3 期。

③ 刘丽:《也论清华简〈摄命〉体例》,《简帛研究·2020 秋冬卷》,第 65 页。

者认为"诰"与"命"在很多时候是相伴而生的,因"命"而"诰",一般先有"命",后有"诰"。①

讨论及此,我们似有必要对相关概念进行界定。以往的传统意见将周王在册封及册命仪式上口头发表的"诰"视为提前写就的"命书"或"命册",主要原因在于两者均为周王所布之"命",口头发表的"诰"被记录后与书面的"命书"或"命册"在形态上没有实质性差别,两者也就不易严格区分了。② 后世将两者笼统视之的原因也多在此。实际上"命书"这一称谓包含了广义和狭义两层概念:狭义的"命书"单指作为实物的任命文本,亦被称为"命册";而广义的"命书"则包括"命官之辞"及"命册",即被统而视之的"王命"。为更加准确并便于讨论,下文将狭义的"命书"称为"命册",而仅在广义的概念层面使用"命书"一词。

在廓清了相关概念后可以发现,铭文及传世文献中"命官之辞"多见,而对于"命册"内容我们其实所知无多。不过"命官之辞"的作成或与"命册"内容有关。虽然目前可以肯定册命仪式中的"王若曰"(以及"王曰")是周王口头发言的现场记录,然而需要注意的是,周王的口头发言实际上也应该是基于某种文本的。换句话说,"王若曰"(以及"王曰")这种周王的口头发言应是参考了某种预先写成的讲稿。理由主要有二:

首先,册命仪式上"命官之辞"的相关内容不太可能全出于临场发挥而应该是有所参考的。这种内容主要有两类,一类是"命官之辞"中的忆昔内容,尤其是袭命、重命以及增命的情况,均涉及对受命者本人或先辈以往任职情形的回顾,这无疑应有预制的文本作参考而不可能是临场发言;另一类是周王所命的职官、职事以及赏赐物品,尤其是所涉职事繁多及所赐物品繁杂的情况,如询簋(《集成》04321)所记职事涉及多种人群的管理,毛公鼎(《集成》02841)所记赏赐物品种类较多,大盂鼎(《集成》02837)记载受命者在获赐种类丰富的物品外还获赏了不同种类的官员及劳动力,而大克鼎(《集

---

① 刘丽:《清华简〈封许之命〉探析》,《简帛研究·2022 春夏卷》,第 43 页。
② 对此张怀通有论,参氏著《〈尚书〉新研》,北京:中华书局,2021 年,第 23 页。

成》02836）铭文中受命者的赏赐内容除了种类可观的物品、人员外，还涉及若干土地赏赐，地块界划情况尤为繁杂，①这众多赏赐内容若非事先有文书参考是无法想象的。

其次，册命仪式上的"命官之辞"在内容结构方面整体呈现出程式化的情形。有论者将"命官之辞"的这种结构概括为"述祖""赞善"和"封赏"，分别对应周王追述文、武等先王的德政和功绩，对受命人祖先或其本人的功绩进行回顾和赞赏，宣布册命及封赏内容。②略可补充的是，在命官之辞中，伴随述祖内容还经常会出现周王的自谦之辞，这种谦辞往往充满忧患意识，内容多为周王对自己德行及能力不足而造成政局危困的自责。如师询簋（《集成》04342）铭文的"今日天疾威降丧，首德不克义，故无承于先王享"，毛公鼎（《集成》02841）铭文"旻天疾威，嗣余小子弗彶，邦将曷吉，翩翩四方，大纵不静"，《摄命》开篇的"无承朕飨，③余弗造民康，余亦曼窜亡可使。余一人无昼夕勤卹，湛圂在忧。余亦惶于四方宏孽无赦湛余"，④以及《尚书·文侯之命》"闵予小子嗣，造天丕愆。殄资泽于下民，侵戎我国家纯。即我御事，罔或耆寿俊，在厥服，予则罔克"⑤均为周王的自谦之辞。这种"命官之辞"中周王的谦辞似乎也是程式化的结构性内容之一。当然，"命官之辞"中最具思想性的就是王对受命者的为政训诫了，这也是其被认为"足抵《尚书》一篇"的主要原因。实际上，一篇"命官之辞"的完整结构当包含述祖、谦辞、赞善、命赏（即任命和赏赐）、训诫这几部分。当然，册命铭文中往往省

① 有关册命赏赐情形可参李春艳：《西周金文中的天子礼仪研究》，第 329—341 页附录二"册命铭文一览表"。
② 程浩：《〈封许之命〉与册命"书"》，《中国典籍与文化》2016 年第 1 期。
③ 有关"亡承朕飨"的释读可参宁镇疆：《清华简〈摄命〉"亡承朕乡"句解——兼说师询簋相关文句的断读及理解问题》，《中华文化论坛》2019 年第 2 期。
④ "余亦惶于四方宏孽无赦湛余"大意为"我也惶恐于四方罪无可赦的逆贼使我邦家没落"，如此释读可避免此句与前文语义不协的问题，参程浩：《〈摄命〉首节刍议》，宁镇疆、赵争编：《清华简〈摄命〉研究高端论坛论文集》，上海：上海大学，2019 年，第 86—88 页。
⑤ 《十三经注疏》整理委员会：《十三经注疏·尚书正义》，北京：北京大学出版社，2000 年，第 655—656 页。

略了某些部分,但即便如此,还是可以很轻易地发现"命官之辞"在结构上的程式化现象。

此外还值得注意的是"命官之辞"中常见的一些套语,如"(敬)夙夜""勿废朕命"①"用事"。其实上述毛公鼎(《集成》02841)铭文"旻天疾威"也是当时的习语,禹鼎(《集成》02833)的"用天降大丧于下国"也当为某种习语,《逸周书·祭公》与《诗经·小雅·雨无正》有"昊天疾威",《诗经·大雅·召旻》有"旻天疾威,天笃降丧"等。

册命仪式上周王"命官之辞"在结构上所呈现的程式化现象以及其中普遍使用某些套语、习语的情形无疑都指向某一群体的体制性创作——周代史官群体及与册命相关的文书生成制度。② 有鉴于此,有论者甚而将"命官之辞"作为一种特定的文体进行讨论,③可见程式化的"命官之辞"在某种程度上已经具备了作为一种独立文体的资质。

综上所论可知,周王在册命仪式上口头发表的"命官之辞"无疑是参考了某种预制讲稿的。这种预制讲稿的内容与周王现场发表的"命官之辞"的区别主要在于:"命官之辞"作为现场发言具有口头特性和相应的文本表现(如语气词、对谈话对象的称呼④等)以及周王的即兴内容,而预制的讲稿应该没有这些特征或内容。

周王发表"命官之辞"所参考的预制讲稿会否与"命册"有关呢?我们认为这是很有可能的,甚至可以大胆推断两者就是"二而一"的

① 相关研究可参宣柳:《西周金文中的"勿废朕令"》,《四川文物》2018年第3期。
② 有关册命仪式上史官代宣王命的问题,据本书讨论可知,史官在册命仪式上所宣读的当为提前写具的实物"命册"内容而并非"王若曰"("王曰"以及"曰")的内容。另,《左传》《国语》等传世文献多载王室遣使赴诸侯国宣命的情形,这与西周周王亲临王室宗庙进行册命不同。由春秋开始的由王室遣使赴诸侯国宣命的做法实际上是违背常理且不合礼法的,参景红艳:《西周王室赏赐礼制研究》,北京:中华书局,2022年,第493页。
③ 李冠兰:《西周册命文体的文本生成》,《中山大学学报(社会科学版)》2019年第6期。
④ 典型如《康诰》开头的"孟侯,朕其弟小子封"的情况,参张怀通:《"孟侯,朕其弟小子封"新解》,《历史研究》2005年第5期。

关系：从形式上看两者都是册命仪式开始之前预先制成的文本，从内涵上两者均包含了相同的王命内容。除了这一理论上的推测外，部分册命铭文也提供了一些线索。如盠方彝（《集成》09899—09900）铭文先记王命史官赐物，然后以"曰"及"王令盠曰"分别领起所命职事；与此相类，舀簋（《铭图》05217）铭文同样先记赏赐然后以"曰"领起任命内容，猷簋（《铭图》05315—05318）及猷盨铭文（《铭图》05676）在记王赏赐后为"曰：用事"。这几件铜器铭文为我们展示了史官赏赐与周王命事分开进行的可能情形。这种情形在传世文献中也有反映，如《左传·僖公二十八年》所记：王命尹氏及王子虎内史叔兴父策命晋侯为侯伯，锡之大辂之服，戎辂之服，彤弓一、彤矢百，旅弓矢千，秬鬯一卣，虎贲三百人，曰："王谓叔父：'敬服王命，以绥四国，纠逖王慝。'"①在史官赏赐与王言内容分离的情形下，史官对受册命者的赏赐所依据的便只能是预先写就的"命册"了。讨论及此，则周王发表"命官之辞"的赏赐内容所参考的预制文本便也指向"命册"了。

此外，还有部分册命铭文或许也包含了窥测"命册"内容的线索。有一类铭文省略了"王若曰"以及"王曰"甚至"曰"这类周王发言标志而径记王呼史官册命（以及册赐），即"王呼/命××册命/赐××"格式。典型如师晨鼎（《集成》02817）、师俞簋盖（《集成》04277）、趞觯（《集成》06516）、楚簋（《集成》04246—04249）、吴方彝盖（《集成》09898）、师奎父鼎（《集成》02813）、走马休盘（《集成》10170）、癫盨（《集成》04462—04463）、十三年癫壶（《集成》09723—09724）、袁盘（《集成》10172）、免卣（《集成》05418）诸器，铭文均明确记录了史官代王册命及赏赐。这种情形之下，史官册命及赏赐所依据的只能是预制的"命册"了。尤其当注意的是师毛父簋（《集成》04196），其铭文所记为"内史册命，赐赤市"，甚至缺少了"王呼/命"这一动作而径由史官进行册命及赏赐，这种情形下史官所依据的无疑只有"命册"了。

"王呼/命××册命/赐××"格式的铭文中还有一种情况恰可与上

---

① 杨伯峻：《春秋左传注》，北京：中华书局，2016年，第506—508页。

述情形相对照。如趞鼎(《集成》02815)、走簋(《集成》04244)、弭伯师耤簋(《集成》04257)、申簋盖(《集成》04267)、王臣簋(《集成》04268)、伊簋(《集成》04287)诸器铭文所记命赏内容后均有"用事",师酉簋(《集成》04288—04291)铭文有"敬夙夜勿废朕命"。上文已经讨论过,这些都是周王"命官之辞"的常用套语;还有一些铭文中的"余既命汝""赐汝"当亦为口头用语。① 也就是说,这些铭文虽然省略了"王若曰"以及"王曰"甚至"曰"这种周王发言标志,然其册命及赏赐内容仍为周王发表的"命官之辞",与"王若曰"("王曰""曰")领起的王言内容没有实质性差别。这类铭文的"命官之辞"除了口语特征词句外,内容与上述史官代王所行的册命及赏赐内容无差,无疑也指明了"命官之辞"所参考的预制文本即为"命册"这一事实。

综上所论,周王发言所参考的预制讲稿很可能就是"命册",这或许才是后世将"命官之辞"与"命册"统而视之的根本原因。此外需要说明的是,册命仪式上的"命官之辞"可能最初确实只是周王的口头发言而没有预制文稿,随着册命仪式的发展及体制化,周王在册命仪式上发表的"命官之辞"才逐渐需要参考预制讲稿,进而日渐趋于程式化。换句话说,上述情形可能并非自始至终都是目前被观察到的较为整齐均一的状态,而更可能是一个逐渐演变的过程。

第三节 "书"类文献的结集与流传

一、由册命文档到先王之"书"

在厘清了"命官之辞"与"命册"的大致情形之后,我们可以尝试统观西周册命仪式整体的文本情境。作为最基本的文书层次,"命

---

① 三年师兑簋(《集成》04318)铭文有"余既命汝……今余唯申就乃命,命汝……赐汝";南宫柳鼎(《集成》02805)、弭叔师察簋(《集成》04253)、弭伯师耤簋(《集成》04257)、元年师兑簋(《集成》04274—04275)铭文有"赐汝……"

册"为事先写就的书面文书,"命官之辞"为册命仪式上周王现场发言的记录;伴随册命仪式或在册命仪式结束之后,在"命官之辞"或"命册"的基础上,添加册命仪式的时间、地点、人物以及相关的动作与程序诸内容后便形成"命书"。① 之所以说部分"命书"有可能是在册命典礼后写成的,是因为有些西周册命铭文中册命信息的位置杂于铭文之内或置于末尾,②并非常规性地位于篇首。册命铭文是基于原始册命文档编辑而来的,若所据文档的册命仪式信息位置固定,那么铭文似乎没有理由打乱原始顺序,这说明铭文所依据的原始文献中册命信息的位置便不固定。若"命书"是与册命仪式同时记录的则不太可能出现这种情形,只能是事后添补。

除了"命书"外,可能还存在更为全面的、记录册命仪式整体过程及详细仪节的综合记录,如《尚书·顾命》所记周王受命相关礼仪,再如何尊记载成王迁于成周时"复禀武王礼",《左传》僖公二十八年记载晋文公向周襄王献捷时"用平礼",有论者认为周王重大事件的典礼仪节会被记录而作为后来的参考。③ 这是非常有道理的,传世礼书所记相关仪式的详细仪节无疑是参考了这类典礼综合记录。

在上述这些基于册命仪式直接产生的文档外,还有作为"次生文本"的册命铭文。册命铭文的生成无疑是以"命官之辞""命册"以及"命书"等原始文档为依据的。与册命铭文的生成类似,后世的"书"类文献无疑也是源于相关的原始文献,只是不同于册命铭文受

① 有论者认为册命仪式上的册命辞先书于简册再在典礼上进行宣读,事后史官在编纂时进行了剪裁加工从而处理成现场讲话或问答的形式,见王浩:《论西周文章文献的书面传播》,《西北师范大学学报(社会科学版)》2020年第2期。这一推论不仅不合乎情理,似也混淆了口头的"命官之辞"和书面的"命册"的区别。

② 这种情形除了师询簋及询簋外,还有何尊、保卣、保尊、小盂鼎、大盂鼎、趞公簋、叔卣乙、应侯见工钟、大师虘簋、叔尊等,可参赵争、丁宇:《略议清华简〈摄命〉记事年代问题》,《历史文献研究》第45辑,第73—74页。传世文献中《洛诰》同样为典礼信息后置的形式。

③ 张怀通:《〈尚书〉新研》,第18页。当然,这也意味着包括完整仪节的册命仪式综合记录可能并非常态,而只是有重要意义的典礼才会被记录。

特定的使用情境、文体格式以及书写材质的限制,"书"类文献的选取主要基于文本内容的思想性及重要程度,所以两者在以下方面可能存在差别:册命铭文注重册命过程的仪式性情境,所以多记时间、地点,尤其是周王、右者等重要人物,以及所获命赏内容,而"书"类文献主要关注思想性内涵,周王对受命者的为政训诫是其最看重的核心内容。由于周王发言,尤其是相关为政训诫饱含思想性,足当资政之鉴,所以此中一些重要文档便被编选用作贵族学习的教材,从而由作为官方档案的"君王典册"转为"王教王学"的教材。后世(典型如诸子)对这些"典册"的选编、研习及阐释无疑也是看重其中所蕴含的丰富的治政之道等思想内涵。这些记载先王言行的"政事之纪"经知识团体重订新释便转而成为"德义之所府聚"的"载道之书"了。

以上讨论了册命文档的生成及其成"书"的大致过程,这一过程对于"书"类文献的生成基本都是适用的,对于我们讨论相关材料的性质也大有助益。2018 年公布的《清华大学藏战国竹简》第八辑中的《摄命》篇内容为周王对伯摄的册命,原文无篇题,整理者据简文内容拟定今名。该篇共计 32 支简,前 31 支简为周王发表的"命官之辞",最后一简记录了此次册命活动的时间、地点及右者、史官等信息,在"王呼作册任册命伯摄"这一动作后以"虔"字结尾。

李学勤认为《摄命》篇 32 支简的内容当为一篇,篇末的"虔"当为"王曰虔"的省略,可读为"作",代表王所发出的行动命令。① 李先生的这一意见无疑具有启发性,不过据目前所掌握的金文册命文词例,王呼史官册命这一动作一般接续王在册命仪式上发表的"命官之辞"或册赐内容。实际上,目前所见铭文词例中,"虔"(金文常作"叔")多作发语词。② 若《摄命》末尾此处的"虔"是发语词的话,

---

① 李学勤:《谈清华简〈摄命〉篇体例》,《清华大学学报(哲学社会科学版)》2018 年第 5 期。

② 有论者补充了"叔"作发语词的词例,如它簋盖、县改簋、彔尊铭文,以及传世文献中的相同用例,参石小力《清华简〈摄命〉与西周金文合证》、刘光胜《从清华简看商周时期的命书体例》,两文分别收入宁镇疆、赵争编:《清华简〈摄命〉研究高端论坛论文集》,第 22—23、155 页。

那么以之结尾确实较为怪异。对此,刘光胜认为《摄命》简 32 的内容为史官后来所补,《摄命》目前情形展现的是两部分尚未合成一篇之前的原始状态;①程浩同样认为《摄命》前 31 支简的"王言"内容与最后第 32 支简所记的册命仪式信息可能来源有异。② 陈民镇认为《摄命》内容分属不同的官藏档案。③ 也就是说,有论者认为《摄命》篇末册命仪式信息与此前的周王发言部分原非一篇。

通过上文讨论可知,清华简《摄命》篇的周王发言部分当源于册命仪式上周王所发表的"命官之辞",《摄命》篇的这部分内容当录自册命仪式的官藏文档或与此近似的文献。其最后一简的内容其实就是铜器铭文中省略周王发言标志的"王呼××册命××"这种格式,故此《摄命》篇最后有关册命活动信息的记录很可能源自铜器铭文。鉴于《摄命》篇的"命官之辞"篇幅较大,无法尽数铸刻于铜器之上,故有关此次册命仪式的铭文只能部分摘录。《摄命》最后一简末尾的"虔"字目前看来很有可能为发语词,若此推论不误,那么"虔"字后很可能原本还有内容,这些内容极有可能摘取自《摄命》篇的"命官之辞"部分,只是为避免重复而被省去。这或许可以解释《摄命》最后一简仅有发语词而没有其他内容的情形。

二、基于政教机制的古书成书模式

上述所论虽聚焦于"书"类文献的生成与流传,然其过程不乏代表性。实际上,部分"礼"书篇章的形成与上述《书》篇成书过程亦密切相关。基于目前的材料,"书"类文献的主要部分是君主发言,相关的时间、地点、人物、程序等信息其实是较为简单的。然而有证据表明,史官对相关仪式活动的完整记录当涵盖了全部的程序与详细的仪节,典型如《尚书·顾命》对周王册命仪式的详细记载,何尊

① 刘光胜:《从清华简看商周时期的命书体例》,宁镇疆、赵争编:《清华简〈摄命〉研究高端论坛论文集》,第 156 页。
② 程浩:《清华简〈摄命〉的性质与结构》,《清华大学学报(哲学社会科学版)》2018 年第 5 期。
③ 陈民镇:《试论册命之"书"的体例及〈摄命〉的性质》,《出土文献综合研究集刊》第 13 辑,成都:巴蜀书社,2021 年,第 120—121 页。

（《集成》06014）所记成王迁于成周时"复禀武王礼"以及《左传》僖公二十八年记晋文公向周襄王献捷时"用平礼"①中的"武王礼"与"平礼"当与此类似。这些在重要场合使用的完整程序及仪节不仅被详细记录，更被作为样板供后来的仪式参考；更典型的例子是山西翼城县大河口西周墓地所出霸伯盂，其铭文不仅详细记录了相关仪式的仪节，还记录了对应的相关礼制用品，其内容多可与《仪礼》所记"聘礼""觐礼"等参看。② 这些例子无疑有助于我们了解"礼"书篇章的生成、保存、使用以及流传的方式，据此也不难想见其与《书》篇生成及流传的近似之处。

　　《书》《礼》篇章的生成及流传情形其实反映了一种特定的成书模式，这种模式对于理解《诗》篇的作成亦足适用。实际上溯源而论，《诗》《书》关系原本即异常密切，不少《诗》篇内容明显改写自记录周王言论的"书"，如《大雅》之《崧高》《烝民》《韩奕》《江汉》《常武》及《鲁颂·閟宫》；亦有铭文内容显为"诗"体者，如虢季子白盘铭文（《集成》10173），而清华简《芮良夫毖》可谓"诗""书"合体者。不仅如此，后世多有将《诗》《书》互称的情形。③《诗》虽非君主言论，然而多与乐配合，作为演礼内容被用于祭祀、册封等重要典礼场合，相关部分被史官记录为文本而保存，同样成为"先王政典"的一部分。对此，清华简《耆夜》《周公之琴舞》为我们提供了一些新材

① 　杨伯峻：《春秋左传注》，第 506 页。
② 　霸伯盂铭文可参李学勤：《翼城大河口尚盂铭文试释》，《文物》2011 年第 9 期；黄锦前：《霸伯盂铭文考释》，《中国国家博物馆馆刊》2012 年第 5 期；霸伯盂与礼制的相关研究可参曹建墩：《霸伯盂与西周时期的宾礼》，《古文字研究》第二十九辑，2012 年；丁进：《新出霸伯盂铭文所见王国聘礼》，《文艺评论》2012 年第 2 期；张亮：《考霸伯盂铭文释西周宾礼》，《求索》2013 年第 2 期；杨坤：《霸伯盂铭文所见西周聘礼仪节的复原》，《青铜器与金文》第一辑，2017 年；黄益飞：《霸伯盂铭文与西周朝聘礼——兼论穆王制礼》，《考古学报》2018 年第 1 期；胡嘉麟：《霸伯盂铭文与西周宾礼制度》，《出土文献》2018 年第 1 期；王哲：《从霸伯盂铭文看周代的祼宾之礼》，《杭州师范大学学报（社会科学版）》2019 年第 6 期。另有若干学位论文及网络发文，恕不烦注。
③ 　于文哲：《论文学视角下的〈诗〉〈书〉关系》，《北方论丛》2014 年第 5 期；刘娇：《"古书诗书多互称"说辩证》，《出土文献》2024 年第 1 期。

料,如《耆夜》反映了饮至礼中的赋诗情形、《周公之琴舞》可以作为反映诗、乐、舞一体的典型范本。

"诗"是配合礼乐使用的演礼内容,在典礼情形被记录时无疑也作为仪式内容一道被记录归档,这一过程实质上与"礼""书"篇章的生成一致。不仅如此,与"书"类似,"诗"同样也作为"王教王学"的教材,实际上,诗配合礼、乐的一整套使用方式是"王教王学"的应有之义。《礼记·内则》记贵族教育"十有三年,学乐,诵《诗》,舞《勺》。成童,舞《象》,学射御。二十而冠,始学礼,可以衣裘帛,舞《大夏》",①《内则》虽成书略晚,②然其所反映的诗礼乐一体成学的情形当可参考;再如《礼记·学记》论大学之教"大学之教也,时教必有正业,退息必有居学。不学操缦,不能安弦;不学博依,不能安诗;不学杂服,不能安礼",③也反映了诗礼乐一同作为"大学之教"的情形。可见,诗礼乐作是"王教王学"的核心内容,其文本同样被后世视为保存先王德义的"载道之书"而被整理与讲论。④

综上所论,作为"王官四教"的"书""诗""礼"(应该也包括"乐"⑤)在生成及流传方面大体上共享了一种相同的模式。这种基于官方政教体制的成书模式与上述"模块聚合模式"还是有较大差别的。两者的首要差异即在于文献基本单位的生成方式及文本形

---

① 《十三经注疏》整理委员会:《十三经注疏·礼记正义》,北京:北京大学出版社,2000 年,第 1013 页。
② 王锷认为《内则》成于战国,参王锷:《〈礼记〉成书考》,北京:中华书局,2007 年,第 198 页。
③ 《十三经注疏》整理委员会:《十三经注疏·礼记正义》,第 1232—1233 页。
④ 需要说明的是,相较于以文本形态呈现的"书","诗"首要的使用方式是与礼乐以及舞相配合的非文本状态,"诗"的文本化是基于礼乐仪式之上进行的。与此大体对应,周代的"诗"教其实分有"义教"与"声教"二途,这是"诗"的文本流传较"书"复杂的重要原因。有关"诗"教分有"义教""声教"的意见参马银琴:《周秦时代〈诗〉的传播史》,北京:社会科学文献出版社,2011 年,第 7—38 页。
⑤ "乐"本身的特性使其不太易于文本化,其保存及流传情况也相对较差,目前的材料无法支持较为深入的讨论。不过从理论上推想,"乐"的生成及流传模式当与"诗""礼"相差不大。有关西周、春秋的国家教育可参程苏东:《从六艺到十三经:以经目演变为中心》,北京:北京大学出版社,2018 年,第 25—30 页。

态：以"诗""书""礼"为代表的这类文献其基本单位的初始样态大体上均为具有一定规模的"篇"，①并且单篇文本往往蕴含较为清晰的逻辑关系，甚至具有特定的文本结构，因为相关的文本形态均基于相应的生成机制。

具体到"书"类文献，传世《尚书》的篇章规模自无需多论，铜器铭文如毛公鼎、大克鼎、大盂鼎等篇幅亦不乏可观者。需要指出的是，铜器铭文自有其生成及使用情境，且限于书写材质其内容往往多有省略，典型如克罍、克盉铭文记载了太保受封为首任燕侯的史事，这一重大事件无疑当有相应的册命文献，然相关文献惜而未传，铭文也仅寥寥数语（43 字）。② 显然不能根据铭文这种"次生"文本推断相关文献的原始面貌。

"书"篇渊源于不同场合的君臣谈话，册命、誓祷类文献均基于特定的仪式场合，有较为成型的完整仪程，其相关文本与此对应，同时也具备了相应的逻辑内涵；即便是无需特定场合且没有特定仪程的君臣谈话，也有自身的言说逻辑。这些君主发言（以及君臣谈话）被特定群体（史官）依照特定组织形式（史官制度）记录从而形成了具有特定逻辑关系和一定规模的"篇"。"礼"类文献与"书"篇不仅形成过程大体相同，甚至不乏两种文献实际上基于相同仪式过程的"一而二，二而一"情况；而"诗""乐""舞"一体常被用于各种礼仪活动，本身便是仪式活动的组成部分，并且"诗"基于"乐""舞"的节奏及流程往往以成组的方式被使用，相关情形《三礼》中多有记载，③清华简《蟋蟀》《周公之琴舞》也提供了非常值得重视的材料。可以想见，"书""诗""礼"这些类型的文献基本单位都是具有一定规模和特定逻辑的"篇"。

上述"书""诗""礼"文献基本单位的生成情形决定了其单篇文本

---

① 古书的篇、章规模及划分其实并不严格，本书主要聚焦于以"诗""书"代表的这类文献与以《老子》为代表的文献在基本单位上的规模差别，姑且分别以"篇""（短）章"对应称之。有关先秦古书单位的讨论可参宁镇疆：《〈老子〉早期传本的形态及流变研究》，上海：学林出版社，2006 年，第 82—93 页。

② 中国社会科学院考古研究所、北京市文物研究所琉璃河考古队：《北京琉璃河 1193 号大墓发掘简报》，《考古》1990 年第 1 期。

③ 详参苏睿：《〈诗经〉用乐文献考索》，四川师范大学硕士学位论文，2016 年，第 13—36 页。

多为较完整的形态,这些单篇文本在此后的流传过程中也往往保持较为稳定的状态。以清华简"书"类文献为例,其中与传世文献互见的"书"篇中,《周武王有疾周公所自以代王之志(金縢)》①《皇门》《祭公之顾命》与《尚书·金縢》《逸周书·皇门》《逸周书·祭公》大体相同;②《封许之命》《摄命》虽未有文本传世,然其内容当与原始文献相差不远。"书""诗""礼"类文献单篇文本较为稳定,除了特定的生成方式外,更重要的是这些文献在流传过程中均较早完成了经典化。"书""诗""礼"类文献多与君主的仪式活动相关,其本身往往对应了仪式活动的主要内容和核心组成部分,是仪式性活动的文本结晶,这些文本本身便具备了经典的属性;尤其是其中一些重要篇目作为"王教王学"的教材,被进一步阐释与讲论,从而被进一步经典化了。

在这些较为稳定的单篇文献基础上,"书""诗""礼"类古书的结集表现为单篇文献的汇辑。相较于"模块聚合模式"的古书成书方式,本书将"书""诗""礼"类文献为代表的成书方式称为"整篇汇辑模式"。以"书"类文献为例,早期之"书"依据不同的分类原则以类分合,如以时代分类的《夏书》《商书》《周书》《周志》等;以人物分类的"周文王之法""武丁作书""史佚有言""仲虺有言""仲虺之志"等;以地理及国名分类的"西方之书"、《郑书》;还有依文体类别的"誓命"、"命书"、《周制》等;还有一些其他统称如"志""前志""故志""先王之志"等。③　与此同时,某些"书"篇已有较为固定的通行

① 　无论清华简还是传世《金縢》很可能都有一个"层累"成篇的过程,此可详参程浩:《有为言之:先秦"书"类文献的源与流》,第57—60页。即便如此,《金縢》内容在长期的流传过程中大体保持稳定,也说明了这类文献的成书和流传特点。

② 　清华简《尹诰》与《说命》也有传世文献对应,然世传《咸有一德》《说命》内容与清华所藏简书迥异,传世本显非原篇了。

③ 　对于这些"志"与"书"的异同学界有不同意见,笔者倾向于两者为同类文献,因为《左传》文公二年所引《周志》文见于《逸周书·大匡》(马士远:《周秦〈尚书〉学研究》,北京:中华书局,2008年,第69—70页),可见《周志》当为"书"类文献。还有一个有趣的例证,《国语·楚语》申叔时论傅太子之道所论列的教材中不见《书》,然而有《语》《故志》,从功用来看,《语》《故志》当是"书"类文献,因此很可能这里以《语》及《故志》指代《书》,从而"书"便无需重复了。

篇名(如《左传》所称引的《康诰》《大(太)誓》《盘庚之诰》;《国语》称引有《汤誓》《盘庚》《太誓》),①其中部分"书"篇流传更为广泛,影响也更大,如《康诰》《太誓》《洪范》《吕刑》《尧典》多见称引。②以上"书"篇单篇别行与汇辑结集的情形对于我们理解古书成书的"整篇汇辑模式"无疑大有助益。

---

① 《左传》《国语》称《书》引《书》情形参马士远:《周秦〈尚书〉学研究》,北京:中华书局,2008 年,第 305—309 页。
② 《康诰》称引次数最多达三十余次,《太誓》二十三次,《洪范》十九次,《吕刑》《尧典》各十六次,参刘起釪:《尚书学史》,北京:中华书局,2017 年,第 62 页。

第三章 出土文献与《诗经》的
文本及流传

第一节 出土《诗》类文献概述

近世新出文献多有与《诗》学研究相关者,除熹平石经、安大简《诗经》、阜阳汉简《诗经》、海昏侯简《诗经》及敦煌《诗经》残卷为较单纯之《诗经》传本外,其余均为称说《诗》篇或称引《诗》文者,如甘肃武威汉简《仪礼》、银雀山汉简《晏子春秋》、河北定县八角廊汉简《论语》、马王堆帛书《五行》、河北平山三器(中山王方壶、中山王鼎、姧蚉壶)、东汉《硕人》铜镜、尹湾汉简《神乌赋》、郭店简、上博简及清华简对《诗》的称引及论说。

阜阳汉简《诗经》1977 年出土于安徽阜阳双古堆一号汉墓,墓主当为西汉第二代汝阴侯,墓葬下限为汉文帝十五年(公元前 165 年)。该墓早年经盗掘,简牍散乱扭结,经整理略得《诗经》残简 170 余条。经与今本《毛诗》对照,知有《国风》《小雅》二种,风诗存留 65 首,分属除《桧风》外的十四国风,《小雅》仅存《鹿鸣之什》四首之残句。从残简看,阜阳汉简《诗经》每章末尾当以长方形墨块起首标明"右某篇若干字",同样方式,每篇以墨块领首标明"右方某国"。阜阳汉简《诗经》较完整之简长 22 厘米,存字 24 个,但残简每简文字大小不一,疏密有异,当是抄写者为满足一简写完一章(每章字数不同)的书写格式所致,且从书写风格来看,阜阳汉简《诗经》当非成于一人一时。① 敦煌卷子《诗经》多为六朝、隋唐写本,包括《毛诗》白文、《毛诗传笺》、《毛诗正义》及《毛诗音》。②

---

① 详参胡平生、韩自强:《阜阳汉简诗经研究》,上海:上海古籍出版社,1988 年。
② 可参许建平:《敦煌经籍叙录》,北京:中华书局,2006 年。另日藏《诗经》古本情况略参王晓平:《〈诗经〉日藏古本的文献学价值》,《天津师范大学学报(社会科学版)》2006 年第 5 期;王晓平:《敦煌〈诗经〉残卷与日本〈诗经〉古抄本互校举隅》,《敦煌研究》2008 年第 1 期。

武威汉简《仪礼》1959 年 7 月出土于甘肃省武威县磨嘴子六号汉墓,据墓中同出之王莽时期货币知此墓年代下限当为新莽朝。武威汉简《仪礼》根据性质及抄写风格可分为三个不同的本子,被整理者分别命名为甲本、乙本和丙本。其中甲本字大简宽,保存最好,包括今本中的七篇:《士相见礼》《服传》《特牲》《少牢》《有司》《燕礼》《泰射》,乙本仅《服传》一篇,丙本仅《丧服》一篇。汉简《仪礼》引《诗》见于《燕礼》《泰射》二篇,与《毛诗》略有异。①

东汉《硕人》铜镜为 1970 年武汉市交物商店所得。此镜直径 14.8 厘米,边缘厚 0.4 厘米,镜面微凸,镜背圆纽略扁,铸有五段重叠排列的神人,神人纹外缘有铭文一周,凡 80 余字,因边缘锈蚀,有少数文字剥落,镜铭内容为《卫风·硕人》篇,然诗文并不完整,录至“河水洋洋,北流”句而止,相较今本《毛诗》多有异文。据形制及神人纹风格推测此镜当产于吴郡,时代在建安初而略早。②

马王堆帛书 1973 年出于长沙马王堆三号墓,包含不同古书若干种,其中引用《诗》句者有帛书《五行》《明君》《缪和》及《战国纵横家书》。帛书《五行》及《明君》为马王堆帛书《老子》甲本卷后古佚书,由其避讳字及字体推测当写于汉高祖之时,《缪和》及《战国纵横家书》之年代下限当参考墓葬年代即汉文帝前元十二年(公元前 168 年)。

尹湾汉简《神乌赋》1993 年出土于江苏连云港市东海县尹湾村 6 号汉墓,据同墓简牍纪年信息可知墓葬年代下限为西汉成帝元延三年(公元前 10 年)。《神乌赋》全文 664 字,是一篇大致完整的汉代故事赋,主要内容讲述雌、雄二乌筑巢而遇盗乌偷窃,雌乌与盗乌搏斗负伤,为不累及雄乌投地坠亡的故事。雌乌死前求雄乌弃己独活时,引《诗·小雅·青蝇》诗句劝诫雄乌寻得伴侣后,好好抚育后代,毋听信后母谗言。

---

① 武威汉简引《诗》参陆锡兴:《〈诗经〉异文研究》,北京:中国社会科学出版社,2001 年,第 108—109 页。
② 详参陆锡兴:《〈诗经〉异文研究》,第四章第二节;孙黎生:《再谈武汉博物馆藏“诗经铭文重列式神兽镜”》,《武汉文博》2014 年第 1 期。

郭店楚墓竹简 1993 年出土于湖北荆门郭店一号楚墓,墓葬年代为战国中期偏晚,其中《缁衣》《五行》多明引《诗》句,《性自命出》及《语丛》多有谈《诗》论《诗》之语。上海博物馆藏战国楚竹书之《缁衣》与郭店简《缁衣》相近而残缺较多,两者引《诗》也多有异文,《孔子诗论》为迄今发现的最早的《诗》论著作,称《诗》篇名、引《诗》文句甚夥,涉及约 60 篇诗,此外,《上海博物馆藏战国楚竹书》第四册所收之《曹沫之陈》也存引《诗》文句,《采风曲目》及《逸诗》也有称引《诗》的情况。

清华大学藏战国竹简(下文简称"清华简")《耆夜》记有乐诗五首,其中《蟋蟀》可与传世《诗经》对读,《周公之琴舞》记述了周公和成王所作的十篇诗作,其中有可与传世《诗经·周颂·敬之》对读者;另《芮良夫毖》全篇用韵,与"诗"相类。① 安徽大学藏战国竹简《诗经》,内容为国风部分,存诗 57 篇。每一国风后标有国名、篇数,有的还标明首篇诗名。每支简下端有编号,《诗经》最后一简编号为"百十七",缺失 24 支简,实际存简 93 支。② 海昏侯简《诗经》目前仍在整理中,材料尚未完整公布。③

以上所列简帛文献依年代大致可分作五组:第一组为郭店简、上博简、清华简与安大简,皆为战国中晚期简;④第二组为马王堆帛书与阜阳汉简《诗经》,二者皆为汉代早期之物,然帛书某些篇的抄写年代可能要早至秦汉之交,略早于阜阳汉简《诗经》;第三组为尹

① 《耆夜》见清华大学出土文献研究与保护中心编,李学勤主编:《清华大学藏战国竹简(壹)》,上海:中西书局,2012 年;《周公之琴舞》《芮良夫毖》见清华大学出土文献研究与保护中心编,李学勤主编:《清华大学藏战国竹简(叁)》,上海:中西书局,2010 年。
② 安徽大学汉字发展与应用研究中心编,黄德宽、徐在国主编:《安徽大学藏战国竹简(一)》,上海:中西书局,2019 年。
③ 海昏侯简《诗经》相关情况可参朱凤瀚主编:《海昏简牍初论》,北京:北京大学出版社,2020 年,第 79—119 页。
④ 上博简年代约为公元前 255±65 年(据陈仁仁:《战国楚竹书〈周易〉研究》,武汉:武汉大学出版社,2010 年,第 5 页),有传闻上博简同出郭店墓地,清华简测年数据为公元前 305±30 年(刘国忠:《走近清华简》,北京:高等教育出版社,2011 年,第 53 页),安大简测年数据参黄德宽:《安徽大学藏战国竹简概述》,《文物》2017 年第 9 期。

湾汉简《神乌赋》与武威汉简《仪礼》,二者皆当西汉末年,前者略早;第四组为《硕人》诗铭铜镜,当为东汉末年之物;第五组为敦煌卷子,多为六朝、隋唐之物。

第二节　从出土文献看战国 《诗经》文本与流传

许慎《说文解字·叙》谓战国之时"诸侯力政,田畴异亩,车途异轨,律令异法,衣冠异制,言语异声,文字异形"。① "其后嬴秦混一宇内,虽欲车同轨、书同文,然其亡也忽,至于汉初儒生传经,或各以乡音,弟子或因仓猝无字而假借之,故同言异字,同字异言,于兹遂生矣。"②地不爱宝,随着出土文献的大批问世,战国秦汉字音歧异之情形约略可见。于《诗》而言,战国秦汉简帛材料中多有引《诗》论《诗》的内容,对于了解《诗经》传本流变及诗之家派的生成实有裨益。

郭店楚简所在墓葬年代当在公元前 4 世纪中期至前 3 世纪初(战国中期偏晚),③上博简年代为战国晚期,与郭店简年代相近,且有传闻这批简可能来自湖北郭店墓葬。④ 要之,郭店简、上博简在年代及地域方面均非常接近殆无疑问,然两者引《诗》异文多有,可见战国时期字音歧异的情形。以下将郭店、上博简《缁衣》引《诗》略加比较如下:⑤

---

① 《说文解字》,北京:中华书局,1963 年,第 315 页。
② 陆德明:《经典释文·叙录》,北京:中华书局,1983 年,第 2 页。
③ 湖北省荆门市博物馆:《荆门郭店一号楚墓》,《文物》1997 年第 7 期。
④ 陈仁仁:《战国楚竹书〈周易〉研究》,第 4—5 页。
⑤ 郭店简文据刘钊:《郭店楚简校释》,福州:福建人民出版社,2005 年;上博简文据马承源:《上海博物馆藏战国楚竹书(一)》,上海:上海古籍出版社,2001 年;《毛诗》文据《十三经注疏·毛诗正义》,北京:中华书局,1980 年。也可参赵茂林:《两汉三家〈诗〉研究》,成都:巴蜀书社,2006 年,第 151—153 页。

序号	篇　名	郭店简《缁衣》引诗	上博简《缁衣》引诗	《毛诗》
1	大雅·文王	悆埜文王,万邦乍孚。	埊型文王,万邦复反。	仪刑文王,万邦作孚。
2	小雅·小明	情共尔立,好氏贞植。	静斁尔立,丣是正植。	靖共尔位,好是正直。
3	曹风·鸤鸠	啻人君子,亓义不弋。	啻人君子,亓义不弋。	淑人君子,其仪不忒。
4	大雅·板	上帝板板,下民罘担。	上帝板板,□□□□。	上帝板板,下民卒瘅。
5	小雅·巧言	非亓止之,共唯王恭。	□□□□,隹王之功。	匪其止共,维王之邛。
6	小雅·节南山	隹秉或成,不自为贞,罘袋百眚。	隹秉或□,□□□正,卒袋百眚。	谁秉国成,不自为政,卒劳百姓。
7	大雅·抑	又🐿惪行,四方思之。	又共惪行,四或川之。	有觉德行,四国顺之。
8	大雅·下武	成王之孚,下土之弋。	□□□□,下土之式。	成王之孚,下土之式。
9	小雅·节南山	虞虞币尹,民具尔贈。	虩虩币尹,民具尔儋。	赫赫师尹,民具尔瞻。
10	小雅·正月	皮求我臭,女不我导,執我裁裁,亦不我力。	皮求我则,女不我导,轚我敆敆,亦不我力。	彼求我则,如不我得,执我仇仇,亦不我力。
11	大雅·抑	訢尔出話,敬尔愄义。	□□□□,敬尔威义。	慎尔出话,敬尔威仪。
12	大雅·抑	啻訢尔歨,不侃于义。	啻訢尔止,不侃□□。	淑慎尔止,不愆于仪。

续 表

序号	篇 名	郭店简《缁衣》引诗	上博简《缁衣》引诗	《毛诗》
13	大雅·文王	穆穆文王,於臤逗敬坒。	穆穆文王,於幾义之。①	穆穆文王,于缉熙敬止。
14	大雅·抑	白珪之石,尚可替也,此言之砧,不可为也。	白珪之砧尚可磊,此言之砧不可为。	白圭之玷,尚可磨也,斯言之玷,不可为也。
15	小雅·车攻	妟也君子,屋也大成。	癹也君子,塁也大壄。	允矣君子,展也大成。
16	曹风·鸤鸠	虗人君子,其义弌也。	□人君子,亓义一也。	淑人君子,其仪一也。
17	周南·葛覃	備之无怿。	備之亡臭。	服之无斁。
18	小雅·鹿鸣	人之好我,旨我周行。	人之丑我,覾我周行。	人之好我,示我周行。
19	周南·关雎	君子好粲。	君子丑埶。	君子好逑。
20	大雅·既醉	僴友卤褧,褧以悢义。	聖客卤圉,圉昌威义。	朋友攸摄,摄以威仪。
21	小雅·小旻	我龟既猒,不我告猒。	我龟既猒,不我告猒。	我龟既厌,不我告犹。

从上表可见,郭店、上博《缁衣》引《诗》异文主要为假借字、异体字以及古今字,虚词之有无以及个别误字。如例 1 引《诗》,《毛诗》作"仪刑文王,万邦作孚",其中"仪"正字作"义",郭店、上博简分别作悊、埶,当为"义"之或体;《毛诗》"刑"为假借字,郭店、上博简皆作"型"为正字;上博简"夋"同郭店简"乍",为"作"初文;上博简之

---

① 上博简此句之释文有不同意见,参冯胜君:《郭店简与上博简对比研究》,北京:线装书局,2007 年,第 160—161 页。

"叏",当与"孚"音近假借。① 虚词之有无如例 14 引《大雅·抑》,上博简所引少一"也"字;误字如例 13 上博简之"义"当为"敬"之误。②时空环境相近的郭店、上博两批竹简引《诗》用字多存歧异,由此也可以想见战国《诗经》传本流变的大概情形。③

　　由郭店、上博两批竹简引诗比较略可窥见时空环境相近的战国《诗经》文本的歧变情形,以之与其后的诗文纵向比较,对于认识战国时期《诗经》传本流变情形也是有所帮助的。较郭店、上博材料晚近的《诗》文有马王堆帛书《五行》所引诗文。以下姑将郭店楚简与帛书《五行》引《诗》进行比较:④

序号	篇名	郭店简《五行》引诗	帛书《五行》引诗	《毛诗》
1	召南·草虫	亦既见屮,亦既詢屮,我心则□。	未见君子,惪心袚袚。亦既见之,亦既钩之,我【心则】说。	未见君子,忧心惙惙,亦既见止,亦既觏止,我心则说。
2	曹风·鳲鸠	妟人君子,亓义罷也。	尸叴在桑,其子七氏。杸人君子,其宜一氏。	鳲鸠在桑,其子七兮。淑人君子,其仪一也。
3	邶风·燕燕	□□□ 返,深涕女雨。	【婴】婴于蜚,跕沱其羽。之子于归,袁送于野。瞻望弗及,汲沸如雨。	燕燕于飞,差池其羽。之子于归,远送于野。瞻望弗及,泣涕如雨。

① 详参于茀:《金石简帛诗经研究》,北京:北京大学出版社,2004 年,第128—129 页。又有关"叏"与"孚"通假关系,可详参冯胜君:《郭店简与上博简对比研究》,第 70—71 页。
② 冯胜君:《郭店简与上博简对比研究》,第 161—162 页。
③ 战国诗本歧异情况及原因可参刘毓庆、郭万金:《从文学到经学——先秦两汉诗经学史论》,上海:华东师范大学出版社,2009 年,第 86—99 页。
④ 郭店简文据刘钊:《郭店楚简校释》;马王堆帛书释文据湖南省博物馆、复旦大学出土文献与古文字研究中心编纂,裘锡圭主编:《长沙马王堆汉墓简帛集成(肆)》,北京:中华书局,2014 年。也可参赵茂林:《两汉三家〈诗〉研究》,第 157—158 页。

续 表

序号	篇 名	郭店简《五行》引诗	帛书《五行》引诗	《毛诗》
4	大雅·大明	明明才下,虙虙才上。	明明在下,壐壐在上。	明明在下,赫赫在上。
5	大雅·文王	文□□□,□□于而。	文【王在】上,於昭于天。	文王在上,於昭于天。
6	商颂·长发	不覺不林,不弱不矛。	不强不救,不刚不柔。	不竞不絿,不刚不柔。
7	大雅·大明	上帝贤女,毋贰尔心。	上帝临女,毋膩尔心。	上帝临女,毋贰尔心。

　　由以上对比同样可见战国《诗经》传本前后流变的大致情形。其中略可留意处在于:第一,虽然战国时《诗经》传本用字歧变,然其语句构成一致,诗句意义较为固定,①当有较为稳定的《诗经》传本结构;第二,帛书引诗多有较郭店楚简更为完整处,这说明战国楚地当有《诗经》传本存在而非仅凭口头传播。② 战国《诗经》传本结构大致稳定,但这并不意味着各国《诗经》传本完全相同。③ 战国逸诗多见,秦后逸诗稀存,而《诗经》传本主体《风》《雅》《颂》之篇目略同,若战国仅有一种《诗经》传本,何则秦火过后,《诗经》传本大体存

---

① 战国引诗同样是将《诗》作为具有经典意义的文本引用,在各种场合进行意义的传达而为不同地域的使用者所共同理解,说明战国时期《诗》本较为稳定。

② 若帛书《五行》为楚人改写郭店简而来,则当然说明楚地有可据的《诗经》传本,若帛书《五行》非成于楚地而为楚人所抄得,则此引《诗》之书已然传入楚地,何则楚地必无书于竹帛之《诗经》传本而《左传》中楚人引诗多见?故战国楚地有较为完整的《诗经》传本存在。依此,证之先秦文献引《诗》情形,可知战国时各国亦当有较为完整的《诗经》传本存在。有论者认为战国楚地《诗》本盖以口传,如陈波:《南方〈诗经〉的流传及〈诗经〉文本的相关问题》,四川师范大学硕士学位论文,2007年,第二章第二节。

③ 战国异文异音,《诗》本用字多不同,但此多不影响文意,若《诗》本之诗篇构成及次序、语句构成及次序有异,则可谓不同之《诗》本,此处谓《诗》本不同主要指诗篇、诗句构成及次序差异。

留而恰阙逸诗？又，《诗经》当分阶段结集，①每次除篇目扩充外，可能同时伴随有诗篇的修改及删替，由此当形成不同的《诗经》传本。先秦《诗经》传本存异也可证之文献，典型如墨家所见《诗经》传本，《墨子》引《诗》多与儒家有异，②其所据《诗经》传本当与儒家有别，且战国动荡，百家竞起，《诗经》在流传中出现篇章、语句差异也是可以想象的情况，故战国当有不同的《诗经》传本行世。

近年出土的安大简《诗经》的文本情况均为我们观察战国时期的《诗》本及流传提供了绝佳的材料。安大简《诗经》现存内容涉及六国国风，有《周南》十篇、《召南》十四篇、《秦》十篇、《侯》六篇、《鄌》七篇、《魏》十篇。其中秦风、侯风之间因为缺失了十支简，内容为某国之风。安大简《诗经》的国风次序与已知的都不同：

安大简《诗经》：周南、召南、秦、某、侯、鄌、魏；

《毛诗》：周南、召南、邶、鄌、卫、王、郑、齐、魏、唐、秦、陈、桧、曹、豳；

《诗谱》：周南、召南、邶、鄌、卫、桧、郑、齐、魏、唐、秦、陈、曹、豳、王城；

《左传》：周南、召南、邶、鄌、卫、王、郑、齐、豳、秦、魏、唐、陈、郐、曹；

可见安大简《诗经》国风部分次序的独特性。不仅如此，安大简《诗经》各国风诗中的篇数、篇次也与今传《毛诗》有所差异。首先最值得注意的就是安大简《诗经》中的《侯》《魏》与《毛诗》《魏》《唐》之间的关系。安大简《侯》有六篇，分别为《汾沮洳》《陟岵》《园有

---

① 有关《诗经》编辑大致有二阶段说（赵逵夫、冈村繁）、三阶段说（刘毓庆、郭万金）及五阶段说（马银琴）。

② 《墨子》引诗与别家异同可参郑杰文：《墨家的传〈诗〉版本与〈诗〉学观念——兼论战国〈诗〉学系统》，《文史哲》2006 年第 1 期；又可参赵茂林：《两汉三家〈诗〉研究》，第 145—146 页之统计表。先秦引诗虽有合引之法，引诗或不严格，但现今所见逸诗盖多可认定，可参刘立志：《先秦逸诗残句摭释考论》，《中华文史论丛》2010 年第 1 期。然郑文由战国子书引诗中逸诗比重不同作为各家《诗》本不同的证据似嫌薄弱，因为假设先秦《诗》本相同，诸子因行文意图不同，引诗数量及篇目各异，也会出现逸诗在引诗中比重不同的情形。

桃》《伐檀》《硕鼠》《十亩之间》；安大简《魏》有十篇，分别为《葛屦》
《蟋蟀》《扬之水》《山有枢》《椒聊》《绸缪》《有杕之杜》《羔裘》《无
衣》《鸨羽》。《毛诗·魏风》七篇，分别为《葛屦》《汾沮洳》《园有
桃》《陟岵》《十亩之间》《伐檀》《硕鼠》；《毛诗·唐风》十二篇，分别
为《蟋蟀》《山有枢》《扬之水》《椒聊》《绸缪》《杕杜》《羔裘》《鸨羽》
《无衣》《有杕之杜》《葛生》《采苓》。以下列表以便比较：

名　称	篇　　　名	篇数
安大简《矦》	《汾沮洳》《陟岵》《园有桃》《伐檀》《硕鼠》《十亩之间》	6
《毛诗·魏》	《葛屦》《汾沮洳》《园有桃》《陟岵》《十亩之间》《伐檀》《硕鼠》	7
安大简《魏》	《葛屦》《蟋蟀》《扬之水》《山有枢》《椒聊》《绸缪》《有杕之杜》《羔裘》《无衣》《鸨羽》	10
《毛诗·唐》	《蟋蟀》《山有枢》《扬之水》《椒聊》《绸缪》《杕杜》《羔裘》《鸨羽》《无衣》《有杕之杜》《葛生》《采苓》	12

　　安大简《矦》六篇诗在《毛诗》中均属魏风，且两者篇次有异；安
大简《魏》首篇为《葛屦》，同《毛诗》魏风，然安大简《魏》风余下的九
篇诗在《毛诗》中属唐风，且较《毛诗》唐风少了《杕杜》《葛生》《采
苓》。除了诗篇的数量及次序差异外，安大简《矦》《魏》诗的章数及
章序也与《毛诗》有异。安大简《矦》《硕鼠》第一章对应《毛诗》第二
章，第二章对应《毛诗》第一章；安大简《魏》《葛屦》每章六句，《毛
诗》第二章五句；安大简《蟋蟀》第一章、第二章分别对应《毛诗》第
二章和第一章；安大简《扬之水》每章六句而《毛诗》第三章四句；安
大简《山有枢》首章内诗句次序与《毛诗》有异；安大简《绸缪》章数、
章序均与《毛诗》有异，《毛诗》每章六句，安大简本第三章为四句，安
大简本第二章、第三章分别对应《毛诗》第三章和第二章；安大简《鸨
羽》第二章、第三章分别对应《毛诗》第三章和第二章。

　　整理者怀疑《矦》可能是《王》的另一种表述，然而由于《矦》所

录 6 首诗均与《王》风无关,所以整理者提出了三种可能:第一种可能是《毛诗·王风》与安大简本《侯》本来就不相关,安大简本是与《毛诗》不同的另一个系统;第二种可能是《侯》即《毛诗·王风》,但所辖诗篇各异;第三种可能是同一国风下具体各篇诗发生误置,《侯》下误置的是《魏》诗,从而引发《魏》与《唐》的连环误置。① 对于《侯》风性质学界已有相关讨论,大体意见分王风说、晋诗说、唐风说、魏风说、句风说和桧风说六种,目前晋诗说证据较为充分。② 对于安大简与《毛诗》的关系,整理者所指出的三种可能其实可以归为一个问题,即安大简《诗》与《毛诗》是否属于同一文本及流传系统。整理者虽未明确论述,实际上却是以《毛诗》为标准文本来审视安大简,并倾向于认为后者只是基于前者的某种派生文本,如整理者对《侯》风的说明、对安大简《蒹葭》原文面貌的推断以及根据《鄘风》末尾所记《柏舟》篇名对当时《诗经》篇名等流传情况的推论等。③ 与此类似,夏大兆认为安大简《诗经》是流行于晋地而由楚人抄写的摘编本;④王化平虽认为安大简对《侯》《魏》的安排是有意为之,不宜从《毛诗》角度出发将安大简情形视为"误置",然他仍认为安大简的编排并不代表战国《诗经》的正常结构,且安大简《诗经》整体上与《毛诗》仍极为接近。⑤ 实际上,这些意见背后均隐含了一种预设,即当时《毛诗》或与之近似的《诗》本是一种通行的《诗》本,其文本结构具有某种权威性。然而这种预设其实是值得讨论的。

　　除了上述安大简《侯》《魏》与《毛诗》有异,安大简《诗经》还多有特异之处,整体情况可略参下表:⑥

---

① 安徽大学汉字发展与应用研究中心编,黄德宽、徐在国主编:《安徽大学藏战国竹简(一)》前言部分,第 3 页。
② 参陈民镇:《安大简〈国风〉的次序及"侯风"试解》,《北方论丛》2020 年第 1 期。
③ 分别参安徽大学汉字发展与应用研究中心编,黄德宽、徐在国主编:《安徽大学藏战国竹简(一)》,第 115、106、136 页。
④ 夏大兆:《安大简〈诗经〉"侯六"考》,《贵州师范大学学报(社会科学版)》2018 年第 4 期;夏大兆:《安大简〈诗经〉"侯六"续考》,《北方论丛》2020 年第 1 期。
⑤ 王化平:《安大简〈诗经〉"侯六""魏九"浅析》,《北方论丛》2020 年第 1 期。
⑥ 安大简《侯》《魏》与《毛诗》《魏》《唐》的诗篇异同上文已述,此表仅列安大简《侯》《魏》诗篇各章与《毛诗》的差异。

	安大简	与《毛诗》之异	差异类型
周南	卷耳	第二章、第三章分别对应《毛诗》第三章和第二章	章序有异
	螽斯	第二章、第三章分别对应《毛诗》第三章和第二章	章序有异
召南	羔羊	第二章、第三章分别对应《毛诗》第三章和第二章	章序有异
	殷其雷	第一章、第三章分别对应《毛诗》第三章和第一章	章序有异
	江有汜	第二章、第三章分别对应《毛诗》第三章和第二章	章序有异
	驺虞	共三章,比《毛诗》多一章	章数有异
秦	渭阳、晨风、无衣,《毛诗》为晨风、无衣、渭阳		篇次有异
	车邻	第二章、第三章分别对应《毛诗》第三章和第二章	章序有异
	驷驖	第二章、第三章分别对应《毛诗》第三章和第二章	章序有异
	小戎	第二章、第三章分别对应《毛诗》第三章和第二章	章序有异
	蒹葭	第二章较《毛诗》少一句;第三章较《毛诗》缺前五句	章数有异
	黄鸟	第一章、第二章、第三章分别对应《毛诗》第二章、第三章和第一章	章序有异
佚	硕鼠	第一章、第二章分别对应《毛诗》第二章和第一章	章序有异
鄘	缺《毛诗·鄘风》《载驰》		篇数有异
	墙有茨	第一章、第三章分别对应《毛诗》第三章和第一章	章序有异
	君子偕老	第二章六句、第三章七句,《毛诗》分别为九句和八句	章数有异
	定之方中	第二章(残缺)、第三章分别对应《毛诗》第三章和第二章	章序有异
魏	葛屦	每章六句,《毛诗》第二章五句	章数有异
	蟋蟀	第一章、第二章分别对应《毛诗》第二章和第一章	章序有异

安大简		与《毛诗》之异	差异类型
魏	扬之水	每章六句,《毛诗》第三章四句	章数有异
	山有枢	第一章第二句、第三句分别对应《毛诗》第一章的第三句和第二句	句序有异
	绸缪	第二章、第三章分别对应《毛诗》第三章和第二章;第三章四句,《毛诗》每章六句	章序、章数均异
	鸨羽	第二章、第三章分别对应《毛诗》第三章和第二章	章序有异

　　相较于《毛诗》,除了异文这种微观层面的差异外,安大简《诗经》在各《风》的先后次序、所含篇数篇次、篇内章数章次等较为宏观的文本结构方面均存在不同程度的差异。这种差异无疑不可以简册散乱等偶然因素来解释,尤其是安大简除了较《毛诗》缺失的内容外,还有比《毛诗》更为丰富的情形,如安大简《召南·驺虞》比《毛诗》多出一章,《魏》之《葛屦》《扬之水》分别较《毛诗》多出一句及二句。当然,可以设想战国时流行的《诗》本可能原本未缺失安大简较《毛诗》多出的《诗》句,或安大简《诗经》的差异源于人为的安排,然而这些解释都面临一些问题:在《毛诗》或与此类似的《诗》本流行的情形下,无论是偶然因素还是人为编排,为何不以这种通行的“权威”文本为准? 如果安大简《诗经》的文本面貌是散乱所致,为何以此散乱状态流传而一直未被“修正”? 如果是人为改编,为何有通行的文本方案不用而打乱习常的文本秩序另起炉灶? 此中的矛盾之处其实促使我们反思以《毛诗》或某种《诗》本作为当时具有权威性的通行《诗》本的预设。

　　诚然,目前与《诗经》有关的出土文献尚未透露新的《诗经》文本方面的结构性信息,然而从篇名及诗句内容我们已经可以约略做些推测了。首先是所谓的“逸诗”。“逸诗”其实是基于《毛诗》的派生概念,透露了战国时《诗经》文本的一些情形。如清华简《耆夜》,其中周公所诵《蟋蟀》见于《毛诗》外,还有《乐乐旨酒》《輶乘》《赑赑》《明明上帝》四首“逸诗”;清华简《周公之琴舞》中除了见于《毛诗·周颂·

敬之》的部分外,大部分都未见流传。这些"逸诗"与当时《诗经》文本的关系如何我们不得而知,但他们提醒我们战国时期的《诗经》文本远非《毛诗》(或与之近似的某种文本)一种。其实战国《诗经》文本的复杂性在上博简中已经有了非常典型的体现了。上博简中涉及《诗经》的文献主要有三种:《孔子诗论》《逸诗》《采风曲目》,除了《逸诗》两首可见诗句内容外,《孔子诗论》和《采风曲目》均只有诗篇名称。虽然文本内容不具,但这三种文献所反映的《诗经》文本其实非常具有象征意味:《孔子诗论》所依据的是儒家《诗经》传本,《逸诗》代表了"逸诗"这一文本类型,而《采风曲目》是乐家所用文本。①

在讨论清华简《周公之琴舞》的性质时,论者多谈及《诗经》传授及流传过程中的"诗家"与"乐家"之分野,②其实上博简的涉《诗》材料已经较为清晰地反映出战国时复杂的《诗经》文本及流传情形了。对于战国的《诗经》流传,近年来尤以马银琴的研究最为系统。马银琴就是以"声教""义教"两条线索来论说周秦《诗经》流传的,马氏大致勾勒了从西周至春秋"声教""义教"合一,春秋末始"声教"衰落、"义教"独行的周秦《诗经》流传过程。③ 不过从清华简《周公之琴舞》、上博简《采风曲目》来看,战国时《诗经》"声教"虽衰落然还不至衰亡,"义教"虽盛然并非独行。马银琴指出儒家《诗》传的"多元性"情况无疑独具只眼,并且这种"多元化"的描述对于整个战国《诗经》流传的讨论都是适用的。战国《诗经》流传从宏观上起码可以分辨出两个系统——"声教"与"义教",相应的文本系统分别为"乐家"和"诗家";儒家有并

---

① 《采风曲目》中有《硕人》之曲,与《毛诗·卫风·硕人》同名,这反映了战国时"乐家"《诗》本的信息。

② 刘娟:《再论清华简〈周公之琴舞〉与"孔子删诗"——历时性与共时性双重视域下的〈诗〉本生成》,《岭南师范学院学报》2017 年第 4 期;谢炳军:《〈诗经〉的结集及其对〈周公之琴舞·敬之〉的选编——答徐正英先生》,《中州学刊》2016 年第 2 期;徐正英:《清华简〈周公之琴舞〉与孔子删〈诗〉相关问题》,《诗经研究丛刊》第二十六辑,2015 年;姚小鸥、孟祥笑:《试论清华简〈周公之琴舞〉的文本性质》,《清华简研究》第二辑,2015 年;徐正英:《清华简〈周公之琴舞〉组诗对〈诗经〉原始形态的保存及被楚辞形式的接受》,《文学评论》2014 年第 4 期;吴万锺:《〈清华简·周公之琴舞〉之启示》,《中国诗歌研究》第十六辑,2013 年。

③ 马银琴:《周秦时代〈诗〉的传播史》,北京:社会科学文献出版社,2011 年。

非一元的《诗》本流传线索及文本方案,除儒家外,其他学派对《诗》同样多所称习,故不能排除儒家之外的学派同样有自己独有的《诗经》文本和流传统绪的情形,这对安大简《诗经》性质的讨论亦适用。综上来看,战国《诗经》流传统绪多元,《诗经》文本复杂多样,若《毛诗》可溯源至战国,那么其无非也只是当时诸多《诗经》文本之一,并不必然具有特殊的流传优势;不仅如此,战国时诸《诗经》文本中似乎也不存在一种具有超强流传优势的世所公认的通行本。

第三节　从出土文献看汉代《诗经》文本与流传

一、阜阳汉简《诗经》传本形态及性质问题

从阜阳汉简《诗经》的形制、抄写风格及某些内容特点,可以对其成书情况略做推测。首先,阜阳汉简《诗经》当为某种转抄本,或者说,阜阳汉简《诗经》很可能是有所依凭抄写而成,非直接由讽诵而记于竹帛。因为从目前所掌握的情况推断,阜阳汉简《诗经》很可能是先书写后编联的,①这种先写后编的方式易造成文本内容错乱,除非对所书写的文本非常熟悉,否则若未对所写简片进行及时编联,则简片极易混杂,很难保持原有次序。然而阜阳汉简《诗经》书写者对《诗》似乎并不十分熟悉,如毛诗《简兮》"山有榛",阜阳汉简《诗经》中"榛"误作"業",阜阳汉简《诗经》S071"之洛诶云"之"云"当为"亍"之误。② 如此,则先写后编的方式很可能意味着阜阳汉简《诗经》是依据某种材料抄写而成的。再则,阜阳汉简《诗经》每章另

---

① 胡平生、韩自强:《阜阳汉简诗经研究》,第 95 页。

② 胡平生、韩自强:《阜阳汉简诗经研究》,第 27—28 页。另,胡平生、韩自强《阜阳汉简诗经研究》第 18 页谓阜阳汉简《诗经》《小雅·伐木》为"每食八杌",且谓阜阳汉简《诗经》此句当存字误(第 27 页),而检视阜阳汉简《诗经》S142 简,则"每食八杌"之"八"当作"以",此句阜阳汉简《诗经》当非存误,参黄宏信:《阜阳汉简〈诗经〉异文研究》,《江汉考古》1989 年第 1 期。

起一简抄写,大多数(每章三句至十一句者)为每简抄写一章,①且字少之简字大而疏,字多之简字小而密,这种书写体制要求事先对内容有较为全面的了解,这似乎也与目前所掌握的有关阜阳汉简《诗经》抄写的情况不合。因此,阜阳汉简《诗经》当为据已有材料抄写而成。且从书写风格及书法特点上看,阜阳汉简《诗经》当非成于一时一人,②可能为某种汇抄本。基于此,还可对阜阳汉简《诗经》所据抄成的材料形态略作讨论。考之阜阳汉简《诗经》内容,其残存诗句分属《诗经》之《国风》与《小雅》,其中《小雅》仅存《鹿鸣之什》残句若干,《国风》中仅《桧风》篇诗句未见,其他十四国风诗句每有存留。若以阜阳汉简《诗经》为汇抄本,则以其所存诗句基本涵盖各国之《风》的情况可以推测,其所据材料当非为零篇碎简,应有一定的篇幅,因为若阜阳汉简《诗经》汇抄所据为较零碎的杂乱不成体系的材料,则涵盖如此全面的各国《风》诗的可能性较小,故其所据当为某种首尾分明、较为严整的材料。这点也可从阜阳汉简《诗经》用字情况略窥一二,如"矣"作"俟"前后八见,其中只有两次不作"俟"而为"矣";又"其"作"亓"见九次,仅一次不作"亓"而作"其"。③ 这种较为统一的用字情形,也有助于说明阜阳汉简《诗经》所据的材料形态。阜阳汉简《诗经》的这种情形似与刘歆所言"一人不能独尽其经,或为《雅》,或为《颂》,相合而成"的情形相类。④

阜阳汉简《诗经》在内容上与《毛诗》多有差异,此差异可以从两方面加以比较。首先来看篇次。阜阳汉简《诗经》保存状态不佳,残

---

① 胡平生、韩自强:《阜阳汉简诗经研究》,第 95 页。
② 胡平生、韩自强:《阜阳汉简诗经研究》,第 1 页。
③ 赵茂林:《两汉三家〈诗〉研究》,第 161 页。
④ 刘歆《移书让太常博士》之言,见班固:《汉书》,北京:中华书局,1962 年,第 1969 页。有研究者认为阜阳汉简《诗经》有《风》而无《雅》《颂》,此可申论。阜阳汉简《诗经》墓葬早年经盗掘且塌坏,阜阳汉简《诗经》残损严重,所以其残存部分并不能代表原貌,且阜阳汉简《诗经》存有《小雅·鹿鸣之什》诗句,故不可径谓阜阳汉简《诗经》《雅》《颂》缺失。再揆诸汉初文献,则《风》《雅》《颂》之诗句屡被称引,如陆贾《新语》、贾谊《新书》及马王堆帛书《五行》引《诗》,或为楚人,或于楚地。所以,阜阳汉简《诗经》全貌的文本构成很可能《风》《雅》《颂》俱全。

损严重,其原貌已不可得悉,仅因简片叠压既久,在上简片的墨迹叠印于其下简片的背面,略为阜阳汉简《诗经》的篇次提供了某种线索。这种上下叠印的简片共六组,依照诗句所对应的今本《毛诗》篇名其排序略如下所示:

1.《召南·殷其雷》下压《邶·日月》,《邶·日月》下压《召南·采蘋》;

2.《邶·谷风》"就其深诶放之州之就其浅诶"下压"既沮我直";

3.《邶·静女》下压《齐·载驱》,《齐·敝笱》下压《唐·蟋蟀》;

4.《邶·二子乘舟》下压《燕燕》;

5.《邶·柏舟》下压《鄘·干旄》,《鄘·干旄》下压《邶·燕燕》;

6.《郑风》之《缁衣》下压《狡童》。

胡平生、韩自强认为此种情形当出于两种可能性:可能是阜阳汉简《诗经》次序确与《毛诗》不同,依照《毛诗》篇次,第一组及第五组各篇的叠压次序应为《日月》下压《殷其雷》下压《采蘋》或相反,《燕燕》下压《柏舟》下压《干旄》或相反,而阜阳汉简《诗经》篇次与此不同;又依《毛诗》次序,第三组中《静女》《载驱》两章相差甚远,阜阳汉简《诗经》相互叠压所反映的篇次应与之不同。当然还存在另一种可能,即外来扰动破坏了阜阳汉简《诗经》篇次原貌。[1] 对于阜阳汉简《诗经》篇次面貌,除外来扰动因素外,许志刚进一步提出三种可能性:一是各国之诗各自分卷,韦编断裂而各卷开合程度不同从而造成阜阳汉简《诗经》复杂的叠印情况,二是阜阳汉简《诗经》可能存在以尾句为始卷合卷册的倒卷情形,三是阜阳汉简《诗经》篇次确有与《毛诗》不同之处。[2] 与胡、韩相比,许氏提出了另外两种可能性,其中第一种乍看颇具启发性,然细绎之下尚有可论之处。若阜阳汉简《诗经》传本各国之《风》独自为卷,则当略如许氏所论之尾题"右方某国"所在简为末简,且此尾题应书于简背以便翻检,然由阜阳汉简《诗经》尾题作"右方某国"来看,其与诗文当书于相同的幅面而非在背面,不然其"右方"将无所指示;又阜阳汉简《诗经》目前未

---

① 胡平生、韩自强:《阜阳汉简诗经研究》,第32—35页。

② 许志刚:《汉简与〈诗经〉传本》,《文献》2000年第1期。

见尾题有标明篇次的字样(阜阳汉简《诗经》应皆如此),若假设阜阳汉简《诗经》篇次具有某种秩序,则其应非为各国单独分卷,原因很简单,若各国《风》诗单独分卷且无篇次标号则无法显示篇次:层叠堆放反映篇次先后当伴随复杂的规则,并列排放则似乎不太可能形成阜阳汉简《诗经》的叠压情形,且虑及阜阳汉简《诗经》中相叠压篇目在《毛诗》中相距篇数大致相同的情形,①若各自分卷的《风》诗是韦编崩断简片开合所致,则须满足各卷简片开合程度大略一致的条件——此种条件似乎过于理想。再及,《史记·孔子世家》所言"四始"及《毛诗》"毛诗国风"皆为标明风、雅、颂之分野而于各国《风》诗似无界分,这也可作为《国风》非单独成卷的证据。据此,我们推断,阜阳汉简《诗经》各国之《风》当联为一编而非独立分卷。②

　　其次来看阜阳汉简《诗经》的异文。阜阳汉简《诗经》所存诗文与今传本相比,存有大量异文,胡平生、韩自强对此有较详细的研究。③胡、韩将阜阳汉简《诗经》与现存四家《诗》比较,发现阜阳汉简《诗经》异文与四家《诗》互有异同,故而推断阜阳汉简《诗经》当为四家之外的楚地《诗经》传本。④ 许廷桂讨论了以异文考论《诗经》传本家派的局限性,认为《诗》之家派分野主要在于其解说不同,故而认为阜阳汉

① 　阜阳汉简《诗经》中《召南·殷其雷》下压《邶·日月》、《齐·敝笱》下压《唐·蟋蟀》、《郑风》之《缁衣》下压《狡童》,其相互叠压的篇目在《毛诗》中相距篇数大致均为十篇左右,参许志刚:《汉简与〈诗经〉传本》,《文献》2000 年第 1 期。

② 　其实阜阳汉简《诗经》的抄写体制对此也有所提示:阜阳汉简《诗经》大多数篇章(章三句至章十一句者)均以一简容一章,不能不说其中有压缩篇卷规模的考量,若各国《风》诗单独分卷,则似可从容抄写而无此必要了。

③ 　胡平生、韩自强《阜阳汉简诗经研究》之"简论"部分对阜阳汉简《诗经》异文进行了大致分类,并对阜阳汉简《诗经》异文与四家《诗》之异同进行了初步分析,"异文初探"部分对阜阳汉简《诗经》异文进行了详细考查。此外,黄宏信《阜阳汉简〈诗经〉异文研究》(《江汉考古》1989 年第 1 期)将阜阳汉简《诗经》与《毛诗》比较,分析阜阳汉简《诗经》的异文类型。

④ 　胡平生、韩自强:《阜阳汉简诗经研究》,第 28—31 页。胡、韩同意李学勤关于阜阳汉简《诗经》或为楚地传本的意见,李学勤意见参其《新出简帛与楚文化》,《楚文化新探》,武汉:湖北人民出版社,1981 年,第 34 页;另孙斌来《阜阳汉简〈诗经〉的传本及抄写年代》(《古籍整理研究学刊》1985 年第 4 期)进一步论证了李先生阜阳汉简《诗经》为楚地传本推想。

简《诗经》处于汉初"大收篇籍"之时,当为接近原始风貌的早期《诗经》文本。① 然以出土文献引《诗》所反映的《诗经》传本情况而言,《诗经》传本用字变化剧烈,阜阳汉简《诗经》所谓"原始"大可做进一步申论;又许氏谓《诗》分家派主要在于解说而不在文字,似也失之偏颇,《诗》分家派当以文字、说解并途俱进,②唯其论以异文考论家派之局限性为有见,惜未深论。已有研究者指出前人考校《诗》之家派所用方法及其局限性,考校方法大致为:据三家《诗》论著名目而定,据师承关系及师法家法而定,据所引述《诗》学材料而定,据四家诗兴起时代而定;③前人考校之局限性主要在于强分今古、胶固师法家法。④ 以异文及师承区分《诗》家分野的利弊,证之以出土文献,其情昭然。⑤实际上,不仅以异文剖判《诗》家分野的方法有其局限性,此思路本身之逻辑即当重新考量:不当以现有的据传世文献所总结之《诗》家异文来判析出土《诗经》传本的家派性质,而当据新出土文献,结合有关传世文献,对《诗》传家派的生成、流变及动因做重新讨论。

二、出土文献所反映的汉代《诗经》传本情况

战国《诗经》的文本情形较为复杂,除了用字歧异情况较为普遍外,不同的《诗》本在篇章次序、文句内容等方面也存在差别。⑥ 汉初的《诗经》流传是这种趋势的延续,并基于不同地域逐渐形成不同

---

① 许廷桂:《阜阳汉简〈诗经〉校读札记》,《重庆师院学报(哲学社会科学版)》1987 年第 3 期。

② 参赵茂林:《两汉三家〈诗〉研究》,虽赵氏文主张《诗》派诗本与诗说分而观之,且主各家诗本同源说,然参其第四章第二节第一目"四家诗说异同比较"之"字词训释"即可略正许氏之说。又陆锡兴《〈诗经〉异文研究》第三章对三家诗异文有较详细的分析。

③ 张海波:《贾谊〈诗〉学研究》,西北大学硕士学位论文,2010 年,第 12—13 页。

④ 赵茂林:《两汉三家〈诗〉研究》,第 87—99 页。

⑤ 虞万里以郭店及上博简《缁衣》为中心的有关研究颇为精到,参虞万里:《上博馆藏楚竹书〈缁衣〉综合研究》,武汉:武汉大学出版社,2009 年,第八章第二节。

⑥ 有关战国《诗经》文本及流传问题略可参葛立斌:《从战国至汉代〈诗经〉文本的改变》,《社科纵横》2009 年第 10 期,及氏著《淆乱歧出:从出土文献看战国〈诗〉本流传》,《理论月刊》2012 年第 5 期。

的《诗》学传派，其中齐、鲁、韩三种《诗》学传派在西汉文、景时陆续被立为官学，从而形成了汉代三家《诗》格局，加之民间传习的毛《诗》，这便是所谓的汉代四家《诗》的《诗》学家派格局。其中，齐、鲁、韩三家《诗》于宋之前先后亡废，宋人对三家《诗》的辑佚复原工作首先致意，经有清一代学人的努力，三家《诗》面目似已可观。四家《诗》仍是学界讨论两汉甚至其后历史时期《诗》学家派问题的基本概念框架，且对于出土文献论者也多依四家《诗》的框架展开讨论。然无论传世还是出土文献，其中的涉《诗》材料多有溢出四家《诗》之外的情形，虽已有论者注意，①然而相关问题尚未引起应有的重视，学界在使用四家《诗》概念时还不同程度地存在某些绝对化的情况，如以四家《诗》相关概念来讨论汉代以前的《诗经》流传及《诗》学情形，以及不加辨别地使用清人的四家《诗》划分方案及相关研究成果等。在出土材料日益增多的情境下，这不仅关涉《诗》学家派及《诗经》流传问题，更关系到如何看待出土材料的价值与作用，以及如何对待新出材料与旧有概念等问题。因此，以下欲以几种有代表性的汉代出土涉《诗》文献为中心，讨论汉代《诗》学家派及相关问题。

（一）《诗经》异文与《诗》学家派问题

通过不同的用字情形区分《诗经》文本及《诗》学家派是相关讨论最为常用的方法，历来论者对此搜辑甚勤，这一方法似已成为判定《诗》本及《诗》学家派的主要依据。然出土文献不仅使我们有机会了解当时《诗经》流传的实际面貌，也使我们对既有的方法、概念和结论有了更为深入的认知和思考。以下即基于对相关出土文献的讨论，重新思考以用字区分《诗》本家派的做法。

首先来看尹湾汉简《神乌赋》引《诗》异文及其《诗》学家派问

---

① 略如黄宏信：《阜阳汉简〈诗经〉异文研究》，《江汉考古》1989 年第 1 期；许廷桂：《阜阳汉简〈诗经〉校读札记》，《重庆师院学报（哲学社会科学版）》1987 年第 3 期；梁振杰：《从〈长沙马王堆汉墓帛书·五行〉所引〈诗经〉异文看先秦至汉的〈诗经〉传播》，《焦作师范高等专科学校学报》2003 年第 3 期；马荣江：《"元王诗"考索》，《东南文化》2009 年第 6 期；刘毓庆、郭万金：《从文学到经学——先秦两汉诗经学史论》，第 192—200 页。

题。《神乌赋》是一篇大致完整的汉代故事赋，主要内容讲述雌、雄二乌筑巢而遇盗乌偷窃，雌乌与盗乌搏斗负伤，为不累及雄乌投地坠亡的故事。雌乌死前求雄乌弃己独活时，引《诗·小雅·青蝇》诗句劝诫雄乌寻得伴侣后，好好抚育后代，毋听信后母谗言。其引《诗经》文句作"云云青绳，止于杆。幾自君子，毋信儳言"，今传《毛诗·小雅·青蝇》作"营营青蝇，止于樊。岂弟君子，无信谗言"。

对于尹湾汉简《神乌赋》称引《诗经》所属家派，有论者据用字情形（主要聚焦于《神乌赋》引《诗》之"杆"及"幾自"）将之断为《齐诗》。① 除了字形分析不当及有关用字的讨论证据不充分等具体问题外，②相关论证在以用字为标准判定《诗》本家派的问题时似忽略了以下情况：

一是似未注意不同家派用字相同的情形以及同一家派甚至相同古书中《诗经》文句前后歧异的情形。具体到尹湾汉简《神乌赋》引《诗》家派问题的讨论涉及以下词例：其一是《毛诗》《青蝇》"止于樊"之"樊"。若将《神乌赋》引《诗》之"杆"释为"𣏟"（即"樊"之古字）③则实质上用字同于《毛诗》；《诗三家义集疏》据《焦氏易林》谓《齐诗》作"藩"，又据《论衡·商虫篇》及《史记·滑稽列传》判定《鲁诗》作"藩"，亦作"蕃"，④这意味着在用字方面存在《齐诗》与《鲁诗》相同的情形。其二是《毛诗》"岂弟"。《诗三家义集疏》在《大雅·旱麓》最后一章"岂弟君子，求福不回"条下谓《说苑·修文》所引同《毛诗》，⑤而在《大雅·泂酌》篇指出《说苑·政理》引作"恺悌"，且又指出《释文》"凯，本又作恺。弟，本又作悌"、《大戴礼·卫

① 王思豪：《〈神乌傅（赋）〉用经、子文谫论》，《东南文化》2009 年第 4 期。
② 首先从字形上看，《神乌赋》之 𡌶 显应释为"杆"或"杆"，无疑不能释为"𣏟"；此字为韵脚，释为"杆"，与"樊""言"同属元部，然其字形又近于"杆"，可视作"杆"的形近误字，这种情形裘锡圭先生已指出，见《裘锡圭学术文集·第二卷》，上海：复旦大学出版社，2012 年，第 265 页注 45。相关问题详参赵争：《尹湾汉简〈神乌赋〉引〈诗〉问题复议：兼谈汉代〈诗经〉流传问题》，《传统中国研究集刊》第 14 辑，2016 年。
③ 王思豪：《〈神乌傅（赋）〉用经、子文谫论》，《东南文化》2009 年第 4 期。
④ 王先谦：《诗三家义集疏》，北京：中华书局，1987 年，第 781 页。
⑤ 王先谦：《诗三家义集疏》，第 848 页。

将军文子篇》作"恺悌"、《汉书·刑法志》作"恺弟"皆《齐诗》"又作"本。① 由此,若依《诗三家义集疏》的材料则《毛诗》之"岂弟",《鲁诗》或同《毛诗》或作"恺悌",《齐诗》作"凯弟",又作"恺悌"及"恺弟"。也就是说,有关"岂弟"的三家《诗》用字情形本身便不统一,那么以之作为《诗》本的判定标准无疑存在困难。

二是似未注意有关《诗》学家派划分意见并不一致的情况。具体到尹湾汉简《神乌赋》引《诗》家派问题,据家学渊源将班固所习所引归为《齐诗》的做法尚可讨论。以家学渊源判定学者《诗》学家派的做法本身并不严密,"世守经业未必子孙相传,祖孙、父子之学难免有异,……班伯治《齐诗》,而其从孙班固所著《汉书·地理志》引《诗》,颜师古注或援《韩诗》以为参证"。② 实际上,两汉传《诗》并非全然严守师法、家法。两汉各《诗》派有数家之学,从学者别自名家无疑是对师法的改动和发展;又有不专守家学者,典型如薛氏家族薛广德治《鲁诗》,五世至薛汉,汉及其子皆治《韩诗》;又汉代经学多"所问非一师"者,③此博学之风至东汉遂成《诗》学会通融合之势,著名者如贾逵、郑玄等。事实上,两汉师法、家法及汉儒对此的态度均是"有弹性的",④有重视的一面,也有不重视的一面。两汉《诗》学家派中的师法、家法情形并非如清儒所言"各守师法,持之弗失,宁固而不肯少变"。⑤ 正因为清儒的认识与汉儒《诗》学家派的实际情形并不全然相合,从而导致了清儒在判定汉儒《诗》学家派归属时多生龃龉,如对于班固所习《诗》派的认定便存在分歧,除《齐诗》外,

---

① 王先谦:《诗三家义集疏》,第 904 页。
② 刘立志:《汉代〈诗经〉学史论》,北京:中华书局,2007 年,第 157 页。刘氏所谓"颜师古注或援《韩诗》以为参证"指《汉书·地理志》"郁夷,《诗》'周道郁夷'",颜注:"《小雅·四牡》之诗曰'四牡骓骓,周道倭迟'。《韩诗》作郁夷字……"见班固:《汉书》,第 1548 页注 4。
③ 详参赵茂林:《三家〈诗〉的传承及其师法、家法问题》,《甘肃社会科学》2004 年第 6 期。另,刘立志《汉代〈诗经〉学史论》第 137—138 页表格专列东汉习《诗》并兼通几经的情形。
④ 徐复观:《中国经学史的基础》,台北:学生书局,1982 年,第 96 页。
⑤ (清)陈寿祺、陈乔枞撰,马昕、米臻点校:《三家诗遗说考》,北京:中华书局,2024 年,第 683 页。

或以之为《鲁诗》，或以之出入三家。① 如此，则班固所习《诗》学和所用《诗》本的家派无法遽定，自然就更无法以之作为断定其他涉《诗》文献家派的依据了。

由此可见，基于用字情形及既有的(尤其是清人的)《诗》学家派方案来判定相关材料的《诗》学家派，目前似还存在两个不确定因素：一是用字情形与《诗》学家派之间存在非排他性的复杂对应关系；二是对相关文本及传习者《诗》学家派的判断仍不确定。这一做法无疑面临一定的风险。

以上讨论的是尹湾汉简《神乌赋》引《诗》的家派问题，实际上，以用字情形判定相关材料的《诗》学家派问题是较为常见的做法，如对阜阳汉简《诗经》、②武威汉简《仪礼》引《诗》及《硕人》镜铭家派的讨论。③ 不过无论从情理上还是《诗经》流传的实际情形来看，这一做法的有效性无疑是值得反思的。

首先，揆诸情理，汉初传《诗》或以私藏或以讽诵，"其始书之也，仓卒无其字，或以音类比方假借为之，趣于近之而已"，加之《诗》文授受者，"非一邦之人，人用其乡，同言异字，同字异言，于兹遂生矣"。④ 对汉代《诗经》文字多歧现象的这一描述得到了出土文献的验证，如阜阳汉简《诗经》遍存通假字、异体字、古今字。⑤ 汉初《诗》本异文转歧并非仅发生于不同《诗经》传本之间，即便同一《诗》家传派，其授受转写，亦用字歧出，此为异；学于同一《诗》家，人用其乡致异文歧出，另有地域相近甚或同乡之人，音声相近而学于不同之《诗》家，其写录不同家派《诗经》传本当有类同，此为同。故以情理推之，四家《诗》传本用字胶葛，"同一家诗说文字未必相同，不同师

---

① 可综合参看刘立志：《汉代〈诗经〉学史论》，第154页列表；房瑞丽：《清代学者三家〈诗〉研究之师法、家法考》，《商丘师范学院学报》2015年第2期列表。
② 胡平生、韩自强：《阜阳汉简诗经研究》，第28—31页。
③ 分别参陆锡兴：《〈诗经〉异文研究》，第108、110—125页。
④ 陆德明引郑玄语，见《经典释文·叙录》，北京：中华书局，1983年，第2页。
⑤ 参胡旋：《阜阳汉简〈诗经〉集释》，吉林大学硕士学位论文，2013年，此文附录三"异文对照表"尤其直观。

法文字未必相异"。①

其次,验诸实际。不仅相同家派《诗经》文本用字不同,甚至同一著作所引《诗》句前后用字也不一致。除了上述讨论尹湾汉简《神乌赋》引《诗》所列《说苑》"岂弟"之例外,类似情形还有不少,如《韩诗外传》第一卷第四章引《鄘风·相鼠》"人而无仪,不死何为"之"仪",第七章作"礼",②第十七章引《周南·汝坟》"虽则如燬"之"燬"又有作"煨"者,③第二卷第五章引"如切如瑳,如错如磨"之"瑳"有作"磋"者,"如错如磨"有作"如磨如错"者,亦有作"如琢如磨"者;④又如《青蝇》"止于樊",《文选·陆机〈塘上行〉》注引《毛诗》作"止于邱藩";⑤《毛诗》《鄘风·蝃蝀》"崇朝其雨"之"崇朝"《小雅·采绿》作"终朝"。⑥ 还有一句之内用字不一致者,典型如《毛诗》《大雅·行苇》"四鍭既钧,舍矢既均"之"钧"与"均"。⑦ 其实上述这些情形在出土文献中均颇为常见,阜阳汉简《诗经》中的虚词"矣"和"诶"、"其"和"亓"、"嗟"和"遳"、"无"和"毋"同时使用,⑧马王堆汉墓帛书《五行》中引相同《诗》句而用字不同,⑨郭店楚简《缁衣》引《诗》"其""亓"共用,《大雅·抑》"白圭之玷""斯言之玷"郭店楚简《缁衣》作"白圭之石""此言之砧",⑩等等。实际上,对于出土文献而言这种用字多歧很大程度上是种常态和通例。

综上,基于逻辑推理并验诸实际,以用字情形判定《诗》学家派

---

① 虞万里:《上博馆藏楚竹书〈缁衣〉综合研究》,武汉:武汉大学出版社,2009 年,第 346—347 页。

② 许维遹:《韩诗外传集释》,北京:中华书局,1980 年,第四章引《诗》见第 6 页、第七章引《诗》见第 8 页。

③ 许维遹:《韩诗外传集释》,第 17 页。

④ 许维遹:《韩诗外传集释》,第 37 页。

⑤ 袁梅:《诗经异文汇考辨证》,济南:齐鲁书社,2013 年,第 583 页。

⑥ 《鄘风·蝃蝀》《小雅·采绿》分别参《十三经注疏》整理委员会:《十三经注疏·毛诗正义》,北京:北京大学出版社,2000 年,第 241、1075—1076 页。

⑦ 《十三经注疏》整理委员会:《十三经注疏·毛诗正义》,第 1272 页。

⑧ 胡平生、韩自强:《阜阳汉简诗经研究》,第 26 页。

⑨ 下文所列帛书《五行》引《燕燕》例便可显见。

⑩ 刘钊:《郭店楚简校释》,第 50 页。

的做法目前似乎并不可行。学界也正在形成相关共识,如海昏侯墓
汉简整理者通过海昏侯简《诗经》与石经材料及相关文献的对比研
究也发现用字情形与《诗》传家派的对应情形较难断定,而《诗》本结
构更有助于讨论不同家派的《诗》本差异。① 当然,这并不意味着四
家《诗》概念及其真实影响的消解,只是为此我们需要转换思考进
路:在三家《诗》立于学官从而拥有巨大影响的情形之下,为何出土
文献所代表及反映的《诗经》文本在用字方面仍然保持如此自由的
状态? 立为官学的《诗》学家派及《诗经》文本的影响程度及范围究
竟如何? 相较于鉴定相关材料的《诗》学家派,对《诗》学家派本身的
思考无疑更为根本也更有意义。

　　除用字情形,《诗》本事及《诗》旨也往往作为判定相关材料
《诗》学家派的重要依据,对这一方法的讨论,同样会为我们重新思
考汉代的《诗经》流传及《诗》学概念带来助益。

　　(二)《诗》本事与《诗》学家派问题

　　先秦典籍中有许多有关《诗》本事的记述,两汉也产生了相当数
量的《诗》本事。《诗》本事不仅为相关《诗》作的产生提供了线索,
对《诗》本事的讨论本身也是一种非常重要的解经方式。② 结合出
土涉《诗》材料会发现,先秦秦汉《诗经》文本在用字方面非常自由,
不仅不同传本之间的用字纷繁歧异,甚至同一文本内部用字也不统
一,这其实是出土涉《诗》文献的一种通例,因此通过用字情形无疑
难于考辨相关材料的《诗》学家派,故多有研究者尝试通过《诗》本事
来讨论相关材料的《诗》学家派问题。以下以相关研究为例检视有
关方法并尝试讨论其背后隐含的更深层次的问题。

　　首先来看《燕燕》本事与马王堆汉墓帛书《五行》引《诗》家派问
题。有关马王堆汉墓帛书《五行》引《诗》问题学界已有讨论,然以
《诗》学家派视野观照者似不多见,有研究者从《燕燕》诗本事入手讨
论相关问题,③颇有启发,然亦不乏可议之处。

---

① 朱凤瀚:《西汉海昏侯刘贺墓出土竹简〈诗〉初探》,《文物》2020 年第 6 期。
② 可参曹建国:《论先秦两汉时期〈诗〉本事》,《文学遗产》2012 年第 2 期。
③ 袁庆述:《帛书〈五行〉所引〈燕燕〉诗为〈鲁〉〈齐〉诗考》,《中国文学研究》
　 2000 年第 1 期。

帛书《五行》称引《燕燕》有两处,为便于讨论现抄录如下: ①

A "鸤鸠在桑,其子七兮。淑人君子,其仪一兮。"能为一,然后能为君子,君子慎其独也。"燕燕于飞,差池其羽。之子于归,远送于野。瞻望弗及,泣涕如雨。"能差池其羽,然后能至哀。君子慎其独也。

B 燕燕于飞,差池其羽。燕燕,兴也,言其相送海也。方其化,不在其羽矣。之子于归,远送于野。瞻望弗及,泣涕如雨。能差池其羽,然后能至哀,言至也。差池者,言不在衰绖也。不在衰绖,然后能至哀。夫衰,正经修领而哀杀矣,言至内者不在外也。……

以上内容 A 和 B 分别属于《五行》的"经"与"说"部分,后者显为对前者的进一步说解。帛书《五行》称引《燕燕》重点在于"差池其羽"与"至哀"的关联。内容 A 的相关说解显较费解,故其后内容 B"说"的部分对此作了解释。后者以"至哀"不在于"衰绖"这一外在形式的思路来解说"差池其羽",此处"差池"之意无疑当以朱熹《诗集传》的"不齐之貌"作解较为妥帖。② 帛书《五行》对《燕燕》的说解实际上较为朴素,主要着眼于燕飞时羽毛差池不齐的样貌以论"至哀"之情与丧服这种外在形式无关。除此之外,帛书并未提及任何与后世所谓《燕燕》本事有关的内容。也就是说,从帛书对《燕燕》的说解出发,我们实际上无法看出其与后世各家《燕燕》本事的关联。其实,这种由解释诗句开始,引申出道德或价值论述的做法,在《左传》所记述的春秋时代的赋诗引诗场合就已出现,且之后成为孔子教《诗》的基本方式。③ 有鉴于此,实际上我们很难仅据《诗》本事来推断帛书所论《燕燕》的《诗》学家派。

目前相关论者的思路如下:首先明确各家《诗》派《燕燕》之本事,然后再辨析何者与帛书《五行》所论吻合,进而论定帛书所引《燕燕》的《诗》学家派。这一思路看似明快,然相关论证过程以及论证

---

① 释文取宽式。
② 马王堆帛书整理者取此解,参《长沙马王堆汉墓简帛集成(肆)》,第 73 页注 14。
③ 马银琴:《周秦时代〈诗〉的传播史》,第 152 页。

标准本身尚多可议。

首先来看相关论证的后半段，即判定哪家《诗》学家派的《燕燕》本事与帛书所论吻合的讨论。相关论者认为帛书《五行》对《燕燕》的说解对应《列女传》的《燕燕》本事，并认为内容 A 前半部分帛书《五行》说解《曹风·鸤鸠》的内容为赞扬定姜之媳在夫死后"能为一"，帛书内容 A 后半部分和内容 B 赞扬定姜之媳为其夫服丧，情深意重而没有过分追求丧服之规整，内心却达到了"至哀"的境界。①然而实际上我们很容易发现，帛书《五行》内容 A 前一部分据《曹风·鸤鸠》论君子"能为一"的解说明显是基于鸤鸠养育后代一视同仁、以"一心养七子"这一诗句本身的信息，而并未涉及其他的本事，与《列女传》所述《燕燕》"定姜"本事似也无甚关联，这与帛书下文对"差池其羽"的解说方式相同，是帛书"由解释诗句开始，引申出道德或价值论述"这种解《诗》方式的体现。不仅如此，帛书《五行》对《鸤鸠》的说解其实与《毛诗》《说苑》《列女传》也并无不同，②且这些说解也均与定姜之媳等本事无甚关联。据此，由帛书这种基于《诗》句本身的朴素解说推求其他涉及具体历史人物和事件的做法无疑显得较为牵强。

再来看《燕燕》本事。上文已述，帛书对《燕燕》的说解自有理路而并不关涉具体的诗本事，且帛书所论也显与《毛诗·小序》与《列女传》本事不类。《毛诗·小序》谓《燕燕》为"卫庄姜送归妾也"，郑笺谓"庄姜无子，陈女戴妫生子名完，庄姜以为己子。庄公薨，完立而州吁杀之，戴妫于是大归。庄姜远送之于野，作诗以见己志"；③《列女传》云："卫姑定姜者，卫定公之夫人，公子之母也。公子既娶而死，其妇无子，毕三年之丧，定姜归其妇，自送之至于野。恩爱哀思，悲心感恸，立而望之，挥泣垂涕，乃赋诗曰：'燕燕于飞，差池其

①　袁庆述：《帛书〈五行〉所引〈燕燕〉诗为〈鲁〉〈齐〉诗考》，《中国文学研究》2000 年第 1 期。
②　《长沙马王堆汉墓简帛集成（肆）》，第 72 页注 5、注 6。
③　《十三经注疏》整理委员会：《十三经注疏·毛诗正义》，第 142—143 页。

羽。之子于归,远送于野。瞻望不及,泣涕如雨。'"①无论是《毛诗》卫庄姜送归妾作诗,还是《列女传》定姜归其妇赋诗,所表达的均为不舍离情,与帛书所论丧服与哀情的关系无疑不甚对应。② 至于《焦氏易林》所化用的《燕燕》文句,③仅为抒叙悲忧哀伤而与丧服无涉,且以《毛诗》《列女传》本事解之均可,并非如相关论者所谓的《易林》所依不是《鲁》便是《齐》。也就是说,从《燕燕》本事来看,帛书《五行》所论实际上与《毛诗》《列女传》《焦氏易林》所述本事无甚关联,其间也不大可能相互对应及推知。

其次,再来看相关论证的前半部分,即《列女传》及《易林》的《诗》学家派。相关论证存在的问题与上文讨论相同,即未能注意有关《诗》学家派区分方案并不统一的情况。如对于刘向《诗》学家派,王先谦以为《鲁诗》,而王引之、马瑞辰认为属《韩诗》,王端履、全祖望则认为刘向出入三家;《礼记·坊记》"先君之思,以畜寡人"郑注同《列女传》本事,而对于郑玄《礼注》,有断为齐者,有断为韩者,也有认为出入鲁齐或三家《诗》者。④ 对于《焦氏易林》《诗》学家派的判定同样如此,尚秉和以为《韩诗》,吴闿生认为出入三家《诗》。也就是说,对于《诗》学家派的判定本为仁智之见,并不底定、划一,《列女传》与《易林》《燕燕》本事家派的判定标准本身即不明确。当然,出现这种情形的原因上文已述,主要在于汉代师法家法的绝对化,

---

① 《毛诗·燕燕》"先君之思,以勖寡人",《列女传》及《礼记·坊记》所引作"先君之思,以畜寡人",此句《礼记》郑注谓"此卫夫人定姜之诗也。定姜无子,立庶子衎,是为献公。畜,孝也。献公无礼于定姜,定姜作诗,言献公当思先君定公以孝于寡人",即《礼记》郑注对此句解说同于《列女传》。

② 廖名春同样认为帛书所论与《毛序》《列女传》《易林》诸说皆不合,若相较而论,帛书反与《毛序》本事最为接近,参廖名春:《郭店楚简与〈诗经〉》,《文学前沿》2000年第1期。

③ 《恒之坤》有"燕雀衰老,悲鸣入海。忧不在乡,差池其羽。颉颃上下,在位独处"句,《萃之贲》有"泣涕长诀,我心不快。远送卫野,归宁无子"句,焦延寿:《焦氏易林》,影印文渊阁四库全书第808册,台北:台湾商务印书馆影印,1986年,第353、387页。

④ 对于刘向及《易林》《诗》学家派的意见综合了刘立志:《汉代〈诗经〉学史论》,第153—154页列表;房瑞丽:《清代学者三家〈诗〉研究之师法、家法考》,《商丘师范学院学报》2015年第2期列表。

如相关论者据刘向世谱及相关《诗》学授受线索,将刘向所习断为《鲁诗》,①然其论中已提及向祖元王,①且元王好《诗》并有"《元王诗》"者,②故此何以排除刘向所习为《元王诗》的可能而遽将向所习定为《鲁诗》?

由此可见,据《诗》本事及既有的《诗》学家派方案来判定相关材料的《诗》学家派归属,目前也存在两个非常关键的不确定因素:一是《诗》句及相关本事的对应关系有时并不十分明确,二是对《诗》本事及相关《诗经》文本及传习者的《诗》学家派判定并不确定。这一做法同样面临着不小的风险。

实际上,不仅帛书《五行》引《诗》家派在论证上存在上述问题,相关论者对尹湾汉简《神乌赋》所引《青蝇》家派问题的讨论也存在相似问题。首先是判断标准问题。相关讨论据《焦氏易林》断定《神乌赋》所引《青蝇》为《齐诗》,③而上文已指出,《焦氏易林》的《诗》学家派并不确定。其次是《诗》句与相关本事的关联。不仅《焦氏易林》的《诗》学家派无法确定,其所论《青蝇》主旨也并非《易林》专有。《毛序》谓《青蝇》为"大夫刺幽王也",虽然并未明言所刺内容,然结合《青蝇》诗句中"无信谗言"和对"谗人"的负面论述,以及先秦两汉幽王宠幸褒姒而至亡国之事的流传程度,④则此处《诗》之本事当不至另有异说,这应该也是《毛序》并不详论《青蝇》诗旨的原因。这其实与王先谦据《易林·豫之困》"青蝇集藩,君子信谗。害贤伤忠,患生妇人"文句判定"《齐诗》为幽王信褒姒之谗而害忠贤也"⑤没有差别。也就是说,有关《青蝇》诗旨,《焦氏易林》与《毛序》

---

① 袁庆述:《帛书〈五行〉所引〈燕燕〉诗为〈鲁〉〈齐〉诗考》,《中国文学研究》2000年第1期。

② 见《汉书·楚元王传》:"元王好《诗》,诸子皆读《诗》,申公始为《诗》传,号《鲁诗》。元王亦次之《诗》传,号曰《元王诗》,世或有之。"班固:《汉书》,第1922页。

③ 王思豪:《〈神乌傅(赋)〉用经、子文谫论》,《东南文化》2009年第4期。

④ 先秦两汉有关幽王宠幸褒姒而至亡国之事流传甚广,已然成为某种无需多言的公共知识了,可详参李峰:《西周的灭亡》,上海:上海古籍出版社,2007年,第223—232页。

⑤ 王先谦:《诗三家义集疏》,第781页。

基本一致,无非详略不同而已。①

　　除了这两种常见的方法上的疏失外,引发我们进一步思考的还有帛书《五行》的年代与四家《诗》概念框架之间的矛盾。帛书《五行》的年代下限为文帝初元十二年(前 168 年),从其字体风格及避讳情形可推知其当抄于汉高祖之世,②再考虑到郭店简、上博简中均有与帛书《五行》相关的内容,因此帛书《五行》的内容来源无疑更早。《鲁诗》创立者为申公,其《诗》传成于前 187 年,③被文帝召为博士当在前 180 年至前 178 年之间,④如此,则以《鲁诗》这一出于其后的《诗》学家派概念来指论抄于高祖时期(内容年代更早)的帛书《五行》引《诗》似不合逻辑。其他三家《诗》立于学官皆当晚于鲁,如景帝朝申公归鲁闭门教授数年之后齐人辕固才为清河王太傅,燕人韩婴才为常山太傅;⑤《毛诗》传授统绪不甚明晰,且愈后愈明,然毛公孝景时被河间献王立为博士当可信,而河间献王之立在景帝初。⑥ 如此,则帛书《五行》引《诗》家派以创立年代更晚的"齐诗""韩诗""毛诗"来指论是否合理呢? 以后出的四家《诗》概念框架来匡范马王堆帛书《五行》这类更早期材料的家派,这种矛盾情形出现的原因应当在于四家《诗》这一概念框架某种程度上已经被绝对化了,相关论者无疑全然习惯并下意识地以之涵盖两汉《诗经》流传及《诗》学传派的所有情形。四家《诗》概念无疑是讨论汉代及其后《诗经》流传及《诗》学家派问题的重要论说框架,然而若以之作为具有先验合法性的标准不加思考地使用,则无疑会遮蔽相关材料及问

① 实际上,对于《青蝇》诗旨清人即有类似看法,如冯登府便认为《青蝇》诗旨三家皆同,参冯登府著,房瑞丽校注:《三家诗遗说》,上海:华东师范大学出版社,2010 年,第 94—95 页。
② 《长沙马王堆汉墓简帛集成(肆)》,第 1 页。
③ 刘汝霖:《汉晋学术编年》,上海:华东师范大学出版社,2010 年,第 27 页。多有论者指出文帝立博士与武帝立"五经博士"性质有别,若以后者作为《诗》立学官的标志,则三家《诗》成立的时间当更晚。
④ 前 180 年文帝即位,前 178 年申公博士免官之楚,据《汉晋学术编年》第 29 页。
⑤ 刘汝霖:《汉晋学术编年》,第 54、55 页。
⑥ 刘汝霖:《汉晋学术编年》,第 48 页。

题的复杂性,从而失去对学术史进行有效反思的契机。

(三)汉代《诗经》流传与《诗》学家派问题重思

综合上文的讨论可知,目前无论以用字情形还是《诗》本事均无法推定相关材料的《诗》学家派。这其中除了具体的论证疏失以及《诗》学家派判定标准本身的问题外,引发我们思考的还有更深层次的问题:如在《诗经》异文与《诗》学家派问题讨论中引发的对四家《诗》实际影响范围的思考,以及在《诗》本事与《诗》学家派问题讨论中引发的对四家《诗》概念适用边界的思考。二者皆指向四家《诗》概念框架的有效性。首先要明确的是,四家《诗》概念框架无疑是讨论汉代《诗经》流传及《诗》学流变有效且重要的框架,但我们要重新思考它的适用范围及边界,反对不加思考而径将四家《诗》概念框架作为涵盖汉代及更早时期、具有先验合法性的相关做法。

实际上,汉代《诗经》流传及《诗》学生态无疑是四家《诗》概念框架所不能完全涵盖的。见于传世文献者如陆贾,其于高祖前称说《书》《诗》①时申公还未至长安学于浮丘伯,故陆贾《诗》学及其所据《诗经》文本不当遽以《鲁诗》论之,也更不当径以更晚的三家中的任何一家来指论;再如贾谊,文帝初立时拜为博士,其时谊岁二十余,而贾谊十八岁即以能诵《诗》《书》称名洛阳,②故其所学之《诗》似也难遽然归入四家《诗》中的一家;更典型者如与《鲁诗》并称的"元王诗",本身便是与《鲁诗》并出的《诗》学传派,当然也就无法归入四家《诗》的概念框架。

四家之外的《诗经》流传线索被遮蔽的主要原因当在于论者早已习惯了史迁、班固所建构的汉代《诗经》流传图景。除此之外,造成论者"无视"四家之外《诗经》流传线索会否真是由于相关《诗经》文本未获流传所致呢?对此,我们不应低估文献流传的复杂可能性,仅举一例便可窥一斑:《神乌赋》引《青蝇》之"幾自君子",其

---

① 见《史记·郦生陆贾列传》:"陆生时时前说称诗书……高帝不怿而有惭色。"司马迁:《史记》,北京:中华书局,2011年,2361—2362页。

② 见《史记·屈原贾生列传》:"贾生名谊,雒阳人也。年十八。以能诵诗属书闻于郡中。"司马迁:《史记》,第2192页。

"幾"字写法不同于传世文献而与上博藏战国楚简的写法一致，①这无疑反映了某种隐而不彰的《诗经》文本流传线索。② 值得注意的是，《神乌赋》年代下限为西汉成帝元延三年，此时三家《诗》立于学官且石渠阁会议召开均已有年，则《神乌赋》引《诗》的异文情形提醒我们当进一步思考官方《诗》学家派的实际影响问题。实际上，除《神乌赋》引《诗》外，比《神乌赋》稍晚、抄于新莽时代的武威汉简《仪礼》引《诗》同样多有异文，③东汉末《硕人》铭镜铸作时代在熹平石经刊刻之后仅二十余年，④其所刻《诗》文同样多存异文，这些情形均促使我们思考官方《诗》学家派的实际影响究竟如何。

不仅是《诗》立学官之前，即便是《诗》立学官之后，《诗经》文本在民间恐怕仍保持了较为自由的流变状态。其实对于《诗经》流传而言，自由与分化才是常态。对此新材料为我们提供了鲜活的证据。首先来看用字情形，这在上文相关叙述中已经论及，我们只要对照郭店简与上博简《缁衣》引《诗》、郭店简与马王堆帛书《五行》引《诗》便可见其情状，尤其是同一古书两引相同《诗》句的异文情形，更能反映战国秦汉《诗经》文本用字的自由情态。⑤ 实际上从用字方面来看，"《诗》无定本"可作为战国两汉《诗经》流传的通例。其次，战国汉初《诗经》的文本结构情况也较复杂，如安大简《诗经》，不仅风《诗》名称及篇序较为独特，其相关《诗》篇文句的数量与次序也多与今传《毛诗》有异，⑥阜阳汉简《诗经》也可能拥有

① 参程燕：《诗经异文辑考》，合肥：安徽大学出版社，2010 年，第 321 页。
② 这种情形在出土文献中并不少见，如较晚近的《老子》传本与较早《老子》文本之间存在复杂的文本线索及影响关系，对此可参赵争：《汉代〈老子〉文本及流传问题略论——以出土文献为中心》，宁镇疆、赵争编：《考证与释义：出土四古本〈老子〉综合研究》，上海：中西书局，2019 年，第 144—157 页。
③ 武威汉简《仪礼》年代参张焕君、刁小龙：《武威汉简〈仪礼〉整理与研究·序》，武汉：武汉大学出版社，2009 年，第 3 页。
④ 有关《硕人》铭镜的年代参陆锡兴：《〈诗经〉异文研究》，第 110—125 页；孙黎生：《再谈武汉博物馆藏"诗经铭文重列式神兽镜"》，《武汉文博》2014 年第 1 期。
⑤ 对此可参程燕《诗经异文辑考》。
⑥ 徐在国：《安徽大学藏战国竹简〈诗经〉诗序与异文》，《文物》2017 年第 9 期。

较为独特的篇序,①海昏侯汉墓《诗》本与今传《毛诗》亦有差异。②除此"义教"系统的传本外,我们还能见到或属于"声教"系统的相关材料,③如清华简《周公之琴舞》所蕴含的乐舞术语及文本形式,以及上博简《采风曲目》可能反映的《诗经》文本等。若将较晚近的材料,如尹湾汉简《神乌赋》、武威汉简《仪礼》、东汉《硕人》诗铭铜镜所包含的《诗经》文句置于战国以来的《诗经》流传统绪中观察的话,则可以很容易地发现《诗经》流传所呈现出的一以贯之的自由状态。

　　虽历秦火兵燹,秦汉之际的《诗经》流传情形隐而不彰,④然此后的流传情形大致可知:原本作为地域性《诗》传流派的《齐诗》《鲁诗》《韩诗》,先后被纳入官方意识形态而形成三种《诗》学家派;通过设立学官,召开石渠、白虎会议,颁刻石经等形式,政治权力对这些《诗》学传派进行统整。⑤　这对于《诗经》原本"自由"的流传状态而言,无疑是一种全新的流传机制。也正由于此,《诗经》流传大体上形成了一种官方与民间、统一与分化并行的双轨制状态。⑥　当然,由于相关史料都着眼于这三家"正统"《诗》派的叙说,从而导致作为

---

① 赵争:《两汉〈诗经〉流传问题略论——以阜阳汉简〈诗经〉为中心》,《大连理工大学学报(社会科学版)》2013 年第 4 期。

② 朱凤瀚:《西汉海昏侯刘贺墓出土竹简〈诗〉初探》,《文物》2020 年第 6 期。另,上博简中的"逸诗"或也属于某种《诗经》文本。

③ 有关《诗经》"声教"与"义教"流传系统参马银琴:《周秦时代〈诗〉的传播史》,第 7—38 页。

④ 汉代《诗》学家派多将其源头上溯至孔子,然通观战国秦汉《诗经》流传情形可知其相当复杂,目前的信息还不足以使我们在孔子与汉代《诗》学及《诗》本之间建立简明的联系。实际上根据本书的讨论,即便有汉代的《诗经》文本(如阜阳汉简《诗经》)我们也很难探明其与其他《诗经》文本的关系了。

⑤ 当然,汉代知识与政治的关系并非后者统整前者这么简单,有关汉代知识与政治及意识形态的互动关系可参王刚《学与政:汉代知识与政治互动关系之考察》(黑龙江人民出版社 2012 年)与林聪舜《儒学与汉帝国意识形态》(上海人民出版社 2016 年)的相关论述。

⑥ 有关战国晚期到秦汉间《诗经》流传的分化与统一双轨并行的讨论见虞万里:《上博馆藏楚竹书〈缁衣〉综合研究》,第 350 页。另,对汉代民间《诗经》流传情形的讨论参刘毓庆、郭万金:《从文学到经学——先秦两汉诗经学史》,第 192—200 页。

全新机制的官方《诗》学遮蔽了《诗经》原本的流传生态,使后世学者在重建汉代《诗经》流传及《诗》学家派时不同程度地以前者涵盖了后者,将三家《诗》(加上《毛诗》为四家)作为整个汉代《诗经》流传及《诗》学家派问题的论说框架。

由此,我们对三家《诗》以及四家《诗》概念框架的有效性也当有更为合理的体认:汉代官方《诗》学家派并未完全统整汉代《诗经》流传及《诗》学生态,即便加上民间的《毛诗》,四家《诗》概念框架也同样无法完全涵盖汉代的《诗经》流传及《诗》学传派。这就要求我们在讨论汉代《诗经》流传及相关学术史问题时,有必要至少区分官方与民间两个范畴,并根据材料的年代信息来确定四家《诗》概念框架是否适用。

通过以上对尹湾汉简《神乌赋》引《诗》用字情形、马王堆帛书《五行》所引《燕燕》本事的讨论,我们试图呈现目前有关《诗》学家派问题研究中可能存在的某些疏失。这其中除相关研究者自身研究思路及方法所引发的问题外,更大程度上是用作判定《诗》学家派材料及标准本身所引发的更深层次问题。

清人对于三家《诗》的辑佚及考证工作为后世提供了极大便利,然由于胶固师法、家法观念及对《诗》学家派的认定角度不同,清人有关两汉三家《诗》的划分方案并不一致,无法完全以之作为判定相关材料的标准。三家《诗》的家派划分方案直接影响到对有关涉《诗》材料的用字及诗旨的家派认定,进而影响了相关方法的有效性。当然,除了清人有关汉儒三家《诗》家派划分的主观原因外,汉代《诗经》流传与《诗》学流变的实际情形(《诗经》异文及诗本事与《诗》学家派间并非排他性的唯一对应关系)也决定了《诗经》用字及诗本事无法作为判定《诗》学家派的依据。

在此之外,帛书《五行》年代与四家《诗》概念之间的矛盾,以及相关文献用字多歧的状态均促使我们反思相关概念的有效性。从目前所能掌握的材料来看,无论在用字情形还是在文本结构上,战国秦汉的《诗经》都保持了一种连贯的较为自由的流传状态。入汉后,原本作为地域性《诗》学流派的齐、鲁、韩三派先后被纳入官方意识形态,形成三种《诗》学家派从而被政治权力所统整。由此,《诗经》流传大体上形成了一种官方与民间、统一与分化并行的双轨制状态。由于主流史料聚焦于四家《诗》的叙说,导致这一新的概念框架逐渐遮蔽了《诗经》原本的流传生态,进而致使后世学者在重建汉代《诗经》流传及《诗》学家派时以四家《诗》概念涵盖了整个汉代《诗经》流传及《诗》学家派生态,甚至以此作为唯一的学术史论说框架。明了及此,则可知四家《诗》概念框架自有其适用范围及有效性边界,我们不能以之作为不证自明的先验标准和依据来讨论涉《诗》材料及相关学术史问题了。

以上所讨论的判断相关材料《诗》学家派的做法,一定程度上代表了学界在处理相关文献与问题时的某种普遍方法,所有讨论的背后其实牵涉如何对待出土文献与相关传世文献的原则问题。传世文献诚然为考察出土文献提供了不可或缺的基础和条件,然而一旦习惯了依靠基于传世文献的既成认识来审视出土文献及相关问题,便可能遮蔽相关材料本身的复杂性及既有认识本身的问题,从而丧失对既有材料及知识本身进行反思的契机。对于传世文献及基于其上的模型、解释和结论而言,出土文献的价值和作用首先并不在于对这些既有认识的印证和补充,而在于促使我们对既成的认识进行检验和修正。从这一意义上来看,李学勤先生所提出的"重写学术史"课题不仅必要,而且理应作为基于长时段动态的古书成书观的古书成书理论应有之义。

第四章　出土文献与《仪礼》的文本及流传

1959 年 7 月,甘肃省博物馆工作队在武威县磨嘴子六号汉墓中发掘出大量汉代竹、木简,其内容包括九篇《仪礼》和王杖、日忌、杂占等。武威汉简《仪礼》根据性质及抄写风格可分为三个不同的本子,被整理者分别命名为甲本、乙本和丙本。其中甲本为木简,应为422 简,缺失 24 简,实存 398 简,字大简宽,保存最好,包括今本中的七篇:《士相见礼》《服传》《特牲》《少牢》《有司》《燕礼》《泰射》;乙本同为木简,存简 37 枚,字小简窄,仅《服传》一篇;丙本为竹简,存简 37 枚,仅《丧服》一篇,即存经、记而无传。甲、乙、丙三本九篇共存字 27 298 字。汉简《仪礼》多有篇题及编次,篇题分内外,内题位于篇首经文之上,作"某某之礼",外题写于简背(卷外)或经文之前,作"某某第几"。多以小圆点"●"作章句符号,也有用"○"及"▲"者;以"□"或大圆点"●"作为记与经文的分隔标识。①

第一节　武威汉简《仪礼》研究概述

对于《仪礼》郑注今古文的讨论,直接关涉汉简《仪礼》的传本性质,更牵涉《仪礼》的整理及流传情况,所以对此问题应当先行廓清。学界有关讨论大致如下:

陈梦家概主张汉简《仪礼》属今文庆氏本,然陈氏通过比较简文用字与《仪礼》郑注今古文的异同,指出简本文字是超乎今古文异同之外的,且汉简《仪礼》作为抄本,非成于一手,甚至一篇之内抄手各异,故陈梦家认为"文字之异,亦不可以过于认真地以为必

---

① 详参中国科学院考古研究所、甘肃省博物馆编:《武威汉简》,北京:文物出版社,1964 年;张焕君、刁小龙:《武威汉简〈仪礼〉整理与研究》。

是家法"。① 杨天宇也认为汉简《仪礼》为出于今古文系统之外的不同家法的本子。② 陈邦怀对《武威汉简》校记中部分古文、本字、借字的情况进行了辨析。③ 沈文倬据传世文献所记之今古文材料,指出汉简《士相见礼》杂用今古文的情况,认为汉简盖为古文新出,隶定过程渗入今文,故而成今古错杂的状态。④ 史大丰指出武威汉简本《仪礼》存在少量的古文,但以今文为主,认为武威《仪礼》当为郑玄所注今古文系统之外的本子,且由对西汉《仪礼》今古文经的出现及流变脉络的考察认为,西汉晚期的武威汉简本《仪礼》为今文经的可能极大,但也可能受到古文经的影响,这均有待于通过文字学的考察来验证。⑤

王关仕从简本用字习惯及郑注体例入手,认为郑玄注某字为今文或古文,仅限于所注之字,并非全书通篇一例,对其所注不能越篇以求分合。⑥ 高明认为当先廓清今古文之别的性质及其流变情况,才能对所谓今古文问题做出较为确切的判断。高明认为郑玄所见的古文《仪礼》是经今文隶写之本,从字体上已无从区分,以之为古文本,是因郑玄所据底本为刘向编次的别录本。结合武威汉简《仪礼》对郑玄注之经文进行分析后认为,《仪礼》今古文与汉简用字差异主要为假借字、异体字、误字及误句,而经文内容实无差别。《仪礼》只有一个本子,后世之今古文本或大小戴本均源于同一祖本,其间差异为传抄所致。汉代所谓今古文之别,实为本字与假借

① 中国科学院考古研究所、甘肃省博物馆编:《武威汉简》,第50页。
② 参杨天宇:《从汉简本〈仪礼〉看〈仪礼〉在汉代的传本》,《史林》2009年第4期。
③ 陈邦怀:《读武威汉简》,《考古》1965年第11期。
④ 沈文倬:《汉简〈士相见礼〉今古文杂错并用说》,《杭州大学学报(哲社版)》1984年增刊;又收入氏著《宗周礼乐文明考论》,杭州:浙江大学出版社,1999年,第126—129页及《菿暗文存》,北京:商务印书馆,2006年,第272—275页。
⑤ 史大丰:《论武威汉简本〈仪礼〉的今古文问题》,《枣庄学院学报》2010年第4期。
⑥ 王关仕意见转引自张焕军、刁小龙:《武威汉简〈仪礼〉研究四十年综述》,《中国史研究动态》2005年第5期,又见氏著《武威汉简〈仪礼〉整理与研究》序言(代序)。

字的区别。① 不仅传本、汉简《仪礼》情况如此,今本、阜阳汉简《诗经》及今、帛本《周易》均可考见,再加之今古文各家《春秋》经的异文情况,高明先生认为古代经书只是一本,传本抄写有异导致不同版本的形成,各家据之从而形成不同的家派甚至门户。②

　　王葆玹指出应将今古文与今古文经区分开来,认为单从用字之今古文不足以断定经书的今古文性质,因为古文经很可能是经过隶写后用于传授,古文经可能有"今书"或今文写本,而今文经亦可能有古文祖本。所以,区分今古文经的标准应以汉武帝元朔五年为界,此后写定的隶书经书为今文经,在此之外,凡有古文祖本的经书传本,无论隶书或古籀,都可能属于古文经的范围。③ 史杰鹏对《仪礼》今古文的异文情况进行了分类:古今文互相为通假字的关系;今古文因为字误而造成分歧现象;今古文可能各有自己的意义系统,但经文意思并无差别。④ 范常喜通过对郑玄《仪礼》注中的今古文用字情况作详尽研究后认为,《仪礼》郑玄注中的古文多为汉时用字习惯,其所据古文本当为汉时隶写本,郑玄只是将其所见古文本中的异字罗列出来,所以并不能以此判定其他文献的今古文性质,包括以此对出土文献的今古文性质进行判别。⑤ 陈绪波意见与沈文倬、王关仕相同,认为武威汉简《仪礼》底本为古文经本,中间窜入了今文经的内容。⑥ 徐渊经过分析,认为简本《服传》的古隶几乎都来自西汉早期的用字习惯而不是战国时代的遗存,根据简本《服传》的用字习惯将其称为古文本是不合适的。简本《服传》在用字习惯上

①　高明:《据武威汉简谈郑注〈仪礼〉今古文》,《传统文化与现代化》1996年第1期;又见《高明论著选集》,第298—312页。
②　高明:《从出土简帛经书谈汉代的今古文学》,《考古与文物》1997年第6期;又见《高明论著选集》,第313—323页。
③　参王葆玹:《今古文经学新论》第一章第六节"论今文经与古文经应如何区分的问题",北京:中国社会科学出版社,1997年,第57—60页。
④　史杰鹏:《〈仪礼〉今古文差异释例》,《古籍整理研究学刊》1999年第3期。
⑤　范常喜研究详参其博士学位论文《郑玄注"古文"新证》,中山大学博士学位论文,2007年。此博士论文为范常喜先生提供,谨致谢忱。
⑥　陈绪波:《试论武威汉简〈仪礼〉的版本问题———从简本、石经本、今本〈仪礼〉篇题间的关系着眼》,《敦煌研究》2015年第1期。

比今本更接近于西汉初年的出土文献用字习惯,说明简本和今本《服传》可能都是西汉某一《服传》隶书写本的传本,所不同只是含有西汉古隶的多寡而已。① 陈亨敦综合出土材料,全面梳理了《仪礼》郑注今古文内容,发现郑玄所据古今文皆非只一本,包括《仪礼》在内的汉代古今文两系经典文本内部文字多有歧异,《仪礼》郑注的一些古今文异文组合常常在先秦、秦汉出土文献中以互文关系的形式同时出现,《仪礼》郑注今古文中相当一部分应该理解为汉代由于师读的不同、方音的差异等因素产生的共时分歧,并非出于不同时代因用字习惯的变化而产生的各体间具有绝对先后继起关系的递嬗与替代。因此,相关研究不应将《仪礼》今古文从郑玄注中加以剥离。②

综上可见,研究者从不同的角度对《仪礼》今古文问题进行了相关研究,取得了一些共识,如史杰鹏对今古文异文的研究某种程度上可以作为高明对今古文性质判断的佐证;范常喜结合出土材料的研究,为王关仕及高明的主要意见提供了佐证;基于对相同情况的认识,王葆玹进一步提出对今古文与今古文经当分而观之、各划标准的意见等。

第二节 《仪礼》郑玄注收录今古文体例与两汉《仪礼》传授

据上文的梳理可知,学界相关研究所依据的主要材料之一是传世文献所记的今古文用字情况。具体到《仪礼》而言,多数研究者将《仪礼》郑玄注作为今古文的判定标准,然而需要注意的是,郑玄注所标示的今古文自有其体例。对此,有关研究者的意见非常值得重视:如王关仕谓郑玄注某字为今文或古文,仅限于所注之字,并非全书通篇一例,对其所注不能越篇以求分合;范常喜更进一步指出,《仪礼》郑注今古文仅将郑氏所见古文本中的异字罗列,而不能扩展

---

① 徐渊:《论〈丧服〉〈服传〉的成书时代与古今文性质——兼说武威汉简〈仪礼〉的属性》,《中山大学学报(社会科学版)》2023年第6期。
② 陈亨敦:《〈仪礼〉郑注新研——以出土文献为中心》,吉林大学硕士学位论文,2023年。

开来判定其他文献的今古文性质。其实从《仪礼》郑注本身出发也可约略考见郑玄收录今古文的某些体例。① 以下列举两种典型情形进行讨论。

一是《仪礼》郑注今古文例存有矛盾者。

1. "壹"与"一"

《士冠礼》

·宾盥,卒,壹揖,壹让,升。注：古文壹皆作一。

《士相见礼》

·主人答壹拜。注：古文壹为一。

·君答壹拜。注：古文壹作一。

《乡饮酒礼》

·主人壹揖、壹让,升。注：古文一作壹。

《乡射礼》

·壹揖壹让以宾升。注：古文壹皆作一。

《聘礼》

·公壹拜送。注：古文壹作一。

·壹食,再飨。注：古文壹皆为一。

《公食大夫礼》

·卒盥,公壹揖,壹让。注：古文壹皆作一。

·赞者辩取之,壹以授宾。注：古文壹作一。

《少牢馈食礼》

·主人答壹拜。注：古文一为壹。

《有司彻》

·众宾门东,北面,皆答壹拜。注：古文壹为一。

上列"壹"与"一"的郑玄注今古文例中,《士冠礼》《士相见礼》《乡射礼》《聘礼》《公食大夫礼》以及《有司彻》相关内容的郑注同,谓今本的"壹"古文本作"一"。《乡饮酒礼》与《少牢馈食礼》郑注有

---

① 以下所列今古文字例主要据胡承珙《续修四库全书·仪礼古今文疏义》统计,标点方案据《十三经注疏》整理委员会:《十三经注疏·仪礼注疏》,北京:北京大学出版社,1999年。恕不烦注。

关"壹"与"一"的今古文属性恰相反。

2. "枋"与"柄"

《士冠礼》

·加柶面枋。注：今文枋为柄。

《士昏礼》

·皆南枋。注：今文枋作柄。

《少牢馈食礼》

·加二勺于二尊，覆之，南柄。注：古文柄皆为枋。

3. "醴"与"礼"

《士冠礼》

·礼于阼。注：今文礼作醴。

《士昏礼》

·宾入，授，如初礼。注：古文礼为醴。

《聘礼》

·宾拜礼于朝。注：今文礼为醴。

·礼玉束帛、乘皮。注：今文礼皆作醴。

《聘礼·记》

·礼不拜至。注：今文礼为醴。

·不礼。注：古文礼作醴。

上列字例中尤可注意的是，《聘礼·记》同篇内容，郑注"醴"与"礼"的今古文属性相反。

4. "並"与"併"

《士昏礼》

·並南上。注：今文並当为併。

《聘礼》

·皆二以並。注：今文並皆为併。

《公食大夫礼》

·宰夫设黍稷六簋于俎西，二以並。注：並，併也，今文曰併。

·以並北陈。注：今文並作併。

《士丧礼》

·士盥二人以並。注：今文並为併。

《少牢馈食礼》

·皆二骨以並。注：今文並皆为併。

《有司彻》

·雍人合执二俎，陈于羊俎西，並，皆西缩。注：古文並皆作併。

5."赐"与"锡"

《燕礼》

·宾所执脯，以赐钟人于门内霤，遂出。注：古文赐作锡。

《觐礼》

·天子赐舍。注：今文赐皆作锡。

6."席"与"筵"

《大射》

·宾升就席。注：今文席为筵。

《士虞礼·记》

·犹出几席设如初。注：古文席为筵。

7."帅"与"率"

《聘礼》

·使者朝服，帅众介夕。注：古文帅皆作率。

·帅大夫以入。注：古文帅为率。

《觐礼》

·伯父帅乃初事。注：古文帅作率。"古文"毛本作"今文"。

8."缫"与"璪"

《聘礼》

·贾人西面坐启椟，取圭垂缫。注：今文缫作璪。

《聘礼·记》

·圭与缫皆九寸。注：古文缫或作藻，今文作璪。

《觐礼》

·乃朝以瑞玉，有缫。注：今文……缫或为璪。

·奠圭于繅上。注：古文繅作璪。

上列字例中值得注意的是，《觐礼》同篇内容郑注"繅"与"璪"的今古文属性相反。

9. "飧"与"乡"

《聘礼》

·壹食再飧。注：今文飧皆为乡。

《公食大夫礼》

·设洗如飧。注：古文飧或作乡。

·皆如飧拜。注：古文飧或作乡。

10. "堕""挼""绥""妥"

《士虞礼》

·祝命佐食堕祭。注：今文堕为绥。《特牲》《少牢》或为羞，失古正矣。齐、鲁之间，谓祭为堕。

《士虞礼·记》

·不绥祭。注：绥当为堕。

《特牲馈食礼》

·祝命挼祭。注：《士虞礼》古文曰："祝命佐食堕祭。"《周礼》曰："既祭，则藏其堕。"堕与挼读同耳。今文改挼皆为绥，古文此皆为挼，祭也。

·主人拜受角，尸拜送。主人退，佐食授挼祭。注：妥亦当为挼。……今文或皆改妥作挼。

《少牢馈食礼》

·上佐食以绥祭。注：绥，或作挼。挼读为堕。……古文堕为肵。

·上佐食绥祭。主妇西面于主人之北受祭，祭之。其绥祭如主人之礼。注：绥亦当作挼，古文为肵。

《有司彻》

·其绥祭。注：绥皆当作挼，挼读为"藏其堕"之堕。古文为撌。

上列字例中值得注意的是，所记内容中不仅"挼"与"绥"的今古文属性矛盾，而且"绥"字的古文本方案或为"肵"、或为"撌"，不止一种。

11."醑"与"酌"

《士虞礼》

·主人洗废爵,酌酒醑尸。注:古文醑作酌。

《特牲馈食礼》

·酌醑尸。注:今文醑皆为酌。

《少牢馈食礼》

·乃醑尸。注:古文醑作酌。

12."醋"与"酢"

《特牲馈食礼》

·祝酌授尸,尸以醋主人。注:古文醋作酢。

《有司彻》

·尸以醋主妇。注:今文醋曰酢。胡承珙:各本俱作曰酌,惟毛本作曰酢,今从之。

13."切"与"刌"

《特牲馈食礼》

·刌肺三。注:今文刌为切。

《少牢馈食礼》

·心皆安下切上。注:今文切皆为刌。

从以上字例可见,《仪礼》郑注所收今古文字例多有前后矛盾处,且有些字例所对应的古文方案不止一种。其实从这些字例情形约略可知,郑注所谓今古文字例很大程度上只是今古文本所记的内容差异,而并非严格文字学意义上的今文与古文的用字差异。这从下文所论《仪礼》郑注今古文例的第二类情形更易体认。需要进一步说明的是,除了上述《仪礼》郑注今古文的矛盾情形外,结合出土材料可知,《仪礼》郑注的一些所谓"古文"字例也并非纯然的战国文字之"古文",其中不少实为汉代的用字情形。对此,范常喜先生有较为专门的研究。① 现略举有代表性的字例如下:

---

① 范常喜:《郑玄注"古文"新证》,中山大学博士学位论文,2007年,第一章第一节"《仪礼》郑注'古文'新证"。

　　第一例:"醴"与"礼"。从西周金文到战国楚简中,"礼"一般作"豊",如麦方尊"王乘于舟为大豊";何尊"武王豊福自天";中山王礜壶"不用豊宜";《郭店楚简·缁衣》"齐之以豊";《上博二·民之父母》"豊之所至者";汉代镜铭也可见"礼"作"醴":食玉英,饮礼(醴)泉。"醴"较早见于周代金文,秦汉简中承用,但似未见用作"礼"之例。①

　　第二例:"枋"与"柄"。"枋"较早见于战国金文,用作"方",如姧蚉壶"枋(方)数百里"。秦汉简中用"秉"为"柄",似不用"枋"为之,汉简中用"棅"为"柄",汉代简帛材料中可用"枋"为"柄",故古文作"枋"极有可能是汉代用字习惯。②

　　第三例:"绥"与"妥"。西周到春秋时期金文中多用"妥"为"绥",如宁簋盖"用妥(绥)多福";郑井叔钟"用妥(绥)宾"。"绥"较早见于战国楚简,意为登车时援手的绳索,与汉时习用的"安抚"意不同,如《包山楚简》之"组绥"。以此推测,郑注古文作"绥"很可能为汉代用字习惯。③

　　第四例:"赐"与"锡"。用"锡"为"赐"始于西周金文,但比较少见,汉代多承之,如生史簋"白(伯)锡(赐)赏";《汉碑·景君碑》"玺追嘉锡,据北海相";《居延新简》"明诏捕虏购赏封锡,捕虏斩首有功者候长"。此外,《上博三·周易》"上九:或赐之绊繻",帛书本作"尚九:或赐之般带",今本作"上九:或锡之鞶带"。由此可见,此处古文与西周及汉时用字实际相合,若从汉时较常用"锡"为"赐"来推测,古文作"锡"极可能也是汉时情形。④

　　第五例:"飨"与"乡"。以出土材料字例视之,古文作"乡"符合战国秦汉时用字习惯,而"飨"属晚出之字,古文或作"飨"当非战国用字情况。⑤

　　第六例:"醋"与"酢"。"酢"较早见于春秋晚期金文,不过只是

① 范常喜:《郑玄注"古文"新证》,第9—10页。
② 范常喜:《郑玄注"古文"新证》,第10—11页。
③ 范常喜:《郑玄注"古文"新证》,第15—16页。
④ 范常喜:《郑玄注"古文"新证》,第20页。
⑤ 具体可参范常喜:《郑玄注"古文"新证》,第22—23页。

用为"作"。秦简及秦瓦书中可用"酢"为"诈""瘥""胙",如《睡虎地秦简·秦律十八种》"百姓不当老,至老时不用请,敢为酢(诈)伪者,赀二甲";秦封宗邑瓦书"四年,周天子使卿夫(大夫)辰来致文武之酢(胙)"。汉代文字材料中"酢"字亦较为常见,且可用作"醋",如《居延新简》E.P.T40：75B："□□祠烝享酢书写记□□门下。"《武威汉代医简》"凡四物皆冶合,和以方寸寸〈匕〉,酢浆饮之,日再夜一良甚,勿传也",整理者注："'酢',《玉篇》：'酸也。'即醋的本字。古代称醋为酢浆。一谓酸酒。"汉碑中"酢"正用作"酬酢"之义,如《汉碑集释·孔宙碑》："会《鹿鸣》于乐崩,复长幼于酬酢,□□□稔。"此外,汉初帛书中亦用"渍"为"酢",如《马王堆汉墓帛书·养生方》："取嬴四斗,以渍(酢)㵕(㸒)渍二日。"从现有材料来看,古文作"酢"有可能与战国文字相合,也有可能是秦汉文字情况,如果从汉碑中用"酢"的情况来推测,古文作"酢"极可能是汉时用字习惯。①

　　二是《仪礼》郑注今古文内容衍字、缺字、字序不同的情形。《仪礼》郑注今古文除录今古文用字情况外,还收录了今古文本之间衍字、缺字、字序不同的字例。略如：

《士冠礼》

·宾对曰某敢不夙兴。注：今文无对。

《士冠礼·记》

·冠而字之。注：今文无之。

《士昏礼》

·妇赞成祭。注：今文无成也。

《士昏礼·记》

·又弗能教。注：今文弗为不无能字。

·请终赐见。注：今文无终赐。

·某得以为昏姻之故。注：古文曰外昏姻。

《士相见礼》

·某将走见。注：今文无走。

---

① 范常喜：《郑玄注"古文"新证》,第31页。

· 某不敢为仪，固请吾子之就家也。注：古文云固以请也。

· 某也固辞不得命，将走见。注：古文曰某将走见。

· 宾对曰某也不依于挚不敢见。注：今文无也。

· 若君赐之爵。注：今文曰若赐之爵无君也。

· 容弥蹙以为仪。注：今文无容。

· 执玉者。注：今文无者。

《乡饮酒礼》

· 宾厌介，入门左。介厌众宾，入。众宾皆入门左。注：又曰众宾皆入左，无门。

· 坐奠爵于篚下，盥洗。注：今文无奠。

· 主人介右北面拜送爵。注：今文无北面。

· 众受酬者受自左。注：今文无众、酬者。

· 其笙则献诸西阶上。注：古文无上。

《乡射礼》

· 主人坐取爵于上篚，以降。宾降，主人阼阶前西面，坐奠爵，兴，辞降。注：今文无阼阶。

· 司正实觯，降自西阶。中庭北面，坐奠觯，兴。退，少立。注：古文曰少退立。

从上述所列《仪礼》郑注今古文的内容情形，更可见其性质：今古文本所记的内容差异，并非严格文字学意义上的今文与古文的用字差异。陈亨敦通过全面爬梳《仪礼》郑注今古文内容，发现一些古今文异文组合常常在先秦、秦汉出土文献中以互文关系的形式同时出现。这种现象表明，郑注所列举的古今文相当一部分应该理解为汉代由于师读的不同、方音的差异等因素而产生的共时分歧，并非出于不同时代因用字习惯的变化而产生的各体间具有绝对先后继起关系的递嬗与替代。这与范常喜的讨论基本一致。陈亨敦指出《仪礼》郑注今古文异文的古今文文本系统归属并不固定，且某些情况下古今文内部又各有歧异，这便是上文所列《仪礼》郑注今古文字例所反映的情形。有鉴于此，陈亨敦认为《仪礼》郑注今古文不应脱离这一具体文本环境作为判定其他材料今古文用字的标准。

在这一点上,学界其实已达成了一定程度的共识。如范常喜认为郑玄注《仪礼》时仅将所见古文本中的异字罗列出来,郑氏所据"古文"本当为按汉人用字习惯而以汉隶转写的本子,因此范常喜指出不能将《仪礼》郑注今古文扩展开来判定其他文献今古文性质。王关仕的意见与此大体一致,他指出郑玄注某字为今文或古文仅限于所注之字,并非全书通篇一例,对其所注不能越篇以求分合。这不仅对于武威汉简《仪礼》的今古文性质判定有重要意义,对根据郑玄注所记今古文例讨论其他材料的今古文性质同样具有非常重要的意义。

第三节　武威汉简《仪礼》性质与
《仪礼》流传

以上讨论了《仪礼》郑注的今古文情形,可知这与郑玄当时所据文本密切相关。郑玄注《仪礼》依据的所谓今古文本的情形大致可以推知。西汉今文《仪礼》的传授情形于史有记。

《史记·儒林传》:

诸学者多言《礼》,而鲁高堂生最本。《礼》固自孔子时而其经不具,及至秦焚书,书散亡益多,于今独有《士礼》,高堂生能言之。

而鲁徐生善为容。孝文帝时,徐生以容为礼官大夫。传子至孙徐延、徐襄。襄,其天姿善为容,不能通《礼经》;延颇能,未善也。襄以容为汉礼官大夫,至广陵内史。延及徐氏弟子公户满意、桓生、单次,皆尝为汉礼官大夫。而瑕丘萧奋以《礼》为淮阳太守。是后能言礼为容者,由徐氏焉。①

《汉书·儒林传》接续《史记》之授受谱系云:

孟卿,东海人也。事萧奋,以授后仓、鲁闾丘卿。仓说《礼》数万言,号曰《后氏曲台记》,授沛闻人通汉子方、梁戴德延君、戴圣次君、沛庆普孝公。孝公为东平太傅。德号大戴,为信都太傅;圣号小戴,

---

① 司马迁:《史记》,北京:中华书局,1982年,第3126页。

以博士论石渠,至九江太守。由是《礼》有大戴、小戴、庆氏之学。通汉以太子舍人论石渠,至中山中尉。普授鲁夏侯敬,又传族子咸,为豫章太守。大戴授琅邪徐良斿卿,为博士、州牧、郡守,家世传业。小戴授梁人桥仁季卿、杨荣子孙。仁为大鸿胪,家世传业,荣琅邪太守。由是大戴有徐氏,小戴有桥、杨氏之学。①

虽则汉兴至于文帝间的《仪礼》授受谱系不明,然据《史记》《汉书》所载,汉宣帝时立于学官的大、小戴及庆氏之学均源自高堂生。即便同出一氏,大、小戴氏经本之编次尚不一致。② 延及东汉,大、小戴氏两家衰微,庆氏独盛。郑玄注《仪礼》所据今文本当在此范围中,由郑注"今文作某,或作某"例,可知郑氏注《仪礼》所据今文本当不限于一家。

《后汉书·儒林传》谓郑玄"本习《小戴礼》,后以古经校之,取其义长者,故为郑氏学"。③ 汉时所谓《仪礼》古文经有淹中本、孔壁本及河间本。关于前二种本子,《汉志》云"《礼古经》者,出于鲁淹中及孔氏,与十七篇文相似,多三十九篇";④ 又"武帝末,鲁共王坏孔子宅,欲以广其宫,而得《古文尚书》及《礼记》《论语》《孝经》凡数十篇,皆古字也",⑤《汉书·刘歆传》所录其"移书让太常博士"亦云:"及鲁恭王坏孔子宅,欲以为宫,而得古文于坏壁之中,《逸礼》有三十九,《书》十六篇。天汉之后,孔安国献之,遭巫蛊仓卒之难,未及施行。"⑥关于河间本《仪礼》,据《汉书·景十三王传》"河间献王德……修学好古,……从民得善书,必为好写与之,留其真,……故得书多,与汉朝等。……献王所得书皆古文先秦旧书,《周官》《尚书》《礼》《礼记》《孟子》《老子》之属"云。⑦ 河间献王传国五代至其嗣元时国除,其后五年,为成帝建始元年,故河间之国直至汉元帝建

---

① 班固:《汉书》,北京:中华书局,1962年,第3615页。
② 可详参杨天宇:《仪礼译注》前言,上海:上海古籍出版社,2004年,第14—16页。
③ 范晔:《后汉书》,北京:中华书局,1965年,第2577页。
④ 班固:《汉书》,第1710页。
⑤ 班固:《汉书》,第1706页。
⑥ 班固:《汉书》,第1969页。
⑦ 班固:《汉书》,第2410页。

昭中一直传承有序,堪称太平,且献王德收先秦古文旧书而将写定之本归之于民,其中古文《仪礼》当有一定程度的流传。孔壁中书献上后盖藏于秘府,至西汉末才有刘歆立于学官之议,且其中《逸礼》似未传于世。由此盖可推知,孔壁中书因藏于秘府而鲜于流通,故汉时古文不必为孔壁中书,①则河间献王所搜集之书也不必即为孔壁本或淹中本,很有可能为另一传本。又据郑玄注《仪礼》有"古文某或作某"之例,可知东汉末郑氏所据古文本亦非限于一种。

　　基于以上分析可知,自汉初至郑玄注《仪礼》之时,流传于世的《仪礼》有若干种传本,这些传本大致可分为今古文本两大系统。从以上对《仪礼》郑注今古文例情况的考察可知,郑玄所据之古文本实当为转写后的隶写本,从字体上当与汉时所谓今文本无实质性分别,其间差别可能仅在于"含有西汉古隶的多寡而已",②实际上这与王国维"汉时古文经、传盖已有转写本"的推测相合。③ 高明先生认为汉时所谓《仪礼》今古文本在字体上当无分别,其间不同之处多为篇章排序、用字及语序差别,④这种意见略加修正,谓汉时所谓《仪礼》今古文本在用字上无实质性差别,其间差异主要在于篇章排序及语序,如此则大体符合汉代《仪礼》传本的情形,也为讨论武威汉简《仪礼》的文本性质提供了较为清晰的参考标准。

　　武威汉简《仪礼》无论从篇名、章次还是相关内容等方面均有不同于郑玄所据之今古文本的情形,⑤当为郑玄所据的今古文本之外的另一种传本。又汉简《仪礼》有甲、乙、丙三本,其形制、题制及书

<hr>

①　王国维《汉时古文诸经有转写本说》以汉时古文盖皆为孔壁中书本。王国维文参谢维扬、房鑫亮编:《王国维全集》第八卷《观堂集林·汉时古文诸经有转写本说》,浙江教育出版社暨广东教育出版社,2009 年,第 212—214页。以下引王国维语皆据此《全集》本,或不详注。

②　徐渊:《论〈丧服〉〈服传〉的成书时代与古今文性质——兼说武威汉简〈仪礼〉的属性》,《中山大学学报(社会科学版)》2023 年第 6 期。

③　《王国维全集》第八卷,第 213 页。

④　具体差异情况可参高明:《据武威汉简谈郑注〈仪礼〉今古文》,《传统文化与现代化》1996 年第 1 期,又收入《高明论著选集》,第 298—312 页。

⑤　具体可参《武威汉简》,北京:文物出版社,1964 年,第 40—46 页,或高明:《据武威汉简谈郑注〈仪礼〉今古文》,《高明论著选集》,第 300—306 页。

写风格各异,至少分属两种不同的传本,这说明汉代《仪礼》在已知的今古文传本系统之外尚有不同形态的别本流传。① 以上所列举的汉代《仪礼》传本仅为已知的部分,此外更有各具形态的传本存在。汉代《仪礼》传本的复杂情态当不难想象。② 实际上,《仪礼》流传的这种复杂情形并不罕见,如上文讨论的汉代《周易》《系辞》《诗经》以及下文所论汉代《老子》流传等皆呈现出同样的情形。这其实是先秦秦汉古书流传的普遍情形。

通过以上对于《仪礼》郑注今古文问题的讨论,武威汉简《仪礼》的传本性质大致可以确定,且由此可以想见汉代《仪礼》传本的复杂面貌,然汉代之前的《仪礼》流传情况如何,是一个值得深究的问题。高明先生认为汉时《仪礼》今古文差别实质为同一经本的不同传本,其源均为同一祖本,③此说似可讨论。

今本《仪礼》十七篇的构成,除经文之外,经后尚接记文。④ 记在经文篇末出现的时间,至迟当在西汉末期已然如此,⑤当然还有可能更早。因为自西汉末开始不少记已同经区别开来,在此之前则经、记

---

① 参杨天宇:《从汉简本〈仪礼〉看〈仪礼〉在汉代的传本》,《史林》2009 年第 4 期。且此种别本流传当有一定的影响,参邢文:《楚简〈缁衣〉与先秦礼学》,《郭店楚简国际学术研讨会论文集》,武汉:湖北人民出版社,2000 年,第 160—162 页。杨先生认为其为今古文系统外不同"家法"的本子。又,《仪礼》在汉代传本复杂的情据文献记载已然可见端倪:王充《论衡·正说》云"至孝宣皇帝之时,河内女子发老屋,得逸《易》《礼》《尚书》各一篇",《谢短》篇又云:"宣帝时,河内女子坏老屋,得佚《礼》一篇,六十〈十六〉篇中是何篇是者?"又荀悦《汉纪》引刘向语云:"《礼》始于鲁高堂生传《士礼》十八篇,多不备。"《礼古经》之篇数,《汉志》及《汉书》刘歆本传所录"移书让太常博士"均为《礼》十七加《逸礼》三十九而为五十六篇,而《礼记·奔丧》孔疏引《汉志》及《六艺论》均记为五十七篇,这些很可能并非单纯的载记抵牾,当反映了不同的传本形态,这也符合古书篇章单行及多有分合的流传通例。
② 类似意见可参杨天宇:《从汉简本〈仪礼〉看〈仪礼〉在汉代的传本》,《史林》2009 年第 4 期。
③ 高明:《高明论著选集》,第 308 页。
④ 今本十七篇中,士相见礼、大射、士丧礼、少牢馈食礼、有司彻五篇无记,其他十二篇皆有记。
⑤ 田中利明:《仪礼中"记"的问题——关于武威汉简》,张焕君、刁小龙:《武威汉简〈仪礼〉整理与研究》,第 344 页。

不分而均以经统称之。然自西汉末经、记开始区分,则说明此前记与经文应是存有某种区别的,①虽不像后世以"记"明确地标示,然而时人当皆知何为经、何为记,正因于此,其后才可能将经、记区别开来。目前所知最早的引《仪礼》记文的时间为宣帝甘露三年(公元前 51 年)石渠之议引"经云宗子孤为殇"在现今《丧服》之记中,②由此当可说明此时《丧服》记已附于经文之后,《丧服》篇如此,则《仪礼》其他篇的情况当略可想见。如此,则至迟在西汉宣帝甘露三年之前,《仪礼》记文已附于经文之后。当然,记虽与经接连而行,然其与经文自可区分;记同时也统称为经,则说明记具有同于经的地位。考虑到虽然汉时《仪礼》文本迭出,均未见有记文单行的记载,③且对于先圣之书汉人当不至径为改动原貌,④故记文应非出汉人之手,且记接于经亦当非始自汉代而应始自先秦。⑤

沈文倬认为记与经不是前后撰作的两种书,而是同一种书的两个部分,⑥这个意见似嫌笼统。因为《仪礼》记文除了与经文联系密切且性质略同者外,还有逻辑不甚严密且与经文联系不甚密切者,故日本学者田中利明分作直接与间接的记的做法更值得重视,⑦且其认为这

---

① 武威汉简《仪礼》中记往往另起一简且记文之前有符号标记,《燕礼》还单独合计记文,由此可以想见此前经、记的流传情态。
② 中国科学院考古研究所、甘肃省博物馆编:《武威汉简》,北京:文物出版社,1964 年,第 30 页;又详见田中利明:《仪礼中"记"的问题——关于武威汉简》,张焕君、刁小龙:《武威汉简〈仪礼〉整理与研究》,第 343 页。
③ 即便汉简两篇《服传》也是有经有记。
④ 起码汉人认为《礼》为孔子所作,参《史记》诸相关记载即可想见;此处改动原貌盖指改动古书结构,如若记与经单行而将记接于经后之类,不包括对古书进行隶写的行为。
⑤ 田中利明谓口诵流传的内容和书写记述的内容在汉初合在一起,然其并不确定,又谓此或者是在比汉初更早的某个时间。田中氏的论述有矛盾之处,其认为某些间接之记当早已混入经文,若如此,则间接的记不可能迟至汉代才与其他内容合编。
⑥ 参沈文倬:《略论礼典的实行和〈仪礼〉书本的撰作》,《宗周礼乐文明考论》,第 33 页。
⑦ 田中氏将那些不用叙述时人也能够知晓而被省略的内容,和因为口耳相传而在经文中并没有添加进去的内容,也即都同经文有着密切的联系的记称为直接的记,而将那些同经文无直接因果联系的内容称为间接的记,参《武威汉简〈仪礼〉整理与研究》,第 346 页。

两种记文书于竹帛并被冠以经的名称的过程并非一蹴而就而是渐次进行的意见更加合理。总之,今本《仪礼》记文部分成形(包括文本形成及附于经后)较早,且这个过程并非一次完成而是渐次进行的。

以上讨论了《仪礼》记文的成书过程,而《仪礼》主体部分为经文,其成书过程当与记文的情形大致类似,也非成于一人一时,而是渐次成书。今本《仪礼》仅存十七篇,远非先秦古本全貌,古本《仪礼》当为孔子后学陆续编撰而成的。① 只有对《仪礼》成书作如是观,才能理解为何汉简《仪礼》编次与大、小戴氏及郑玄(刘向《别录》本)不同,为何多有"逸礼"之篇出于老屋或存于《礼记》及其他古书之中。② 由此,高明先生认为先秦《仪礼》仅为一书的意见似不甚准确。基于以上分析,我们更倾向于将先秦《仪礼》文本形态视作一个文本系统。这个文本系统当中应该既包括某些逻辑关系相对严密、文本形态相对完备的文本,也包含逻辑关系相对松散、呈现出更多材料聚合状态、在文本形态上较为原始的文本,不同的文本其内容元素的组合排列情形当有所差异,③但这些排列组合当非出于随机,而是遵循特定的逻辑,如历史的逻辑——这里指示一种承自更早期历史文本的情形,如与早期的某些历史文本有承继关系及被特定人物或学派整理,比如《仪礼》的某些内容元素当承自西周之礼"籍",或如《礼记·杂记下》所记的《士丧礼》可能经过孔子的整理,④这就决定了某些内容元素的逻辑关系;再如事理的逻辑——这

① 参沈文倬:《略论礼典的实行和〈仪礼〉书本的撰作》,《宗周礼乐文明考论》,第1—54页。沈氏所推定的《仪礼》成书年代可据,对此可参王辉:《从考古材料与古文字的角度看〈仪礼〉的成书年代》,《传统文化与现代化》1999年第1期。
② 当然,河内女子发老屋所得礼篇不排除出于整书之残余,然其既然藏于壁中,似当藏整书,略如孔壁中书之篇幅,此所发为单篇,则更可能是《仪礼》单篇别行,反映出《仪礼》纂集而成的成书形态。其他礼篇散见情形可参徐刚:《古文源流考》,北京:北京大学出版社,2008年,第84—89页;王锷:《〈礼记〉成书考》,北京:中华书局,2007年。
③ 这与田中利明对直接之记与间接之记的理解有异曲同工之处。
④ 参杨天宇:《仪礼译注》前言,上海:上海古籍出版社,2004年,第2—8页。

里指事物事理本身的发生、发展规律,如礼典实施过程中具体的揖让周旋的顺序、程式等,这也可以决定相关内容元素的排列顺序及方式。当然,对于《仪礼》文本系统的这种推测,有待出土文献提供更多的证据。

　　本部分讨论略可总结如下：首先,《仪礼》郑注今古文当非全依用字之今古收录,而仅罗列郑氏所据的今古文经本的用字差异,《仪礼》郑注今古文仅限于所注之字,并非全书通篇一例,不能以之越篇以求分合,也不应将其扩展开来而判定其他文献今古文性质；其次,武威汉简《仪礼》是汉代今古文系统之外的传本,相关文献记载并不详尽,且由汉简《仪礼》的文本形态大略可见汉代《仪礼》流传的复杂面貌；由此,略可推想先秦古本《仪礼》的流传形态(《仪礼》文本系统)及成书过程(非成于一时一手而是渐次成书)。

第五章 出土文献与《老子》的
文本及流传

第一节 简帛《老子》文献概述

有关《老子》的出土文献最为丰富。截至目前,我们可以看到的简帛《老子》文本共有四种,分别为郭店楚简《老子》,马王堆帛书《老子》甲、乙本,北大汉简《老子》。

郭店简《老子》1993 年冬出土于湖北省荆门市郭店一号楚墓,依竹简形制可分为三组:甲组共有竹简 39 枚,竹简两端修削为梯形,简长 32.3 厘米,有两道编绳,编绳间距 13 厘米,其内容包括今本《老子》的第十九章、六十六章、四十六章中段和下段、三十章上段和中段、十五章、六十四章下段、三十七章、六十三章、二章、三十二章;二十五章、五章中段;十六章上段、六十四章上段、五十六章、五十七章;五十五章、四十四章、四十章、九章,以钩形符号为分篇符号,墨丁为分章符号,短横(偶用墨丁)为句读符号;乙组存 18 枚简,竹简两端平齐,简长 30.6 厘米,有两道编绳,编绳间距 13 厘米,包括今本《老子》的第五十九章、四十八章上段、二十章上段;十三章、四十一章、五十二章中段、四十五章、五十四章,有墨丁分章符及短横句读符;丙组存 14 枚简,竹简两端平齐,简长 26.5 厘米,有两道编绳,编绳间距 10.8 厘米,包括今本《老子》的第十七章、十八章;三十五章、三十一章中段和下段;六十四章下段,有墨丁分章符及短横句读符。郭店简《老子》现存 2 046 字,约为今本的五分之二,由于墓葬数次被盗,郭店楚简出土时业已散乱、残损,虽然依据竹简形制、抄手书体和简文文意进行了分篇、系联,但已无法完全恢复简册原状,也无法精确估计郭店简《老子》的原有数量。郭店简《老子》无书题,各篇也均无篇题。郭店一号楚墓年代为战国中期偏晚,郭店简《老子》的年代下限当略早于此,是迄今为止所见年代最早的《老子》传抄本。①

马王堆帛书《老子》1973 年出土于湖南长沙马王堆三号汉墓，共有两种文本，原整理者将字体较古的一种称为甲本，另一种称为乙本。《老子》甲本与《五行》《九主》等四篇佚书合抄在一长条半幅宽（约 24 厘米）的帛上，以一片条形木片为轴卷成一卷。此卷朱丝栏墨书，不避汉高祖刘邦讳，字体为类似秦代隶书的早期古隶，当抄写于汉初高祖之世。《老子》甲本抄写在此卷帛书最前，共抄了 169行，每行字数多为 32 字左右，原有总字数当在 5 400 上下。《老子》乙本与《经法》《十六经》等四篇佚书合抄在一张全幅的帛上，折叠成约 16 开大小的形式，同样为朱丝栏墨书，避汉高祖讳，字体为较晚的古隶，抄写年代可能在文帝时期，下限为所在墓葬年代文帝前元十二年。《老子》乙本抄于本件帛书的最后，共抄了 78 行，每行多为 70余字，据篇末自记，总字数当为 5 467。帛书《老子》甲乙本均分两篇，其中甲本各篇首有小圆墨点标志（上篇残损），乙本篇首有方形墨块标志（下篇残损），各篇末记有篇题及字数，甲乙本均为《德》篇在前《道》篇在后。甲本上篇部分段落前有小圆点，似可视为分章符号，然而数量不多，大多数段落前无此符号，下篇仅章首有此符号；乙本无分章符号。从帛书《老子》甲本可以发现，其与今本分章有所差异；在章序上，帛书《老子》甲乙本相同，与今本相较，有三处不同。②

北大汉简《老子》是 2009 年北京大学所接受的海外西汉竹简中的一种，现存完整竹简 176 枚，残断竹简 105 枚，经拼缀后共有完整及接近完整的竹简 210 枚。完整竹简长 31.9—32.2 厘米（以 32.1 厘米者最多），宽 0.8—0.9 厘米，三道编绳，有契口。一般每支简 28字，文字书体清秀飘逸，与成熟汉隶接近，抄写精审，基本不见衍文、漏字，错字也很少，堪称"善本"。其抄写年代有可能在武帝前期，不太可能早到景帝。汉简《老子》分上下两篇，第 2 号和 124 号简的简

---

① 详情参荆门市博物馆：《郭店楚墓竹简》，北京：文物出版社，1998 年；李零：《郭店楚简校读记（增订本）》，北京：中国人民大学出版社，2007 年。

② 详情参湖南省博物馆、复旦大学出土文献与古文字研究中心编纂，裘锡圭主编：《长沙马王堆汉墓简帛集成（肆）》，北京：中华书局，2014 年，第 1 页有关帛书《老子》的说明。

背上分别题写有"老子上经"和"老子下经"的篇名,德篇在前,道篇在后。汉简《老子》共分77章,上篇44章,与传世本德篇相同,下篇33章,较传世本道篇少4章,与传世本分章差异有7处。汉简《老子》每章均另起一简抄写,不利于章序复原,整理者根据简背划痕判断,汉简《老子》章序当与传世本基本一致。①

第二节　从出土文献看战国
《老子》文本及流传

（一）郭店楚简与战国《老子》文本与流传

有关先秦《老子》文本及流传,目前可依据的材料有先秦诸书称引、化用《老子》文句以及出土的郭店楚简《老子》。前者较为零散,而郭店楚简《老子》为最早的《老子》文本,对于考察先秦《老子》文本及流传情形提供了非常有价值的依据。然而郭店楚简《老子》分甲乙丙三组,每组篇幅不大,三组竹简的内容仅为今本《老子》的三分之一。② 郭店楚简《老子》是否为足本? 若不是足本,则竹简本是摘抄、选辑还是分篇别行? 这些文本性质问题颇引讨论。

首先来看竹简《老子》是否为足本的讨论。认为竹简《老子》为足本的主要有崔仁义、尹振环和刘荣贤,而认为竹简《老子》非足本的学者较众,主要有裘锡圭、王博、丁四新、彭浩、宁镇疆等。在认为竹简《老子》非足本的学者中,裘锡圭、王博认为竹简《老子》为摘抄本,彭浩、丁四新、聂中庆、宁镇疆认为竹简《老子》反映了其时《老子》文本的原貌。③ 认为郭店楚简《老子》代表了当时《老子》足本的

---

① 北大汉简《老子》情形参北京大学出土文献研究所:《北京大学藏西汉竹书（贰）》,上海:上海古籍出版社,2012年。

② 《郭店楚墓竹简》前言中所谓简本为今本的五分之二,是将《太一生水》计入的结果,若去除《太一生水》及《老子》甲、丙组重复的相当于今本64章后半部分的内容,则简本内容大致相当于今本的三分之一。裘锡圭:《郭店楚简〈老子〉初探》,《道家文化研究》第十七辑,北京:三联书店,1999年。

③ 学界有关郭店楚简《老子》性质的讨论可详参宁镇疆:《〈老子〉"早期传本"结构及其流变研究》,上海:学林出版社,2006年,第38—47页。宁镇疆对郭店楚简《老子》性质的分析参第64—81页。

意见面临的最大挑战在于先秦著书中引用的《老子》文句多溢出郭店楚简《老子》,如《庄子》对《老子》的称引化用及《战国策》所引用的《老子》文句;①此外还有文字学上的证据,如《古文四声韵》中所录《老子》古文写法与楚帛书、望山楚简、曾侯乙墓材料相近而不见于郭店简《老子》。② 绝大多数研究者认为郭店楚简《老子》非其时《老子》足本,或认为郭店楚简《老子》出于"摘抄",或认为郭店楚简《老子》反映了其时《老子》文本的原貌。对于"摘抄说",已有学者进行了深入的分析和讨论。③ 学界相关讨论已足资说明郭店楚简《老子》甲乙丙组反映了其时《老子》的文本原貌,郭店楚简《老子》是当时《老子》分篇别行的体现。

对于郭店楚简《老子》甲乙丙组的性质也有值得讨论之处。其中甲组存简 39 支,现存 1 073 字,竹简内容涉及今本《老子》共 20 章,乙组存简 18 支,现存 377 字,内容涉及今本共 8 章。值得注意的是,甲、乙两组竹简的《老子》没有重复内容,也就是说,甲组和乙组所涉今本《老子》章节没有重复的情况。与此对比,丙组 14 支简,现存 268 字,然而其中有与甲组重复的内容(丙组 11—14 号简相当于今本 64 章后半部分,同样内容见于甲组 10—13 号简)。如此来看甲组和乙组没有重复内容的情形,与其说出于巧合,毋宁说两者可能本为一编。虽然甲组和乙组的竹简长度不同(32.3 厘米和 30.6 厘米),形制也不一致(简端梯形和简端平齐),然而两者编绳间距均为 13 厘米,且甲乙两组抄写风格相近,因此有学者认为两者本为一编。丙组内容较少,然其单独成篇的情形无疑反映了当时《老子》还处在篇章分合较为自由、篇制尚未定型的阶段。此外,从文本结构和文句内容上也能看出其时《老子》文本流传较为自由的情形。

首先,从文本结构来看,甲组相当于今本第六十四章后半部分的内容,其前相当于今本第十五章,其后相当于今本第三十七章;丙

---

① 详细情形可参丁四新:《郭店楚墓竹简思想研究》,北京:东方出版社,2000 年,第 20—39 页。

② 详细情形可参宁镇疆:《〈老子〉"早期传本"结构及其流变研究》,第 65—66 页。

③ 宁镇疆:《〈老子〉"早期传本"结构及其流变研究》,第 70—77 页。

组今本第六十四章后半部分处于末尾,前接今本第三十一章。两者在前后内容衔接上为完全不同的方案,没有任何相似之处。

其次,从文句内容来看,郭店简《老子》甲组与丙组均有相当于今本第六十四章后半的部分,然而两者内容存在差异:

> 甲组:为之者败之,执之者<u>远</u>之。是以圣人无为故无败;无执故无失。<u>临事之纪</u>:慎终如始,此无败事矣。圣人欲不欲,不贵难得之货;<u>教不教</u>,复众之所过。是故圣人能辅万物之自然,而弗能为。

> 丙组:为之者败之,执之者<u>失</u>之。圣人无为,故无败也;无执,故[无失也]。慎终若始,则无败事矣。<u>人之败也,恒于其且成也败之</u>。是以圣人欲不欲,不贵难得之货;<u>学不学</u>,复众之所过。是以能辅万物之自然,而弗敢为。

文中划线处显示了甲、丙两组内容的主要差别,除此之外,两者在虚词上也有不同。以上情形无疑说明甲组、丙组的内容有各自的文本线索,是当时《老子》文本尚未定型的一个例证。

郭店楚简《老子》既非依某种主题摘抄,也并未依主题进行裁剪,①那么需要追问的是,若有成篇的、规模近于今本的《老子》文本,为何进行摘抄而非写录全本呢?出土古书中极少有可以被证明确为"摘抄"的情形存在,郭店楚简《老子》也并不例外。实际上,即便存在与郭店楚简《老子》同时且"混于一编"的规模近于今本的"五千言"本《老子》,这与《老子》分篇别行的情形也并不冲突。《老子》流传中"混于一编"与分篇别行的情况同时存在有两种可能:一种情况是"混于一编"的《老子》文本出现较晚,郭店楚简《老子》抄写者不及见;另一种情况是"混于一编"的《老子》文本的形成并不晚,与分篇别行的《老子》文本共存,然而郭店楚简《老子》并未受此影响,仍保持分篇别行的面貌。若是后一种情形,则在郭店楚简《老子》的传承者看来,分篇别行的《老子》无疑较混为一编本具有某种优势,遂作为其坚持短篇小制文本面貌的依据和原因,这种依据和原因最有可能是分篇别行保持了较为原初的《老子》文本面貌吧。

---

① 　相关讨论参宁镇疆:《〈老子〉"早期传本"结构及其流变研究》,第 70—77 页。

当然,这种短篇小制与混于一编的《老子》传本长期并存的情形可能性较小,因为很难想象小篇制与大篇制《老子》文本同时流行而前者可以长时间保持原初的文本状态。也就是说,很难想象若当时有大篇制《老子》流传有自却未能影响一众小篇制《老子》的流传,并且若大篇制《老子》文本长期存在,何以并未留下明显的流传线索?《老子》这种小篇制、分篇别行的情况是当时古书流传较为通常的情形。① 郭店楚简《老子》分篇别行的情况无疑反映了较为早期的《老子》文本形态。

　　郭店楚简给我们提供了当时《老子》文本流传的实物资料,使我们看到其时《老子》短篇小制的早期传本形态。此外,传世古书如《韩非子》《庄子》等称引《老子》文句的情形也为我们提供了有关战国中晚期《老子》文本形态的信息,已有学者对此进行了梳理和讨论。② 称引《老子》文句较多者为《庄子》(集中在外、杂篇)、《韩非子》,其次有《列子》《尹文子》及《文子》,这些古书从时代上来看,均大体与郭店楚简《老子》相距不远,多不早于郭店楚简《老子》。这对于了解与简本时代相近的《老子》文本有较大帮助,且大体上可以看出,与郭店楚简《老子》同时或稍晚,已有近于今本五千言规模的《老子》文本在流传了。对于战国前期的《老子》文本情形,传世文献提供的线索不多,且其他古书中虽有与《老子》文句相近者,却难于判断二者关系,如《论语·宪问》"以德报怨",《老子》第六十三章有"报怨以德";《老子》"慎终如始"句,《尚书·蔡仲之命》《左传·襄公二十五年》均有类似文句等等。有学者指出《老子》中存在这种引用"古言古语"者,③其实这种"言公"情形为古书常见现象。另,有学者指出《墨子》有引用《老子》文句者,并以此证明《老子》当在《墨

----

① 虞万里:《由简帛〈老子〉重论其书之形成和篇章分合》,《中国文化》第 37 期,第 44 页。
② 丁四新:《郭店楚墓竹简思想研究》,第 20—39 页。有关《韩非子》所持《老子》文本的讨论可参宁镇疆:《〈老子〉"早期传本"结构及其流变研究》,第 228—234 页。
③ 虞万里:《由简帛〈老子〉重论其书之形成和篇章分合》,《中国文化》第 37 期,第 46 页。

子》之前,①但其并未言明这一在《墨子》之前的《老子》文本面貌,且即便《墨子》引用了《老子》文句,也无助于说明此时《老子》文本的篇幅及内容;另一则被用于说明郭店楚简《老子》之前有更早期的《老子》文本情形的材料为《说苑·敬慎》叔向引《老子》言,②并以叔向时代论证《老子》流传。③ 其中当注意者在于,《说苑》这种"语"类文献意在说理,有关人物事件的具体叙述有可能不甚严谨,甚至多有"关公战秦琼"的情形,因此有关《说苑·敬慎》所记叔向称引《老子》文句当谨慎对待,类似文献还有《战国策》所引《老子》语句。综合考察传世文献所提供的《老子》成书线索,可以得出较明确的结论是,与郭店楚简《老子》同时或稍后,已有规模近于今本的较大篇制的《老子》文本在流传;战国前期及春秋之时的《老子》文本情形,目前因材料不足暂无法推断。

综合以上基于出土与传世文献有关战国时期《老子》文本及流传情形的讨论可知,虽然存在零星的称引《老子》的情形,然而有关战国前期及更早的《老子》文本及流传情形无法确知;郭店楚简《老子》分篇别行的情况无疑反映了较为早期的《老子》文本形态,与简本同时或稍晚,已有规模近于今本的较大篇制的《老子》文本流传。整体而言,在战国中晚期近于今本的较大篇制的《老子》文本出现之前,其当以类似郭店楚简《老子》这种分篇别行的形态流传,其间不同传派收集整理、篇章分合无定、内容增衍补饰,当造成不同的传本流行于世,④而在战国中后期,混于一编的近于今本的较大篇制的

---

① 丁四新:《郭店楚墓竹简思想研究》,第 37 页。《太平御览》此条墨子所引《老子》文句当属《淮南子·道应训》文,参宁镇疆:《〈老子〉"早期传本"结构及其流变研究》,第 67 页注 1。

② 向宗鲁:《说苑校证》,北京:中华书局,2003 年,第 245 页。

③ 丁四新:《郭店楚墓竹简思想研究》,北京:东方出版社,2000 年,第 37—38 页。

④ 李锐、邵泽慧有关《老子》"族本"概念及其早期流传情形的论述颇具启发性,参氏著:《北大汉简〈老子〉初研》,《中国哲学史》2013 年第 3 期,第 20—22 页;此外,虞万里也对较早时期《老子》文本及流传情形有类似看法,参氏著《由简帛〈老子〉重论其书之形成和篇章分合》,《中国文化》第 37 期,第 47—48 页。

《老子》出现并流行。①

如此，则《史记·老子韩非列传》所记"于是老子乃著书上下篇，言道德之意五千余言而去"的看法无疑需要修正，②《老子》成书最可能的情形是由某种较小篇制的文本渐而聚合成的。如此一来，是否意味着老子作为《老子》一书的作者身份被取消了呢？已有学者提出了这一问题，并认为即便承认《史记》老子作五千言的记载，也不能排除老子在写五千言之前的讲述被记录而流传；五千言本虽然较为完整，然可能是别子为宗的本子，重要性没后世那么大。除此之外还有一些老子言论被不同的传习者记录、传承，因而形成了不同的文本。③ 老子不同时期的话语被不同的传习者记录传承的情形当最近于事实，这也是早期《老子》文本篇章分合不定的根本原因之一。然而若设想《老子》一书原初即有五千言的文本存在，除了上文的有关讨论外，还有一个非常值得注意的现象，即韩非子所据《老子》与郭店楚简《老子》仅有六章重合，这有两种可能：其一，若韩非子所据本属五千言原初本，然其与郭店楚简本重合内容极少，如此郭店楚简不见于韩非子所据的五千言本的部分就成了《老子》"佚文"，④这显然不符合目前所见的《老子》流传情形；其二，若韩非子所据仍非五千言原初本，则这一别子为宗、本不重要的本子何以又后来居上，极短时间内便获得优良的流传地位从而产生如此大的影响呢？如此看来，《史记》有关《老子》一书的成书情形无疑需谨慎对待。当然，这绝不意味着当取消老子与《老子》一书的渊源关系，只是应当合理待之：五千言规模的《老子》一书非短时间内由老子手著而成，老子与《老子》一书的关系可能在于《老子》成书材料源于老

---

① 宁镇疆推断在郭店楚简《老子》到《韩非子》所据《老子》之间约半个世纪便为《老子》由小篇制变为大篇制的时间，参氏著《〈老子〉"早期传本"结构及其流变研究》，第 174 页。这种意见无疑非常值得重视。

② 虞万里：《由简帛〈老子〉重论其书之形成和篇章分合》，《中国文化》第 37期，第 44—48 页。

③ 李锐、邵泽慧：《北大汉简〈老子〉初研》，《中国哲学史》2013 年第 3 期，第 21—22 页。

④ 目前《韩非子》所引《老子》佚文仅一条，参蒙文通：《老子征文》，《蒙文通文集 6·道书辑校十种》，成都：巴蜀书社，2001 年，第 121 页。

子其人——或老子话语被传习者记录传承，或某些材料确经老子手
订，由此决定了《老子》最初的文本形态当为篇制较小的、文本结构
及内容互有异同的《老子》材料集合。从现存《老子》佚文数量来
看，①这些《老子》原始文本的数量不会太多。

　　大体而言，至少在战国中晚期，已经产生了规模接近今传本的
《老子》文本。当然，这种《老子》文本当非一种，除了规模均接近今
传本外，这些《老子》传本在文本结构及内容上当存有不小的差异。
总的来看，战国中晚期的《老子》流传当是小篇制与大篇制共存、文
本结构及内容均未定型的状态。

　　（二）先秦《老子》文本及流传问题核论

　　北大汉简发现之前有关《老子》文本及流传问题的研究概况有
学者论之已详，②有关北大汉简《老子》以及与之有关的《老子》成书
问题的研究进展亦有论者梳理。③　近来有学者基于出土及传世文献
中的《老子》资料推断先秦《老子》文本状态及今之通行本的成书情
形，④其间涉及《老子》成书以及古书成书研究的概念、方法与解释
模型等重要问题，以下便基于相关研究以问题为核心开展讨论。

　　1.《老子》"今本"与"定型"问题

　　对于先秦文献而言，郭店楚简《老子》以及《庄子》《韩非子》《吕
氏春秋》《荀子》《战国策》的《老子》引文是讨论先秦《老子》文本面
貌和成书情形的基本材料，故高华平基于此推论，到秦始皇统一中
国之前今本《老子》除了被引述的 64 章内容外仍有相当一部分内容

---

① 《老子》佚文参蒙文通：《老子征文》，《蒙文通文集 6 · 道书辑校十种》，第
　　121—122 页。其中有数条当非老《老子》佚文，参虞万里：《由简帛〈老子〉
　　重论其书之形成和篇章分合》，《中国文化》第 37 期，第 63 页注 99。此外，
　　《淮南子 · 齐俗训》所引"故老子曰：不上贤者，言不致鱼于木，沉鸟于渊"
　　亦当为《老子》佚文，何宁：《淮南子集释》（新编诸子集成），北京：中华书
　　局，1998 年，第 771 页。
② 宁镇疆：《〈老子〉"早期传本"结构及其流变研究》，第 15—48 页。
③ 甘影杰：《北大汉简〈老子〉研究综述》，《商丘师范学院学报》2020 年第
　　2 期。
④ 高华平：《先秦〈老子〉文本的演变——由〈韩非子〉等战国著作中的〈老
　　子〉引文来考察》，《中州学刊》2019 年第 10 期。本书引述高华平意见均据
　　此，恕不烦注。

还未完全形成,并认为"今本"《老子》的最后定型应该是在秦始皇统一中国之后,为统一思想由丞相李斯主持完成。

高文并未指明所谓"今本《老子》"及其"定型"的涵义。根据高文的论述,"今本《老子》"当是指通行的 81 章王弼注本《老子》,所谓"定型"则应指王弼注本《老子》的"定型"。不过《老子》今传本并非王弼一家注本,除严遵《老子指归》与《老子想尔注》这种仅部分流传的《老子》文本外,《老子》今传本还有河上公本和傅奕本。不仅如此,通行的王弼注本《老子》与王弼所据《老子》还存有差异。① 鉴于目前《老子》传本的复杂情形,似有必要进一步明确"今本《老子》"的具体所指。

不仅"今本《老子》"的概念需要廓清,所谓"定型"的涵义亦有必要再加论析。高文所谓《老子》文本的"定型"主要聚焦于相关文句的内容,然而《老子》文本的"定型"不仅包含微观的文句面貌,内容规模、分篇分章、篇次章次等宏观的文本结构更是判断文本是否"定型"的重要依据。也就是说,文本的"定型"包含了不同层面的内涵,若不加界定很可能造成含混。如高文所谓"今本《老子》"(也就是今传王弼注本《老子》)的"定型"是由李斯主持完成的,基于文本"定型"的完整意义,这意味着王弼注本《老子》81 章的文本规模、篇章划分与次序以及微观的文句面貌皆定于李斯。虽然理论上我们无法完全排除这种可能,然而这一推论还是令人吃惊的,因为这不仅在目前的材料条件下观察不到,同时也是难以想象的。

细绎高文的思路和表述,所谓"今本《老子》的定型"似主要指王弼注本《老子》的内容规模与微观的文句面貌,而不涉及篇章划分及次序等文本结构。不过即便仅就内容规模与文句面貌而言,高文有关"今本《老子》定型"的讨论也略有可议之处。

首先需要留意的是《老子》佚文。② 这些佚文所反映的《老子》

---

① 有论者指出,今本王弼注本《老子》与河上公本接近,而王弼引据《老子》与楚简本、汉简本、帛书本以及傅奕本接近,详参党圣元、陈民镇:《王弼本〈老子〉"经注相谬"现象探论》,《中国哲学史》2018 年第 4 期。

② 《老子》佚文可参蒙文通:《〈老子〉征文》所附《〈老子〉佚文》,《蒙文通文集 6·道书辑校十种》,第 121—122 页。

文本规模、篇章内容与结构以及流传线索等信息对于《老子》文本及演变的研究无疑独具价值，不应被忽视。即便不考虑这些问题，仅就汉代及之后的《老子》佚文在《老子》"定型"后仍被称引论说的情形，那么所谓《老子》"定型"的实际影响究竟如何，"定型"的意义又该如何理解？

其次值得关注的是相关文献中与王弼注本《老子》互见的文句情形。略举一例，如王弼注本《老子》第四五、四六两章，相关内容亦见于《韩诗外传》和马王堆帛书《老子》，为便于比较，将相关内容列表如下：

王弼注本①	帛书甲本②	《韩诗外传》③
大成若缺，其用不弊；大盈若冲，其用不穷。大直若屈，大巧若拙，大辩若讷。躁胜寒，静胜热，清静为天下正。	大成若缺，其用不弊。大盈若冲，其用不穷。大直如诎，大巧如拙，大赢如炳。躁胜寒，静胜热，清静可以为天下正。	大成若缺，其用不敝；大盈若冲，其用不穷；大直若诎，大辩若讷，大巧若拙，其用不屈。
天下有道，却走马以粪；天下无道，戎马生于郊。祸莫大于不知足，咎莫大于欲得，故知足之足，常足矣。	天下有道，却走马以粪；天下无道，戎马生于郊。罪莫大于可欲，祸莫大于不知足，咎莫憯于欲得，【故知足之足】，恒足矣。	罪莫大于多欲，祸莫大于不知足，咎莫憯于欲得。故知足之足常足矣。

上表中最明显的差异首先在于，相较于王弼注本，《韩诗外传》所引《老子》文句缺"躁胜寒，静胜热，清静为天下正"及"天下有道，却走马以粪；天下无道，戎马生于郊"句，同时多出"其用不屈"句。

---

① 王弼著，楼宇烈校释：《王弼集校释》，北京：中华书局，1980 年，第 122—125 页。本书王弼注本《老子》均据此，恕不烦注。
② 《长沙马王堆汉墓简帛集成（肆）》，第 4 页。此部分帛书乙本残缺较多，且残存部分与甲本基本一致，故我们主要依据帛书甲本，释文用宽式。本书帛书《老子》文本均据此，恕不烦注。
③ 许维遹校释：《韩诗外传集释》，北京：中华书局，1980 年，第 321—322 页。本书《韩诗外传》均据此，恕不烦注。

若"今本《老子》"是借助"国家意志"而"定型"于李斯,那么汉代的《韩诗外传》所引《老子》文句为何会有此差异?更值得注意的是,王弼注本较帛书本及《韩诗外传》引文缺"罪莫大于可欲"句,而北大汉简本、河上公本、严遵本、傅奕本《老子》均有此句。① 也就是说,王弼注本《老子》第四六章较他本缺少文句。除了以上文句有无的情形外,还当注意者为相近文句的内容差异。王弼注本《老子》"大直若屈,大巧若拙,大辩若讷",帛书甲本作"大直如诎,大巧如拙,大赢如炳",②《韩诗外传》所引作"大直若诎,大辩若讷,大巧若拙",北大汉简本作"大直如诎,大巧如拙,大盛如绌",③诸本或与王弼注本表述顺序不同,或表述顺序虽同但论述内容有异。鉴于此,则高先生所谓"《老子》今本定型"的内涵该如何界定,其影响及意义究竟该如何理解?

除上论外,类似的例子还有不少。文句有无的例证如王弼注本第九章的"功遂身退",《淮南子·道应训》引文及河上公本、《老子想尔注》本、傅奕本均多出了有关"名"的描述,且诸本"功""名"与谓语"遂""成"的搭配及论述顺序有异;王弼注本第二七章、第七八章同为此类。诸本互见而内容有异的例证就更多了,如王弼注本第二章"功成""弗居",他本作"成功""不居"及"不处";王弼注本第三章的"民心",他本或作"民"或作"心";王弼注本第五章的"多言",帛书本及汉简本作"多闻";王弼注本第十、十五、二二、二五、三九、五十、五五、五七、五八、六二诸章均为此类。④ 据此,高文有关王弼

---

① 相关内容的比较可详参北京大学出土文献研究所:《北京大学藏西汉竹书(贰)》,第 176—177 页。

② 帛书乙本当作"大巧如拙,大直如屈,大赢如绌"。帛书乙本此处缺损,补充方案参《长沙马王堆汉墓简帛集成(肆)》,第 14 页注 44。

③ 北京大学出土文献研究所:《北京大学藏西汉竹书(贰)》,第 126 页。本书北大汉简《老子》文本均据此,恕不烦注。

④ 相关例证可详参赵争:《汉代〈老子〉文本及流传问题略论——以出土文献为中心》,宁镇疆、赵争编:《考证与释义:出土四古本〈老子〉综合研究》,上海:中西书局,2019 年,第 144—151 页。下文亦有详细比较。这些均为对文义有实质性影响的文本差异例子,诸如语气助词有无、用字歧异等不影响文义的情形并未纳入统计。

注本《老子》"定型"的概念无疑尚需进一步界定。

　　总之,高文中有关"今本《老子》"以及"定型"概念本身的含混影响了相关问题的讨论。其实对于《老子》文本及演变问题学界讨论有年,如李若晖对《老子》文本演变进行了分期,①宁镇疆对《老子》文本结构的流变有系统和深入的探究,②丁四新对《老子》文本演变的成型与定型有较为细致的论析,③李锐基于"族本"概念对《老子》成书问题亦有专论。④ 这些讨论对《老子》文本及演变中相关概念问题的研究均大有助益。

　　2. 古书佚失观与"有一分材料说一分话"

　　若抛开高文中"今本《老子》"及"定型"概念本身的问题,高文所论其实主要涉及"大篇制"《老子》文本的形成问题。对此学界也有讨论,如同样基于对《老子》文本材料的统计与分析,丁四新认为《老子》五千言的规模在战国初或稍晚已经形成;⑤宁镇疆通过对《老子》文本结构演变的深入分析,推测《老子》文本从小篇制演变为两篇制很可能发生在郭店楚简本与韩非子所见《老子》文本之间;⑥虞万里推测西汉中前期甚至战国末期《老子》文本规模接近今传本,同时诸本在章节划分及章次先后方面并不统一。⑦ 由于材料所限,有关"大篇制"《老子》文本形成问题未有定论,尚待进一步推进。然论者对此问题所涉材料论析已详,背后的理论与方法更值得关注。

---

① 李若晖:《郭店竹书老子论考》,济南:齐鲁书社,2004年,第87页。

② 宁镇疆:《〈老子〉"早期传本"结构及其流变研究》。宁镇疆对《老子》文本"滥觞期"概念的讨论参宁镇疆:《从简本看今本〈老子〉的形成——兼论帛书本在〈老子〉文本流传过程中的地位》,《中州学刊》2001年第7期。

③ 丁四新:《早期〈老子〉文本的演变、成型与定型——以出土简帛本为依据》,《中州学刊》2014年第10期。对丁氏意见的讨论参赵争:《从出土文献看汉代〈老子〉文本及流传》,《史林》2018年第6期。

④ 李锐:《同文与族本:新出简帛与古书形成研究》,上海:中西书局,2017年,第215—228页。

⑤ 丁四新:《郭店楚墓竹简思想研究》,第19—39页。

⑥ 宁镇疆:《〈老子〉"早期传本"结构及其流变研究》,第174—175页。

⑦ 虞万里:《由简帛〈老子〉重论其书之形成和篇章分合》,宁镇疆、赵争编:《考证与释义:出土四古本〈老子〉综合研究》,第22—34页。此文亦见于《中国文化》2013年第1期。

　　高先生对材料的爬梳不可谓不细致,其基于相关材料推证王弼注本《老子》见于引述的64章内容流传情形的意见大体不误,然而据此再推论这64章之外的《老子》内容当时尚未形成便有些"过犹不及"了。高文的讨论不禁使人联想到张荫麟有关"默证"及其适用限度的论述:"凡欲证明某时代无某某历史观念,贵能指出其时代中有与此历史观念相反之证据。若因某书或今存某时代之书无某史事之称述,遂断定某时代无此观念,此种方法谓之'默证'。"①从讨论举证的角度来看,"说有易说无难",证明《老子》相关内容存在较易,而若欲证明《老子》某些内容当时未有,理论上应穷尽其时所有材料才可得出结论。这不仅非常困难,实际上也根本无法实现。古书流传十不存一,仅就目前所见文献立论证"无"不免挂一漏万,"现存之载籍无某事之称述,此犹未足为证也,更须从来未尝有之。倘若载籍有湮灭,则无结论可得矣。故于载籍湮灭愈多之时代,默证愈当少用",②正此之谓也。这就要求我们在考察先秦秦汉古书时持一种"古书佚失观",③对古书流传情形应有较为充分的估计,为未知的可能文本留有空间。

　　先秦古书流传少湮灭多,在立意证"无"时须对上述"默证"问题有较为清醒的认识,若仍欲论证某种现象当时不存,也要注意"默证"的适用限度。默证仅适用于"少数界限极清楚之情形",其一谓"未称述某事之载籍,其作者立意将此类之事实为有系统之记述,而于所有此类事皆习知之"。④对先秦《老子》文本研究而言,这大体意味着相关文献对《老子》材料的记述是"全面的",相应的文献作者对当时的《老子》材料是"全知的"。具体到《韩非子》引《老》,只有在确定韩非对当时的《老子》材料全面知晓,且《韩非子》对《老子》文句全面记录的情形下,未见于《韩非子》的《老子》内容当时尚不存在的讨论才是有效的。姑且不论韩非是否习知全晓当时所有的《老

① 张荫麟:《评近人对于中国古史之讨论》,《古史辨》第二册,上海:上海古籍出版社,1982年,第271—272页。
② 张荫麟:《评近人对于中国古史之讨论》,《古史辨》第二册,第272页。
③ 李锐:《同文与族本:新出简帛与古书形成研究》,第162—163页。
④ 张荫麟:《评近人对于中国古史之讨论》,《古史辨》第二册,第272页。

子》材料,仅就《韩非子》对《老子》的称述是否系统、全面这一点便大可讨论。《韩非子》虽多称述《老子》文句,但其并非《老子》注本,其书旨在说理且自有谋篇布局之规划,因此我们没有理由期待《韩非子》中包含其所据《老子》的全貌,故而也就无法据之推论不见引述的《老子》内容当时还未成形或尚不存在。引《老》较多还"解老""喻老"的《韩非子》尚且如此,《庄子》《吕氏春秋》《荀子》《战国策》引《老》就更"等而下之"了。① 由此可知,高文似未虑及默证及其适用限度,其有关秦始皇统一中国之前"仍有相当一部分今本《老子》的内容还未完全形成,甚至还根本没有被当时的著作者们所关注"的推论无疑需再斟酌。

　　"不流传的便不存在"这种滥用默证得出的意见显然是非常值得怀疑的,道理很简单,遵此思路则先秦古书的所谓"定型"几乎都要大大推后。这其实是 20 世纪 20、30 年代疑古辨伪运动的做法,张荫麟有关默证的讨论便是对此而发。实际上不止张氏,当时学者多有讨论与反思,②其中有关老子其人其书的问题是论争热点,③相关讨论对于先秦《老子》文本及演变研究仍颇有参考价值,理当为我们所重视。高文对《老子》材料的爬梳可谓细致,学术研究上"有一分材料说一分话"固然不错,然若对古书佚失情形估计不足而仅就现有文献立论,则好比只见到了现有文献这"冰山"一角而忽略了余下的部分。对此,宁镇疆先生有非常精到的论述:

　　"有一分材料说一分话"向来是历史研究者应该恪遵的戒律或操守,我们说历史认识的宿命是总不免据"有限"的"已知",去推论

---

① 丁四新对此问题有较为清醒的认识,他在分析《庄子》引《老》时指出,《庄子》既然不是《老子》一书完整的注疏,那么它对《老子》一书的实际内容没有理由必须全部抄录出来,见氏著《郭店楚墓竹简思想研究》,第 28—29 页。

② 典型如古史辨运动的核心人物胡适、傅斯年对疑古辨伪的态度也都发生了转变,对此可参本书绪论部分相关讨论。

③ 对此可参徐洪兴:《疑古与信古——从郭店竹简〈老子〉出土回顾本世纪关于老子其人其书的争论》,《复旦学报(社会科学版)》1999 年第 1 期;王俊:《论二十世纪二三十年代的老子年代之争》,中国社会科学院研究生院硕士学位论文,2014 年。

"未知"，但若就"已知"的局限性而言，这种所谓的"严谨"马上就会显出它的刻板和机械，运用得不好，很容易流于盲人摸象、"冰山"式的直观反映论。因此，"有一分材料说一分话"绝不能仅仅理解为只就当下、眼前的材料立论，而应该触类旁通地对相关文献以及"佚失"文献作合理的考量。不然，这种看似严谨的极端实证主义的"有一分材料说一分话"很容易沦为对材料的亦步亦趋。①

　　除上述默证及其限度问题外，上文提及的《老子》佚文与《老子》相关内容的关系亦当留意。另，高文在论证逻辑上似也有前后不一致的问题。高文据文献资料讨论《老子》文本时"有一份材料说一分话"，遵此逻辑，则大篇制《老子》文本"定型"最过硬的证据应该是马王堆帛书《老子》这种看得见摸得着的文本，如何在没有任何直接证据的情形下便遽然推及李斯呢？假若《老子》是李斯"定型"，那么高文所论当时还未形成的《老子》内容都从何而来，又是以何种原则及方式被整理成"今本"面貌的？帛书本、汉简《老子》与所谓"李斯本"的关系如何，如何解释《老子》佚文等等，限于目前的材料条件所有这些问题显然无从讨论。两相比照，高文讨论《老子》文本时求证何其"小心"，而推论《老子》"定型"时又何其"大胆"。

　　高文推论《老子》"定型"于李斯的理由主要有二：一是《老子》的成书方式说明在文献"抄写时代"以个人之力难以形成真正意义的《老子》"定本"，除非借助国家意志；二是秦始皇时代的指导思想是以韩非、李斯之学为指归的，韩、李所学"黄老之学"与"帝王术""名异实同"，故秦统一中国后以黄老之学统一思想而须编定《老子》。对于高文第一条理由，即便不论所谓"今本《老子》"及其"定型"的概念问题，单就古书"定本"与国家意志之间的关系便大可讨论。以《诗经》为例，西汉文帝时便立有博士，其间有石渠（西汉宣帝时）、白虎（东汉章帝时）会议，至东汉灵帝时还有熹平石经刊刻，然而即便官方力量如此持续地深度介入，从文本面貌上看两汉《诗经》

---

① 宁镇疆：《"层累"说之"默证"问题再讨论》，《学术月刊》2010年第7期。

流传大体仍呈现出一种官方与民间、统一与分化并行的双轨制状态。① 也就是说，汉初即立为学官的官方《诗经》文本历两汉四百余年仍未能统整相关传本。被立为官学的《诗经》尚且如此，《老子》的情形不难想象。

其实《老子》无"定本"这一现象与其背后是"个人"还是"国家意志"无关。先秦秦汉古书不仅篇卷内容分合无定，其用字纷乱、文句歧异也是常态，在这一意义上没有"定本"其实是先秦秦汉古书流传的一种通例。从古书成书角度来看，《老子》成书模式涵盖的古书不少，②这种民间知识团体的文献生态与基于官方政教体制的文献生成机制本就不同，这些古书的形成并非均有赖于国家意志，其背后的动力机制也不必都与国家权力相关。

对于高文第二条理由，姑且不论韩、李之学是否皆主黄老，也不深论黄老之学的具体内容及其与"帝王之术"的关系，亦不深究李斯所师荀子其学与黄老学的关系，单论秦始皇时代的指导思想，难道与法家无涉？法家若算"帝王之术"，然则与黄老之学也"名异实同"？若依高文逻辑，除《老子》外《汉书·艺文志》中的《黄帝四经》《黄帝铭》《黄帝君臣》等黄老之书也当定于李斯，作为李斯老师的荀子其书则更应该为李斯所编定！

综上所论，高文所谓"今本《老子》""定型"于李斯的意见不仅缺少有效依据，其相关推论也令人惊异。

3. "同文"文本与《老子》成书

先秦秦汉古书中多有重复或近似的内容，这些内容对于讨论古书材料来源、古书年代等问题大有助益。古之学者如洪迈、郎瑛、章学诚等对此有论，③近之学者亦有讨论，如宁镇疆对"诸书互见"现

---

① 赵争：《尹湾汉简〈神乌赋〉引〈诗〉问题复议：兼谈汉代〈诗经〉流传问题》，《传统中国研究集刊》第十四辑，第 51 页；赵争：《汉代〈诗经〉流传及〈诗〉学家派问题核论——以简帛文献为中心》，《史林》2023 年第 3 期。

② 甚至有论者认为《老子》成书反映了中国早期文献形成的普遍模式，(美)艾兰：《从楚简发掘看中国文献的起源和早期发展》，收入陈致主编：《简帛·经典·古史》，上海：上海古籍出版社，2013 年，第 59—66 页。

③ 参李锐：《同文与族本：新出简帛与古书形成研究》，第 156—159 页。

象及其所反映的古书成书问题的分析,①李锐对古书"同文"及可能的文本关系问题的讨论,②刘娇对西汉以前古籍中相同或类似内容重复出现现象的专门研究,③陈立正对古书"类似文本"及相关问题的论析,④虞万里对《老子》所用"古言古语"的梳理⑤等。学界研究的主要启示在于,对于"诸书互见"的"同文"文本间的关系——承袭、同源与平行三种可能当有较为充分的估计,不应在没有确切依据的情形下在"同文"文本之间建立过于简单的联系。这对基于"诸书互见"的"同文"内容讨论《老子》文本问题大有助益。

如高文以《吕氏春秋·恃君览·行论》所引"《诗》曰:将欲毁之,必重累之。将欲踣之,必高举之",与《战国策·魏策一》及《韩非子·说林上》所引《周书》"将欲败之,必姑辅之。将欲取之,必姑与之"来论证战国时《老子》此章相关内容未形成。其实学界对此有论,如宁镇疆认为《老子》第三六章的同文"当属于对成语的袭用",⑥曹峰、裴健智不仅认为《老子》第三六章第一句是对类似古谚的引用,而且还对《老子》此章最后的"鱼不可脱于渊"句与古谚的关系进行了讨论。⑦ 这些古谚、成语相沿成习并广为流传,已经成为社会的公共知识,被不同的作者广泛称引,"同文"的文本关系难于遽断,"诸书互见"的"同文"内容间也并不存在"非此即彼"的"排他性"关系,因而无法据之判定《老子》此章文本是否存在或成形。

再如《老子》第三九章"万物得一以生,侯王得一以为天下正",《吕氏春秋·论人》有"凡彼万形,得一后成",《庄子·天地》有"记曰:

---

① 宁镇疆:《〈老子〉"早期传本"结构及其流变研究》,第 257 页。
② 李锐先后将这一现象称之"重文""对文",后统一以"同文"称之。为讨论便利计,本书借用"同文"一词来指称这一现象。
③ 刘娇:《言公与剿说——从出土简帛古籍看西汉以前古籍中相同或类似内容重复出现现象》,北京:线装书局,2013 年。
④ 陈立正:《由马王堆帛书〈要〉篇谈古代文献中"类似文本"的演变》,《甘肃社会科学》2013 年第 4 期。
⑤ 虞万里:《由简帛〈老子〉重论其书之形成和篇章分合》,宁镇疆、赵争编:《考证与释义:出土四古本〈老子〉综合研究》,第 29—31 页。
⑥ 宁镇疆:《〈老子〉"早期传本"结构及其流变研究》,第 254—259 页。
⑦ 曹峰、裴健智:《〈老子〉第三十六章新研》,宁镇疆、赵争编:《考证与释义:出土四古本〈老子〉综合研究》,第 159—180 页。

通于一而万事毕",帛书《要》篇有"得一而君毕",均与《老子》第三九章相近,这也属于不同古书引述习语的例子。① 我们同样无法简单推定这些文本之间的关系并据此推论《老子》相关内容的情形。换言之,在文本关系未经充分讨论之前,无论推断《老子》第三九章相关内容当时已存在还是未成形,相关"同文"材料实际上都是暂无论证效力的。

在面对"诸书互见"的材料时,我们要对"同文"文本之间的关系有较为全面的考虑,不能默认此间仅存在相互承袭这种单一的文本关系,②避免以"非此即彼"的"单线性"模型率尔立论。

相较于上述文本近似度较高的"同文"内容,高文中还涉及另一类文本差异略大、只在内容大意上相近的"同文",如《吕氏春秋·审分览·君守》与《老子》第四七章"义合"的内容。近年来已有论者体察到对此进行分类研究的必要性,宁镇疆将"诸书互见"的"同文"分为"文本型"与仅共享某些"公言"的非"文本型"两种,③我们姑将二者分别称为"文本型"和"语义型"。相较于"文本型"同文,"语义型"同文之间的关系无疑更难断定,在进行相关讨论时更要为可能的文本关系留有空间。

对高文中多所引据的顾颉刚《从〈吕氏春秋〉推测〈老子〉成书之年代》一文胡适有专门的批评,④胡适的批评已涉及对所谓"语义型"同文文本关系的判断,他认为顾颉刚在判定《吕氏春秋》与《老子》"义合"时是"断章取义的办法","已经是犯了'有意周内'的毛病了",认为顾颉刚所列的三十多条"义合"的内容"都不够证明什

---

① 陈立正:《由马王堆帛书〈要〉篇谈古代文献中"类似文本"的演变》,《甘肃社会科学》2013 年第 4 期。

② 当然,这并不意味着"同文"文本间一定不存在相互袭取的关系,如宁镇疆认为《老子》第六章的原始出处当为《黄帝书》,参宁镇疆:《〈老子〉"早期传本"结构及其流变研究》,第 257 页。"同文"背后可能的文本关系要求我们预设多种可能,然后具体问题具体分析,对"同文"文本关系要小心求证。

③ 宁镇疆:《〈礼记·丧服四制〉篇形成研究——从兼说古书之间"互见"的类型学问题》,谢维扬、赵争主编:《出土文献与古书成问题研究——"古史史料学研究的新视野研讨会"论文集》,上海:中西书局,2015 年,第 38—66 页。

④ 胡适:《评论近人考据〈老子〉年代的方法》,《古史辨》第六册,上海:上海古籍出版社,1982 年,第 401—409 页。

么,都不够用作证据"。① 其实若依"义合"的标准,《左传》《国语》中也不乏与《老子》义合者。② 略举二例,如《左传·昭公二十五年》有"将求于人,则先下之,礼之善物也",《国语·晋语四》有"《礼志》有之曰:'将有请于人,必先有入焉。欲人之爱己也,必先爱人。欲人之从己也,必先从人'",与今传王弼注本《老子》第三六章"义合";再如《左传·宣公十五年》有"川泽纳污,山薮藏疾,瑾瑜匿瑕,国君含垢,天之道也",与今传王弼注本《老子》第七八章义合。这意味着早在老子之前,推崇谦退、处下的观念已经多有流行,对这类思想的记述在《老子》成书之前往往便已存在,③显然我们不能据此得出《老子》相关内容当时已经存在的结论。

综上可见,对于《老子》文本定型的界定应该综合考虑微观的文句面貌与更加宏观的文本结构。不仅如此,《老子》文本定型并非对应某个即时完成的一次性动作而是呈现为一种阶段性过程,故而《老子》"定型本"也不应该被理解为某种特定的文本而更应该被视为一系列文本所体现的某种结构、框架等文本方案。《老子》成书是一个长时段的动态过程,其流传与形成密不可分,每个具体的《老子》文本均处于《老子》流传演变的整体过程之中,其本身即是某种过程的产物,在此意义上,《老子》文本都是作为"过程"的文本。

第三节　从出土文献看汉代
《老子》文本及流传

（一）马王堆帛书《老子》与汉初《老子》文本及流传

马王堆帛书《老子》有甲、乙两种文本,帛书《老子》甲乙本均非

---

① 胡适:《评论近人考据〈老子〉年代的方法》,《古史辨》第六册,第404页。
② 详参宁镇疆、赵争:《论周代礼学是〈老子〉思想最基础的知识背景》,廖名春编:《显微阐幽:古典文献的探故与求新》,汕头:汕头大学出版社,2016年,第101—112页。
③ 宁镇疆、龚伟:《"盗憎主人,民恶其上"正诂——兼谈〈金人铭〉〈老子〉的相关问题》,宁镇疆、赵争编:《考证与释义:出土四古本〈老子〉综合研究》,第131—134页。

单独抄录：甲本后有《五行》《九主》《明君》《德胜》四篇古佚书，乙本前抄有《经法》《十六经》《称》《道原》四篇古佚书。这种抄写情形实则反映了不同的古书编纂方案，《老子》甲本和乙本分别是不同古书编辑方案中的一部分；又，帛书《老子》甲本当抄于汉初高祖之世，帛书《老子》乙本当抄于文帝时期，①如此，则帛书《老子》甲乙两种传本在不同的年代各自作为不同的组成部分被收录入不同的古书之中。可以说，帛书《老子》甲乙本代表了不同时期的《老子》文本面貌。

由于帛书《老子》甲乙两种传本的分章符号不甚完备，因此我们无法确知两者的分章方案。然而从内容上看，两种帛书《老子》传本的内容结构基本相同，当不存在显著的章序差别。② 加之两者在部分用字情形上分享一些较为独特的写法，因此，对于帛书《老子》甲乙本的关系，《长沙马王堆汉墓简帛集成》（后文简称《集成》）的整理者认为两者并非抄自同一底本，而当有一个时间上相距不太远的共同祖本，③其说可从。

如此，在汉初高祖和文帝时期不同的古书结集中包含了两种《老子》文本：帛书《老子》甲、乙本，这两种《老子》文本在内容结构上保持了非常高的近似程度，若再考虑到两者所据的祖本，则隐然浮现出一种结构较为稳定的《老子》文本方案，且从帛书《老子》甲乙本分别被抄录进不同古书的情形来看，这两种《老子》传本所代表的《老子》文本方案当拥有一定的流行程度。

除了整体上在结构和内容方面拥有较高相似度外，值得注意的是，两种帛书《老子》在内容细节上还存有一些差异，这其中除了通假字、异体字以及可能的抄写错误等情形外，还有一些涉及文义的内容差异，如《集成》整理者所列举的甲本"爱以身为天下，女何以寄

---

① 《长沙马王堆汉墓简帛集成（肆）》，第 1 页。
② 当然，这意味着帛书《老子》甲乙本原本是分章的，只是抄手并非完全贯彻分章符号的使用，相关讨论参宁镇疆：《〈老子〉"早期传本"结构及其流变研究》，第 55—64、157—160 页。
③ 《长沙马王堆汉墓简帛集成（肆）》，第 2 页。

天下",乙本"爱以身为天下,女可以寄天下"则文义全然相反;①再如今本第三十八章"上仁为之而无以为,上义为之而有以为",帛书甲本相同,"上义"帛书乙本作"上德";今本第四十五章"大直若屈,大巧若拙,大辩若讷",帛书甲本作"大直如诎(屈),大巧如拙,大赢如炳",帛书乙本当作"大巧如拙,大直如屈,大赢如绌";②今本第五十五章"知常曰明",帛书乙本同,帛书甲本作"知和曰明";今本第六十七章"舍慈且勇,舍俭且广,舍后且先",帛书乙本同,帛书甲本缺"舍俭且广";今本第七十六章"柔弱者生之徒""柔弱处上",帛书乙本基本同,帛书甲本"柔弱"前均多出"微细"二字;今本第七十九章"圣人执左契",帛书乙本同,帛书甲本作"圣人右介";今本第八章"与善仁,言善信,正善治",帛书甲本作"予善信,正善治",缺"言善信"句,帛书乙本作"予善天,言善信,正善治"等。这些差异不仅牵涉具体文义,更反映出帛书《老子》甲乙本在流传线索上当拥有各自不同的内容元素来源。也就是说,若不考虑具体内容差异,仅从整体的文本结构着眼的话,帛书《老子》甲乙本无疑代表了当时一种较为流行的《老子》文本方案,这种整体内容结构相同的文本方案作为"标准"的《老子》文本被抄录于不同编辑方案的古书中;然而即便如此,拥有相同内容结构的《老子》文本仍保留了各自独特的文本线索,从而形成了不同的《老子》传本。有学者将这种在主体内容上拥有"家族相似性"的不同文本称为"族本",③这一概念对于指称帛书《老子》甲乙本的关系较为贴切,同时也反映出其时《老子》文本及流传中的复杂情形。

虽然帛书《老子》甲乙本反映《老子》流传中出现了某种较为流行的"通行本",然而其"通行"程度仍然不高,《老子》文本还当处于变动阶段。因为缺乏较为系统的资料,我们仅能一窥这一时期《老

---

① 《长沙马王堆汉墓简帛集成(肆)》,第2页。
② 帛书乙本此处缺损,补充方案参《长沙马王堆汉墓简帛集成(肆)》,第14页注44。
③ 李锐:《从出土文献谈古书形成过程中的"族本"》,谢维扬、赵争主编:《出土文献与古书成书问题研究——"古史史料学研究的新视野研讨会"论文集》,第115页。

子》文本的流传情形,《韩诗外传》所引《老子》文句为此提供了一些线索。

《韩诗外传》卷九所引《老子》文句如下:

老子曰:名与身孰亲?身与货孰多?得与亡孰病?是故甚爱必大费,多藏必厚亡。知足不辱,知止不殆,可以长久。大成若缺,其用不敝;大盈若冲,其用不穷;大直若诎,大辩若讷,大巧若拙,其用不屈。罪莫大于多欲,祸莫大于不知足,咎莫憯于欲得。故知足之足常足矣。①

帛书《老子》甲本相应内容如下:

名与身孰亲?身与货孰多?得与亡孰病?甚爱必大费,多藏必厚亡。故知足不辱,知止不殆,可以长久。大成若缺,其用不敝;大盈若冲,其用不穷;大直如诎,大巧如拙,大赢如炳。<u>躁胜寒,静胜热,清静可以为天下正。·天下有道,却走马以粪;天下无道,戎马生于郊。</u>·罪莫大于可欲,祸莫大于不知足,咎莫憯于欲得,故知足之足,恒足矣。②

两相对比,《韩诗外传》所引《老子》文句较帛书本缺"躁胜寒,静胜热,清静为天下正""天下有道,却走马以粪;天下无道,戎马生于郊"句。其次,《韩诗外传》所引《老子》"大直若诎,大辩若讷,大巧若拙"句,帛书《老子》甲本作"大直如诎,大巧如拙,大赢如炳",一是叙述顺序不同,前者为"大直""大辩""大巧",后者为"大直""大巧""大赢";二是内容不同,除了"大直""大巧"外,《韩诗外传》所引《老子》有"大辩若讷",而帛书甲本为"大赢如炳",其中"炳"当读为"绌",③其意无疑与"大辩若讷"不同。

对于《韩诗外传》所引《老子》文句与帛书《老子》的差异,是否可能是《韩诗外传》引用不严谨造成的?对此,可结合郭店楚简《老

---

① 许维遹校释:《韩诗外传集释》,第321—322页。本书《韩诗外传》文本均据此,恕不烦注。
② 释文直接用通行字。
③ 《长沙马王堆汉墓简帛集成(肆)》,第14页注44。

子》进行讨论。在郭店楚简《老子》乙组第 15 号简的"大植若屈"后有明显的分章符号,可知郭店楚简《老子》此处与其后的"躁胜寒"句本分为两章;郭店楚简《老子》甲组第 5 号、6 号简的内容之前也并无"天下有道,却走马以粪;天下无道,戎马生于郊"句。由此可见,《韩诗外传》所据《老子》当保留了某种较早的文本面貌,自有其文本线索,并非出于转引及抄录等人为原因。《韩诗外传》所据当为不同于帛书本的另一种《老子》传本,且《韩诗外传》的作者所见《老子》还没有形成今本的分章格局。①

由于《韩诗外传》引用《老子》内容较少,我们无法从中获取更多有关《老子》文本的线索,然而从以上例证可以看出,《韩诗外传》所据《老子》文本无疑与帛书《老子》不同,前者当反映了不同的《老子》传本线索。因此,汉初的《老子》流传并未出现一种拥有较显著流传优势的"通行本",此时的《老子》不仅拥有不同的文本方案,即便在相同的文本结构框架之下,还存有内容元素渊源有自的不同"族本"。有学者指出"《老子》的本子,在早期甚至汉初,恐怕还不是很固定的",②有学者基于对帛书《老子》篇章结构的深入研究,讨论并论证了《老子》文本在汉初不甚固定的大致情形。③ 总体上看,汉初的《老子》文本呈现出一种多元图景:不仅拥有不同的文本方案,即便在相同的文本结构框架之下还存有内容元素渊源有自的不同传本。

（二）北大汉简《老子》与汉代《老子》文本及流传

汉初《老子》文本的多元图景并非专属某一时代,而是具有普遍意义的现象。北大汉简《老子》的出现为我们观察更长时段的《老子》文本及流传问题提供了坚实的基点。

有关北大汉简《老子》的年代,整理者根据字体风格推断其抄写

---

① 此可详参宁镇疆:《〈老子〉"早期传本"结构及其流变研究》,第 124—125 页。

② 柳存仁:《道家与道术》,《道家文化研究》第十五辑,北京:三联书店,1999年,第 15、16 页。

③ 宁镇疆:《〈老子〉"早期传本"结构及其流变研究》,第 123—142 页。

年代可能在武帝前期,不太可能早到景帝时期。① 汉简《老子》在竹简形制、书写形态和篇章裁划上都十分整齐和标准,且抄写精审,基本不见衍文、漏字,错字也很少,堪称"善本",②加之汉简《老子》第2号和124号简的简背上分别题写有"老子上经"和"老子下经"的篇名,有学者据此认为北大汉简《老子》很可能直接源自景帝立经本,当为景帝立经本的复抄本从而具有高度权威性,并指出其后主要的《老子》文本均是在汉简本的基础上加以设定和裁划的。③ 虽则有关景帝立道学以及将《老子》"改子为经"的记述年代较晚,且文献中有关记述不多,然此与汉初崇尚黄老的情况契合,因此有关论述或有其根据。然而仅凭抄写精审及有上下经字样便推断汉简《老子》属"立经本"未免证据不足,更有甚者推论汉简《老子》的绝对权威性及其对此后《老子》文本及流传的影响,这一做法无疑面临较大风险。

首先,史载"窦太后好黄帝、老子言,帝及太子诸窦不得不读黄帝、老子,尊其术",④此处的"不得不读"反映了景帝对于黄老其书其术的矛盾态度;再从围绕辕固生死的博弈来看,景帝一心回护辕固,窦太后最终也并未穷究,且此后辕固仍被召拜为清河太傅,可见黄老与儒学的分歧已然公开化,而黄老一派也未占多大优势,⑤在这种背景之下,景帝立道学及改子为经一事颇存疑义。还可注意者在于,虽则窦太后好黄老而景帝"不得不"读其书尊其术,然未闻有通黄老者于景帝朝立为博士,反而辕固因精于《诗》而获立博士,这无疑与上述双方的博弈情形一致。实际上,武帝以前的博士选官并非仅限于儒者,通古今明掌故者皆可入选,因此文景时除硕学儒者外,

---

① 北京大学出土文献研究所:《北京大学藏西汉竹书(贰)》,第209页。

② 韩巍:《北大汉简〈老子〉简介》,《文物》2011年第6期,第68页。

③ 丁四新:《早期〈老子〉文本的演变、成型与定型——以出土简帛本为依据》,《中州学刊》2014年第10期,第106、109页。

④ 司马迁:《史记·外戚世家》,北京:中华书局,1982年,第1975页。

⑤ 虽然窦太后幕后策划了赵绾、王臧下狱自杀一事,并连带导致了"丞相婴、太尉蚡免,申公亦以疾免归""诸所兴为者皆废",然因武帝"乡儒术"故窦太后并未正面出击,而是"使人微伺得赵绾等奸利事"从而达成目的。六年后窦太后崩,田蚡便任丞相,黜黄老、刑名百家之言。因此,总体而言,黄老一派在与儒学的斗争中偶有出击,不占较大优势。

也有精于刑名之学(如晁错)及通百家书者立为博士(如贾谊),然此间未见通黄老而立为博士者。① "本好刑名之言"②的文帝尚不立道学,甚至连黄老博士也未见选立,对窦太后阳奉阴违的景帝何以会立道学并改《老》为经?

其次,退一步讲,即便景帝立经属实,北大汉简《老子》也确属"立经本",然《老子》称经或并非始于此。众所周知,黄老之学即黄帝、老子之学,《老子》无疑为黄老学之经典,从韩非作《解老》《喻老》不难想见《老子》一书的经典地位;马王堆帛书《老子》乙本前所抄《经法》《十六经》等四篇古佚书被视为"黄老学"著作,其中由十数篇短作结集而成的古佚书《十六经》已称"经",则《老子》在重要程度上不至于反出其下,这从马王堆帛书中不同编辑方案的古书均收录《老子》这一情形即可想见。虽则帛书《老子》乙本上下篇称《德》篇、《道》篇而未称"经",然《十六经》已称"经",则《老子》称"经"也在情理之中。因此,我们很难排除在北大汉简之前《老子》称"经"的可能。

再次,同样退一步来看,即便景帝立道学及改子为经属实,所谓"立经本"《老子》的权威性也值得讨论。景帝在位十六年,景帝后六年窦太后卒,这二十二年便是所谓"立经本"《老子》能发挥影响的全部时间,③这期间还伴随着以景帝、武帝及诸窦为代表的反黄老势力的掣肘甚至对抗。对于古书流传而言,二十二年并不算长,这可对比汉代《诗经》的流传情形。西汉文帝时便立有《诗经》博士,至东汉灵帝时还有熹平石经刊刻,然而即便官方力量如此持续地深度介入,两汉《诗经》流传大体仍呈现出一种官方与民间、统一与分化并行的双轨制状态。④ 也就是说,汉初即立为学官的官方《诗经》文

---

① 钱穆:《两汉经学今古文平议》,北京:商务印书馆,2001 年,第 192—193 页。
② 班固:《汉书·儒林传》,北京:中华书局,1962 年,第 3592 页。
③ 《老子》"立经"历时不长而后停废,这与所谓《老子》"立经本"的巨大权威和深刻影响较为矛盾。
④ 赵争:《尹湾汉简〈神乌赋〉引〈诗〉问题复议:兼谈汉代〈诗经〉流传问题》,《传统中国研究集刊》第十四辑,第 51 页;赵争:《汉代〈诗经〉流传及〈诗〉学家派问题核论——以简帛文献为中心》,《史林》2023 年第 3 期。

本,历两汉四百余年仍未能统合及涵括所有的《诗经》传本。《诗经》"立经本"的权威尚且如此,则所谓《老子》"立经本"的权威性当不难想见。

综上,据于载籍,揆诸情理,景帝"立道学"与改《老》为经以及所谓《老子》"立经本"的权威性均尚存疑义,以之作为立论基础无疑还需要更为坚实的证据。

从相关记述来看,将北大汉简《老子》视为所谓"景帝立经本"系统并推断其权威性的做法无疑不甚合情理,对此,相关文献提供了进一步的佐证。我们知道,《淮南子》为淮南王刘安集其宾客之力所编著,此书盖成于景帝后期,于汉武帝即位之初的建元二年进献于朝廷。虽则《汉书·艺文志》将之归入"杂家",然高诱在序中谓此书"其旨近老子淡泊无为,蹈虚守静,出入经道。言其大也,则焘天载地;说其细也,则沦于无垠;及古今治乱存亡祸福、世间诡异瑰奇之事。其义著也,其文富也,物事之类,无所不载。然其大较,归之于道",①可谓的论。《淮南子》不仅"旨近老子",其中多有直接引老子文句者,其中大部分见于今传本《老子》。将《淮南子》所引《老子》文句与北大汉简《老子》进行比较,有助于我们了解其时《老子》的文本及流传情形,也有助于理解北大汉简《老子》的性质。

第一章②

《韩非子·解老》:道之可道,非常道也。

帛书甲本:道可道也,非恒道也,名可名也,非恒名也。

帛书乙本:道可道也,□□□□□□□□□恒名也。

汉简《老子》:道可道,非恒道殹;名可命,非恒名也。

《淮南子·道应训》:道可道,非常道;名可名,非常名。

《淮南子·本经训》:道可道,非常道;名可名,非常名。

《淮南子·泛论训》:道可道者,非常道也。

王弼本:道可道,非常道;名可名,非常名。(河上公本、傅奕本同)

---

① 何宁:《淮南子集释》(新编诸子集成),第5页。本书《淮南子》文本均据此,恕不烦注。
② 章次依今传王弼本。

此句《淮南子》不同篇所引本身即有差别。相较于汉简《老子》，《淮南子·道应训》《淮南子·本经训》所引均无语气助词，并且今传王弼本、河上公本及傅奕本均同《道应训》《本经训》而不同于汉简《老子》。

第二章

郭店甲本：成而弗居。天唯弗居也，是以弗去也。

帛书甲本：成功而弗居也。夫唯居，是以弗去。

帛书乙本：成功而弗居也。夫唯弗居，是以弗去。

汉简《老子》：成功而弗居。夫唯弗居，是以弗去。

《淮南子·道应训》：功成而不居。夫惟不居，是以不去。

王弼本：功成而弗居。夫唯弗居，是以不去。（河上公本同）

傅奕本：功成不处。夫惟不处，是以不去。

各本不同者主要在于"成功"与"功成"之别。帛书《老子》甲乙本与汉简《老子》相同，而《淮南子·道应训》所引与今传各本相同。仅从"成功"与"功成"之别来看，《淮南子·道应训》所引《老子》与汉简《老子》文本无疑各有统绪。

第三章

帛书甲、乙本：不见可欲，使民不乱。

汉简《老子》：不见可欲，使心不乱。（河上公本同）

《淮南子·道应训》：不见可欲，使心不乱。

王弼本：不见可欲，使民心不乱。（傅奕本同）

从后一句来看，此句《淮南子·道应训》所引、河上公本同于汉简《老子》，然今传王弼本与傅奕本作"民心"，考虑到帛书《老子》作"民"，则王弼本与傅奕本当自有所据。

第五章

汉简《老子》：多闻数穷，不若守于中。（帛书甲、乙本同）

《淮南子·道应训》：多言数穷，不如守中。

王弼本：多言数穷，不如守中。（传世各本同）

此句最重要的区别在于"多闻数穷"与"多言数穷"。帛书《老子》甲乙本与汉简《老子》相同,而今传各本均同于《淮南子·道应训》所引,两种流传统绪判然有别。

第九章

郭店甲本:攻述身退,天之道也。

帛书甲本:功述身芮,天□□□。

汉简《老子》:功遂身退,天之道也。(帛书乙本同)

《淮南子·道应训》:功成名遂,身退,天之道也。

王弼本:功遂身退,天之道。

河上公本:功成名遂身退,天之道。

《想尔注》本:名成功遂身退,天之道。

傅奕本:成名功遂身退,天之道。

从文句构成来看,汉简《老子》与郭店楚简本、帛书甲乙本及王弼本相同,均仅述及"功""身";《淮南子·道应训》引文与河上公本、《想尔注》本及傅奕本除了述及"功"和"身"外,还述及"名";其中《淮南子·道应训》引文与河上公本相同,均为"功成""名遂",而《想尔注》本与傅奕本作"功遂""名成(成名)"。由此可见其中较为复杂的流传线索。

第十章

汉简《老子》:明白四达,能无以知乎?(帛书乙本同)

《淮南子·道应训》:明白四达,能无以知乎?

王弼本:明白四达,能无为乎?

《想尔注》本:明白四达,而无为。

河上公本:明白四达,能无知。

傅奕本:明白四达,能无以为乎?

若从后半句作"知"还是"为"来看,《淮南子·道应训》引文与汉简本、帛书乙本及河上公本相同,王弼本、《想尔注》本及傅奕本相同。

第十五章

郭店甲本:保此道者不欲尚盈。

帛书甲本:葆此道不欲盈,夫唯不欲□□以能□□□成。

175

帛书乙本：葆此道□□欲盈，是以能敝而不成。

汉简《老子》：抱此道者不欲盈。夫唯不盈，是以能敝不成。

《淮南子·道应训》：服此道者不欲盈。夫唯不盈，故能弊而不新成。

王弼本：保此道者不欲盈。夫唯不盈，故能蔽不新成。（河上公本同）

《想尔注》本：保此道者不欲盈。夫唯不盈，能蔽复成。

傅奕本：保此道者不欲盈。夫惟不盈，是以能敝而不成。

此句主要差别在于后半句，汉简本与帛书乙本及傅奕本相近，作"敝（而）不成"，《淮南子·道应训》引文与王弼本、河上公本相近，作"弊（而）不新成"，《想尔注》本与以上二者均不同，然其"复成"意近于"新成"。

第二十二章

帛书甲本：曲则全，枉则定。

帛书乙本：曲则全，汪则正。

汉简《老子》：曲则全；枉则正。

《淮南子·道应训》：曲则全，枉则直。

王弼本：曲则全；枉则直。（河上公本同）

傅奕本、《想尔注》本：枉则正。

此句主要区别在于"枉则直"句的"直"字，《淮南子·道应训》与王弼本、河上公本同，而汉简本与帛书乙本[①]及傅奕本、《想尔注》本同，同样可分出两种流传统绪。

第二十五章

郭店甲本：天大，地大，道大，王亦大。域中有四大安，王处一安。

帛书甲本：□□，天大，地大，王亦大。国中有四大，而王居一焉。

帛书乙本：道大，天大，地大，王亦大。国中有四大，而王居一焉。

汉简《老子》：天大，地大，道大，王亦大。域中有四大，而王居

---

① 若考虑到帛书甲本之"正"与"定"通假，则可知帛书甲本与汉简本、帛书乙本相同。

一焉。

《淮南子·道应训》：天大，地大，道大，王亦大。域中有四大，而王处其一焉。

河上公、王弼本：道大，天大，地大，王亦大。域中有四大，而王居其一焉。

傅奕本：道大，天大，地大，人亦大。域中有四大，而王处其一尊。

《想尔注》本：道大，天大，地大，生大。域中有四大，而生处一。

此句最大的区别在于天地道的顺序。在这一点上，郭店楚简本、汉简本及《淮南子·道应训》引文相同，而帛书甲乙本及今传各本相同。若从后半句来看，除了帛书甲乙本作"国中"外，其他各本均作"域（或）中"。此外，《想尔注》本较为特殊，他本"道、天、地、王""四大"中，《想尔注》本为"道、天、地、生"；傅奕本虽则"王"作"人"，然其后半句仍作"王"。

第二十七章

帛书甲乙本：是以圣人恒善救人，而无弃人，物无弃财，是谓悢明。

汉简《老子》：故圣人恒善救人，而无弃人，物无弃财，是谓欲明。

《淮南子·道应训》：人无弃人，物无弃物，是谓袭明。

王弼本：是以圣人常善救人，故无弃人；常善救物，故无弃物。是谓袭明。（传世各本同）

从文句结构来看，帛书甲乙本、汉简本与《淮南子·道应训》引文接近，传世各本属另一种文本流传线索。

第三十九章

帛书甲本：故致数与无与。

汉简《老子》：故致数舆无舆。（帛书乙本同）

《淮南子·道应训》：故致数舆无舆也。

王弼本：故致数舆无舆。

河上公本：故致数车无车。

《想尔注》本：故造舆于无舆。

傅奕本：故致数誉无誉。

从帛书甲乙本情形来看,作"与"与"舆"均渊源较早,此句《淮南子·道应训》引文同汉简本和王弼本。

第四十五章

郭店乙本:大巧若拙,大成若诎,大植若屈。

帛书甲本:大直如诎,大巧如拙,大赢如炳。

汉简《老子》:大直如诎,大巧如拙,大盛如绌。

《韩诗外传》:大直若诎,大辩若讷,大巧若拙。

《淮南子·道应训》:大直若屈,大巧若拙。

王弼本:大直若屈,大巧若拙,大辩若讷。(传世各本同)

第五十章

帛书甲本:以亓生生也。

帛书乙本:以亓生生。

汉简《老子》:以其姓生也。

《淮南子·精神训》:以其生生之厚。

王弼本:以其生生之厚。(传世各本同)

帛书甲乙本与汉简本均作"生生",《淮南子·精神训》引文及传世各本均作"生生之厚"。

第五十五章

郭店甲本:和曰同,智和曰明,益生曰详,心使气曰强。

帛书乙本:□□常,知常曰明,益生曰祥,心使气曰强。

帛甲、汉简《老子》:和曰常,智和曰明,益生曰详,心使气曰强。

《淮南子·道应训》:知和曰常,知常曰明,益生曰祥,心使气曰强。

王弼本:知和曰常,知常曰明,益生曰祥,心使气曰强。(传世各本同)

从文句结构来看,《淮南子·道应训》引文与传世各本前三句均四字为句而较为整齐,郭店本、帛书甲乙本和汉简本首句均无"知"字。

第五十七章

郭店甲本:人多智而奇物滋起;法物慈章,盗贼多有。

帛书甲本:人多智而何物兹□,□□□□□盗贼□□。

汉简《老子》：人多智而苛物兹起，法物兹章而盗贼多有。

《淮南子·道应训》：法令滋彰，盗贼多有。

王弼本：人多伎巧，奇物滋起；法令滋彰，盗贼多有。（传世各本同）

傅奕本：民多知慧，而邪事滋起；法令滋章，盗贼多有。

从"法令"还是"法物"来看，郭店本、汉简本相同，而《淮南子·道应训》引文与传世各本同。

第五十八章

帛书甲本：亓正察察，亓邦夬夬。

汉简《老子》：其正昏昏，其民蠢蠢；其正计计，其国夬夬。

《淮南子·道应训》：其政闷闷，其民纯纯；其政察察，其民缺缺。

王弼本：其政闷闷，其民淳淳；其政察察，其民缺缺。

从最后一句作"国"还是"民"，可以看出帛书甲本与汉简本相同，而《淮南子·道应训》引文与传世各本相同。

第六十二章

汉简《老子》：美言可以市，奠行可以贺人。（帛书甲乙本同）

《淮南子·道应训》：美言可以市尊；美行可以加人。（《淮南子·人间训》同）

《史记·滑稽列传》：美言可以市尊，行可以加人。

王弼本：美言可以市，尊行可以加人。（传世各本同）

傅奕本：美言可以于市，尊言可以加于人。

从句读来看，帛书甲乙本、汉简本与王弼本及河上公本、严遵本实同属一类，而《淮南子》引文与之不同，傅奕本与二者均不同。

第七十八章

帛书乙本：水之胜刚也，弱之胜强也，天下莫弗知也，而□□□□也。①

汉简《老子》：故水之胜刚，弱之胜强，天下莫弗智，而莫能居，

---

① 帛书甲本此句残缺，仅余"胜强、天、行也"，参《长沙马王堆汉墓简帛集成（肆）》，第6页。

莫能行。

《淮南子·道应训》：柔之胜刚也，弱之胜强也，天下莫不知，而莫之能行。

河上公、王弼本：弱之胜强，柔之胜刚，天下莫不知，莫能行。

严遵本：夫水之胜强，柔之胜刚，天下莫不知，莫之能行。

傅奕本：柔之胜刚，弱之胜强。

从文句结构看，帛书乙本与汉简本均较他本多出"而莫能居"；又从前半句看，帛书乙本与汉简本均叙述"水"和"弱"，除了严遵本中叙述了"水"外，《淮南子·道应训》引文及传世各本均为"柔"和"弱"。

综观以上《淮南子》引《老》情形，值得注意者有如下三种情况：

一是《淮南子》两引《老子》相同文句而互有差别。如王弼本《老子》第一章"道可道，非常道；名可名，非常名"句，《淮南子》《道应训》与《本经训》所引均同王弼本，而《淮南子·泛论训》引作"道可道者，非常道也"，虚词使用存在差异；此句的虚词使用情形，《韩非子·解老》、帛书《老子》甲乙本及北大汉简《老子》均不相同。①

二是《淮南子》引《老子》与汉简《老子》有差别。这种情形在《淮南子》对《老子》的称引中占绝大多数。较典型者如王弼本第二章"功成而弗居。夫唯弗居，是以不去"、第五章"多言数穷，不如守中"、第九章"功遂身退，天之道"、第十五章"保此道者不欲盈。夫唯不盈，故能蔽不新成"、第二十二章"曲则全；枉则直"、第五十章"以其生生之厚"、第五十五章"知和曰常"、第五十七章"人多伎巧，奇物滋起；法令滋彰，盗贼多有"、第五十八章"其政察察，其民缺缺"、第七十八章"弱之胜强，柔之胜刚，天下莫不知，莫能行"均属此种情形。

具体而言，如王弼本《老子》第五章"多言数穷，不如守中"句，《淮南子·道应训》所引及《老子》各传世本（河上公本、傅奕本、《想尔注》本）均与王弼本同，而帛书甲、乙本及北大汉简此句均作"多闻

---

① 有关出土及传世《老子》的文本对比据《北京大学藏西汉竹书（贰）》所附《〈老子〉主要版本全文对照表》。

数穷"，从此句可见出土文献与传世文献各具流传统绪；再如王弼本
《老子》第九章"功遂身退，天之道"句，郭店竹简《老子》甲本、帛书
甲本和乙本及北大汉简《老子》文句结构同王弼本，而《淮南子·道
应训》与河上公本、《想尔注》本及傅奕本均述及"功"与"名"，《老
子》此句大致呈现出两条流传线索；再如王弼本第七十八章"弱之胜
强，柔之胜刚，天下莫不知，莫能行"句，《淮南子·道应训》作"柔之
胜刚也，弱之胜强也，天下莫不知，而莫之能行"，除了虚词不同外，
柔与刚，弱与强的叙述顺序不同，而帛书《老子》乙本及北大汉简《老
子》与刚对应的是水而非柔，且在"莫能行"之前多了"莫能居"的叙
述，由此也可以看出《老子》此句至少存有两种流传线索。

　　三是《淮南子》引《老子》与汉简《老子》相同而又显示出更为复
杂的文本流传线索。较典型者如王弼本《老子》第三章"不见可欲，使
民心不乱"、第十章"明白四达，能无为乎"、第二十五章"道大，天大，地
大，王亦大。域中有四大，而王居其一焉"、第三十九章"故致数舆无
舆"、第四十五章"大直若屈，大巧若拙，大辩若讷"均为这种情形。

　　具体而言，如王弼本《老子》第三章"不见可欲，使民心不乱"的
后半句，《淮南子·道应训》所引、北大汉简及河上公本《老子》均作
"使心不乱"，而帛书《老子》甲、乙本作"使民不乱"，从此句来看，
"使民不乱"与"使心不乱"显为两种流传统绪，而王弼本（及傅奕
本）的"使民心不乱"很可能综合了以上两种文本内容；再如第二十
五章"道大，天大，地大，王亦大。域中有四大，而王居其一焉"句，在
论述道、天、地、王"四大"时，《淮南子·道应训》与汉简本《老子》相
同，均为天、地、道、王的叙述顺序，且这一叙述顺序同样体现在郭店
楚简甲本《老子》中，可见其来有自。然帛书《老子》甲乙本对此"四
大"的论述中，将"道"提于首位，①这一"道、天、地"的顺序也见于王
弼本、河上公本、《想尔注》本及傅奕本，从此句来看，帛书《老子》的
文本方案终获流传，而《淮南子》所据《老子》及汉简本《老子》的文
本面貌反倒隐而不彰；再如第三十九章"故致数舆无舆"句，帛书《老

————————
① 帛书《老子》甲本此处残缺，然其后分别叙述天、地、王，则所残缺者当为
　　"道大"二字。

子》甲、乙本分别作"故致数与无与""故致数舆无舆",可见此句用"与"及"舆"字均渊源有自,起码在帛书《老子》时代两者便同时流传,北大汉简本及《淮南子·道应训》所引同于帛书《老子》乙本,王弼本、《想尔注》本与此相同,而河上公本作"车",傅奕本作"誉",严遵本较为独特,此句作"故造舆于无舆"。

通过对《淮南子》称引《老子》的情形及其与汉简本《老子》的比较可以发现,在汉初至汉简本《老子》及《淮南子》成书之时,世所流传的《老子》文本线索较为复杂,《老子》文本面貌尚未定型。从目前的情形来看,并不存在一个权威的《老子》文本,因此,即便所谓"景帝立经本"《老子》真实存在,其权威性也是值得讨论的。[①]

除了《淮南子》引《老》之外,还有材料也体现了《老子》流传的复杂线索。如上述《韩诗外传》所引《老子》文句,其中"大直若诎,大辩若讷,大巧若拙"句,若不考虑叙述顺序单看内容,郭店楚简《老子》乙组、帛书《老子》甲乙本以及北大汉简《老子》均无"大辩若讷",而替代以"大成(盛)若诎""大赢如炳""大絰(赢)如绌"及"大盛如绌",此四者意义相近,然均与"大辩若讷"不同。值得注意者在于,传世的王弼本、河上公本、严遵本及傅奕本叙述内容为"大直""大巧""大辩",同于《韩诗外传》所引而与出土的四种《老子》文本不同。再如定县汉简《文子》1178 号简有"之高始于足下"句,此句当对应于王弼本《老子》第六十四章"千里之行,始于足下"句,河上公本与傅奕本同王弼本作"千里之行",而帛书本作"百仁(仞)之高",与汉简本、严遵本同。此外,景帝后的汉代书中所含《老子》佚文也有助于说明汉简《老子》及所谓"立经本"《老子》的影响限度。[②]

[①]　有学者同样基于对《淮南子》所引《老子》具体文句的分析,认识到其时《老子》流传过程中交错影响的复杂性,并指出早在《淮南子》之前,甚至景帝立经前后,至少有两种以上相当稳定的《老子》版本在并行流传了,参陈丽桂:《〈老子〉异文与传世本定型期商榷——从范应元〈老子道德经古集注〉〈老子指归〉注文与〈淮南子·道应〉引证考察》,收入《出土文献与中国古典学》,上海:中西书局,2018 年,第 267 页。

[②]　《老子》佚文可参蒙文通:《〈老子〉征文》所附《〈老子〉佚文》,《蒙文通文集 6·道书辑校十种》,第 121—122 页。其中若干条《老子》佚文有待进一步考辨。

　　《老子》不同传本间错综复杂的文本线索反映了《老子》流传过程中的文本关系,类似情形其实是先秦秦汉古书形成及流传中的普遍现象。① 在这一文本关系网络中,除了目前可以见到的篇幅较大、流传较好的"显性"《老子》文本外,还有不少线索其实来自诸如《韩非子》《韩诗外传》及《淮南子》所引据的全貌无法窥知的"隐性"《老子》传本,甚至一些文本线索指向某种我们未知的《老子》古佚本,这些情况均要求我们在考察《老子》以及其他先秦秦汉古书时要预设一种"古书佚失观",②为《老子》的流传线索以及传本保留相应的可能性。只有如此,才能避免在未经充分论证前便以较为简明的方式在不同的《老子》文本间建立直接的联系,才有可能对《老子》成书及流传过程进行完整且全面的讨论。

　　除了以上《老子》文句的微观差异外,《老子》文本的结构异同也有助于说明汉代《老子》文本所呈现出的关系网络的复杂图景。

　　汉简本《老子》的分章与王弼本的不同之处主要有以下三种情形:

　　首先是汉简本与王弼本分章位置不同。如北大汉简本《老子》第二十一、二十二章,相当于王弼本《老子》第五十八、五十九章。前者第二十二章首句为"方而不割,廉而不刿(刿),直而不肆,光而不耀",王弼本此句属上章。此处分章方案河上公本、傅奕本同王弼本,而严遵本同北大汉简《老子》。值得注意的是,帛书《老子》乙本此句前有连词"是以",因此帛书乙本此句当与其上文相连。如此,则王弼本以及河上公本、傅奕本此处的分章情形当拥有更早的文本线索,而不一定是在汉简本的基础上裁划而成。再如,北大汉简本《老子》第六十九、七十章,相当于王弼本第二十八、二十九章。前者第七十章首句为"大制无畔(割)",王弼本此句属上章。帛书甲、乙

————————

① 北大汉简《老子》的整理者对此已有很好的讨论和总结,参北京大学出土文献研究所:《北京大学藏西汉竹书(贰)》,第 224—225 页。先秦秦汉古书形成及流传中的这种情形无疑不能全部以抄手参考众本取舍综合而成这一简单而含糊的猜想一带而过,这种解释过于简明,遮蔽了《老子》文本形成及流传过程中的复杂性。

② 李锐:《新出简帛的学术探索》,北京:北京师范大学出版社,2010 年,第 26—27 页。

本同北大汉简本,河上公本、傅奕本、严遵本同王弼本。可见,相关《老子》文本分章也并未受汉简本影响。

其次,北大汉简本《老子》为一章而王弼本分为数章,此种情形共有4处:汉简本第四十二章,对应王本第七十八、七十九章,严遵本同汉简本,河上公本、傅奕本同王弼本;汉简本第五十章,对应王弼本第六、七章,《想尔注》本不分章,其他分章同王弼本;汉简本第六十章,对应王弼本第十七、十八、十九三章,河上公本、傅奕本同王弼本;汉简本第七十三章,对应王弼本第三十二、三十三两章,河上公本、傅奕本同王弼本。

其中值得注意者为汉简本第六十章与各本分章情形。为便于比较,将各本分章情形列表如下:

郭店竹简本	北大汉简本	王弼本(河上公本、傅奕本)
大上,下智有之,……百姓曰我自然也。 故大道废,……安有正臣。(丙组简1−3)	大上,下智有之,……百姓曰我自然。 故大道废,……安有贞臣。绝圣弃智,……少私寡欲。(60)	太上,下知有之,……百姓皆谓我自然。(17)
		大道废,……有忠臣。(18)
绝智弃辩,……少私寡欲。(甲组简1−2)		绝圣弃智,……少私寡欲。(19)

从郭店竹简《老子》相关文句的分章情形来看,河上公本、傅奕本及王弼本第十八、十九二章的分章当有更早的文本线索,自有其根据,不必据汉简本《老子》重新裁划。

类似情形还有汉简本第七十三章与各本的分章情形,也列表如下:

郭店竹简本	北大汉简本	王弼本(河上公本、傅奕本)
道恒无名,……犹小谷之与江海。(甲组简18−20)	道恒无名,……犹小谷之与江海。 故智人者智,……死而不亡者寿。(73)	道恒无名,……犹小谷之与江海。(32)
		知人者智,……死而不亡者寿。(33)

郭店竹简《老子》"道恒无名，……犹小谷之与江海"之后并非"知人者智，……死而不亡者寿"，这意味着在某种早期文本中，王弼本第三十二、三十三两章并不相连，因此，河上公本、傅奕本及王弼本第三十二、三十三分为两章的情形很可能也自有其文本依据和流传线索，而不一定是基于汉简本《老子》。

再次，汉简本分章（第二十七、二十八章）而王弼本及河上公本、傅奕本合为一章（第六十四章）。帛书甲本《老子》"始于足下"之后缺损，因此无法确知此处是否有分章符号。然统观帛书甲本分章符号的疏密程度，帛书甲本《老子》此处很可能没有分章符号。若如此，则汉简本第二十七、二十八章王弼本及河上公本、傅奕本合为一章的情形便自有依据。

通过以上对汉简本《老子》与王弼本及其他《老子》文本分章差异的分析可以看出，王弼本及其他《老子》文本当各有其文本依据，这些《老子》文本受到汉简本《老子》影响的证据并不明显。也就是说，从文本结构上来看，《老子》流传所呈现出的并非线性的演变关系，这些文本结构异同情形与其时《老子》复杂的流传情形一致。

分章方案不同则分章数目也有差异。有论者指出刘向本、严遵本《老子》都是在北大汉简《老子》的基础上演变而来的，尤其是刘向定著本与北大汉简本有直接而紧密的关系，且前者又派生出了河上公本、王弼本等通行本。① 相关讨论的核心论断——刘向本《老子》上经 37 章、下经 44 章的篇章裁划直接承袭自北大汉简本无法成立，因为刘向定著本《老子》的篇章结构当为上经 34 章、下经 47 章，②目前尚无证据表明这一分章方案与北大汉简《老子》存在直接关联。实际上，有关刘向本《老子》的文本情形我们所知甚少，仅凭其分章数目信息不足以支持更深入的讨论；此外，帛书《老子》异于北大汉

① 丁四新：《早期〈老子〉文本的演变、成型与定型——以出土简帛本为依据》，《中州学刊》2014 年第 10 期，第 114 页。丁氏还对相关《老子》传本的分章观念进行了讨论，参丁四新：《论刘向本（通行本）〈老子〉篇章数的裁划依据》，《哲学研究》2014 年第 12 期；《〈老子〉的分章观念及其检讨》，《学术月刊》2016 年第 9 期。
② 尹志华：《〈老子〉通行本分章问题再探讨》，《哲学研究》2017 年第 7 期。

简本与传世本的若干章句次序,以及《老子》篇次等问题对于北大汉简《老子》的性质和《老子》成书及流传问题的讨论也至关重要,目前这些问题均远未定谳。① 总之,有关出土以及传世诸《老子》文本之间的关系,还有许多重要问题尚待论定。

综上所论,《老子》在文本方面的复杂面貌反映的其实是《老子》文本多元并存且相互关联的关系网络。在这一文本关系网络中,既包含文本面貌清晰可见的"显性"《老子》文本,也包含仅可通过引文管窥而无从考知全貌的"隐性"《老子》文本。已知的《老子》文本间往往也并非简明的直接关联,可能还关涉未知的文本流传环节,一些文本线索还指向某种未知的《老子》佚本。这要求我们在讨论《老子》成书问题时有必要从整体上基于上述文本关系网络模型,统筹考虑包括显性与隐性文本在内的已知文本与可能的未知文本,避免未经充分论证就以过于简明的方式在不同的《老子》文本间建立直接的联系。

---

① 有关帛书《老子》异于汉简本与今传本的章句次序是否为错简所致,学界有不同意见,对此可分别参宁镇疆《〈老子〉早期传本结构及流变研究》第234—236 页与《北京大学藏西汉竹书(贰)》第 215 页;有关《老子》篇序问题争论尤夥,近又有学者提出新解,参廖名春、李程:《〈老子〉篇序的新解释》,《历史研究》2017 年第 6 期。

第六章　出土文献与《论语》的文本及流传

　　与《论语》相关的出土文献主要有两批,一是河北定县汉墓竹简,一是海昏侯汉墓竹简。河北定县汉墓竹简为 1973 年定县八角廊村 40 号汉墓所出。墓主人为西汉中山怀王刘修,卒于西汉宣帝五凤三年(公元前 55 年),这便是河北定县汉简抄写年代的下限。该墓西汉末年即经盗掘,墓中竹简过火碳化,散乱残断,损坏严重。1974 年开始的竹简整理工作因唐山大地震而暂停,竹简在地震期间又经散乱损毁。定县汉简包括《论语》《儒家者言》《文子》《六韬》等古书,相关竹书的释文及摹本资料先后在《文物》杂志上发布,竹简《论语》释文以《定州汉墓竹简〈论语〉》一书公布。① 2021 年起,河北省文物考古研究院与清华大学出土文献研究与保护中心、中国文化遗产研究院、荆州文物保护中心联合启动了新一轮的定县简保护修复、信息提取和整理研究工作。② 河北定县汉简《论语》共 620 多枚竹简,残简居多。完整的简长 16.2 厘米,宽 0.7 厘米,两段和中腰编痕尚留。满简容字 19 至 21 字,现得释文 7 576 字,不足今本《论语》的二分之一。其中保存最多的是《卫灵公》篇,存 694 字,当今本的 77%,最少者《学而》篇,仅存 20 字。定县汉简《论语》原简未发现篇题,释文篇题为整理者依照今传本《论语》内容后加,定县汉简《论语》的分篇及次序也据今传《论语》。

　　海昏侯汉墓竹简为 2015 年在废帝刘贺墓内发现的,共剥离出 5 000 余枚。海昏侯汉墓竹简内容非常丰富,其中包括《论语》。海昏《论语》存简 500 多枚,三道编绳,简背有斜向划痕。每简容字 24

---

① 河北省文物研究所定州汉墓竹简整理小组:《定州汉墓竹简论语》,北京:文物出版社,1997 年。

② 有关河北定县汉简的研究可参徐文英、毛保中:《定县八角廊汉墓竹简整理研究综述》,《出土文献》2023 年第 2 期。

字,每章另起一简。可释读文字约为今本《论语》的三分之一。原简各篇首简背面有篇题。包括海昏《论语》在内的海昏侯汉墓竹简正在整理中,材料尚未完整公布,目前仅公布了个别释文及图像。①

其他与《论语》相关的出土材料,如悬泉置汉简、肩水金关汉简均为零星材料,海外朝鲜、韩国发现的汉代简牍材料未见完整公布,本书暂不论及,故不烦详细介绍。

第一节　关于定县竹简《论语》
性质的讨论

学界关于定县竹简《论语》性质的意见大致有以下五种:

一是《齐论》说。李学勤认为"张侯《论》在中山怀王时恐怕还没有形成,八角廊《论语》不可能是张禹的本子",又考虑到定县竹简《论语》在分章与文字上"与今传本比较,存在不少差异",而今传本"承袭《鲁论》系统",故"竹简不会是《鲁论》系统的本子"。又考虑到《古论》流传不广,所以"《齐论》的可能性大些"。②

二是古文《论语》说。孙钦善认为"此本当保留了古文《论语》的一些面貌",应属于汉代古文《论语》系统。③

三是《鲁论》说。定县竹简《论语》整理小组认为,就定县竹简《论语》中保留有古语古字的情况而言,"西汉时期存在的三种《论语》,除当时从孔壁中发现的《古论语》,《齐论》《鲁论》原也应当是由古文产生而留传后世的,随着时间的推移,在一代代传授、抄写的同时,其书写《论语》的文字,也逐渐由古文演变成了汉隶,但也还保留一些原来的痕迹",而定县竹简《论语》即当如此,且对于定县竹简《论语》的性质,整理者倾向于认为其属《鲁论》系统。④ 单承彬在将

---

① 有关海昏《论语》参朱凤瀚主编:《海昏简牍初论》,北京:北京大学出版社,2020 年,第 154—179 页。
② 李学勤:《八角廊汉简儒书小议》,《简帛佚籍与学术史》,南昌:江西教育出版社,2001 年,第 391 页。
③ 孙钦善:《四部要籍注疏丛刊本〈论语〉·前言》,北京:中华书局,1998 年。
④ 有关定县竹简《论语》的相关情况可参《定州汉墓竹简论语》,第 1—4 页。

定县竹简《论语》与《说文解字》中《论语》引文、《论语》郑注本、东汉熹平石经本《论语》对勘的基础上，认为定县竹简《论语》应属今文《鲁论》系统，可能与《张侯论》出自不同的家法，且此本原本残缺后据别本补抄。① 邱居里通过梳理传世文献的"鲁读"材料，并以之与定县竹简《论语》相比堪，认为定县竹简《论语》属《鲁论》系统文本。② 赵晶与赵莹莹认为定县竹简《论语》属《鲁论》系统。③ 王刚推断定县竹简《论语》与孔安国系统及萧望之经学系统的关系，④认为定县竹简《论语》当属《鲁论》系列。⑤

　　四是融合本说。王素认为："简本《论语》是一个比《张侯论》更早的融合本，这种融合本与《张侯论》相同，也是以《鲁论》为底本，以《齐论》为校本。不同的是，简本《论语》的章句保存《鲁论》原貌更多，而《张侯论》的章句主要是根据《齐论》。简本《论语》的章句与以《张侯论》为主体的今本《论语》的章句颇多差异，盖源于此。西汉时代，不仅存在'由《齐》转《鲁》'的风气，而且存在融合《齐》《鲁》的趋势。在这种背景下，相信当时的《论语》传习者曾经编撰不少类似融合本。区别在于，张禹的《张侯论》是为成帝编撰，并且幸运地流传了下来；而简本《论语》是为中山怀王编撰，非常不幸地成为了随葬品。"⑥李若晖认为西汉武帝时经学出现由齐转鲁的倾向，以《鲁论》为主，融合《齐论》的文本应在张禹之前就已出现。因此，定县汉简《论语》很可能是与古、齐、鲁三家《论语》并行而内容互有同异的

① 单承彬：《定州汉墓竹简本〈论语〉性质考辨》，《孔子研究》2002 年第 2 期。
② 邱居里：《〈论语〉"鲁读"再探讨》，《历史文献研究》总第 27 辑，上海：华东师范大学出版社，2008 年。
③ 赵晶：《浅析定州汉简本〈论语〉的文献价值》，《浙江社会科学》2005 年第 3 期；赵莹莹：《定州汉墓竹简〈论语〉研究》，郑州大学硕士学位论文，2012 年。
④ 王刚：《定州简本〈论语〉"一字多形"与文本生成问题探论》，《地方文化研究》2017 年第 2 期。
⑤ 王刚：《从定州简本避讳问题看汉代〈论语〉的文本状况——兼谈海昏侯墓〈论语〉简的价值》，《许昌学院学报》2017 年第 3 期。
⑥ 王素：《河北定州出土西汉竹简〈论语〉性质新探》，《简帛研究》第三辑，南宁：广西教育出版社，1998 年，第 459—470 页。

一种文本。① 王泽强认为定县竹简《论语》当为来自民间的融合当时多个学派成果而形成的综合文本。② 胡鸣认为定县竹简《论语》为《古》《鲁》糅合本。③

五是三《论》系统之外传本说。陈东通过统计、对照简文避讳用字，发现定县竹简《论语》只讳"邦"字，惠帝以下诸帝皆不讳，从而推断其抄写年代当在汉高祖在位的十余年间。基于此，陈东认为竹简《论语》早于《古论》及《齐论》《鲁论》，当为《古论》问世以前已经在汉代流传的今文《论语》，④郑春汛、唐明贵与王一媛均认同陈东的意见。⑤ 李庆将竹简《论语》与传世本《论语》进行对照后认为："从定州本的用字等情况分析，和迄今为止所知的《齐》《鲁》《古》三本都不尽相同。可以说是一个和现在所知道的'三论'都不同的独立的本子。从篇章、内容和用字的情况来看，它和《齐论》的关系比较少，和《鲁论》《古论》比较相近。再加上同时出土的有萧望之的奏议等情况，综合看来，可以说是一个比较接近《鲁论》的本子。"⑥此外，李零认为西汉晚期是今古文本的融合期，定县竹简《论语》的情况类似武威汉简的《仪礼》，很难按三家《论》系统进行归纳。⑦ 徐刚认为可暂时搁置定县竹简《论语》的家派问题，仅将之视为某个个别抄本。⑧ 刘萍萍认为定州汉墓竹简《论语》是汉高祖时期根据口诵笔

① 李若晖：《定州〈论语〉分章考》，《齐鲁学刊》2006 年第 2 期。
② 王泽强：《中山王墓出土的汉简〈论语〉新论》，《孔子研究》2011 年第 4 期。
③ 胡鸣：《汉代三论糅合模式的开创——以定州汉墓竹简〈论语〉为例》，《哈尔滨师范大学社会科学学报》2014 年第 4 期。
④ 陈东：《关于定州汉墓竹简〈论语〉的几个问题》，《孔子研究》2003 年第 2 期。
⑤ 郑春汛：《从〈定州汉墓竹简论语〉的性质看汉初〈论语〉面貌》，《重庆社会科学》2007 年第 5 期；唐明贵：《定州汉墓竹简〈论语〉研究概述》，《古籍整理研究学刊》2007 年第 2 期；王一媛：《定州汉墓竹简〈论语〉的文献价值》，北京语言大学硕士学位论文，2009 年。
⑥ 李庆：《关于定州汉墓竹简〈论语〉的几个问题——〈论语〉的文献学探讨》，《中国典籍与文化论丛》第 8 辑，北京：北京大学出版社，2005 年。
⑦ 见李零：《丧家狗——我读〈论语〉》导读三，太原：山西人民出版社，2007 年，第 32 页。
⑧ 徐刚：《古文源流考》，北京：北京大学出版社，2008 年，第 117 页。

录整理而成一个杂糅的民间诵本,为三《论》之外的一个杂糅的本子。① 夏德靠认为定县竹简本《论语》源于先秦时期的口诵《论语》,定县竹简本《论语》开启了汉代《论语》传本的今文系统,这一今文传本系统的发展轨迹是由简本而齐《论》与鲁《论》。② 此外,有论者在指出定州汉墓竹简《论语》所保留的《论语》古本原貌是先于三家《论》的,但同时也认为其是各家融合而更多体现《鲁论》特点的《论语》版本。③

因定县竹简《论语》的性质与汉代三《论》相关问题有较为密切的关系,所以对前者的探讨刺激了有关后者的研究,近年来不少学位论文对此多有讨论。如温柔《定州竹简〈论语〉的特点与文献价值》、④马玉萌《定县汉墓竹简〈论语〉异文研究》、⑤孔漫春《〈论语〉出土文献研究》、⑥田春来《汉代〈论语〉的流传与演变》、⑦蒋焕芹《〈论语〉及其在汉代的流传》、⑧李红艳《〈论语〉三论研究》、⑨张祖伟《从〈史记〉〈汉书〉〈后汉书〉看〈论语〉在两汉的流传》、⑩王一媛《定州汉墓竹简〈论语〉的文献价值》、⑪赵莹莹《定州汉墓竹简〈论语〉研究》⑫等,详细内容不一一介绍,下文有所参考处自当标识。

---

① 刘萍萍:《定州汉墓竹简〈论语〉文本研究》,北京师范大学硕士学位论文,2009 年。
② 夏德靠:《〈论语〉文本的生成及其早期流布形态》,《四川师范大学学报(社会科学版)》2014 年第 1 期。
③ 韦扬:《定州汉简本〈论语〉校读札记》,《现代语文(语言研究版)》2009 年第 10 期。
④ 温柔:《定州竹简〈论语〉的特点与文献价值》,曲阜师范大学硕士学位论文,2010 年。
⑤ 马玉萌:《定县汉墓竹简〈论语〉异文研究》,华东师范大学硕士学位论文,2010 年。
⑥ 孔漫春:《〈论语〉出土文献研究》,河南大学博士学位论文,2010 年。
⑦ 田春来:《汉代〈论语〉的流传与演变》,武汉大学硕士学位论文,2004 年。
⑧ 蒋焕芹:《〈论语〉及其在汉代的流传》,东北师范大学硕士学位论文,2006 年。
⑨ 李红艳:《〈论语〉三论研究》,上海大学硕士学位论文,2008 年。
⑩ 张祖伟:《从〈史记〉〈汉书〉〈后汉书〉看〈论语〉在两汉的流传》,山东大学硕士学位论文,2008 年。
⑪ 王一媛:《定州汉墓竹简〈论语〉的文献价值》。
⑫ 赵莹莹:《定州汉墓竹简〈论语〉研究》。

第二节　定县竹简《论语》与相关
传世文献的比较研究

因定县竹简《论语》发现于西汉中山怀王墓中,下限为宣帝五凤三年(公元前 55 年),其时有《古论》《齐论》《鲁论》三种《论语》存在,融合《齐》《鲁》的《张侯论》此时应还未产生,①故对定县竹简《论语》性质的讨论,需参照三《论》进行。

传世的三《论》资料比较少。以《鲁论》而言,黄立振在《〈论语〉源流及其注释版本初探》一文中提到,有清于鬯所撰《新定鲁论语述》二十卷,见《于香草遗著丛辑》;钟文丞撰《鲁论语》一卷,见《豫恕堂丛书》;徐养原撰《论语鲁读考》一卷,见《皇清经解续编》及《湖州丛书》。② 前两种颇不易觅得,徐养原《论语鲁读考》可供参考。《古论语》《齐论语》均有马国翰《玉函山房辑佚书》辑本。③

徐养原《论语鲁读考》所考材料出自《经典释文》与熹平石经。《经典释文》所记"《鲁》读某为某,今从《古》"之文当为《鲁》读《古》读无疑,可作对读凭依。何晏《论语集解》序云:"安昌侯张禹本受《鲁论》,兼讲《齐》说,善者从之,号曰'张侯论',为世所贵。包氏、周氏《章句》出焉。"④有关《张侯论》的性质,研究者对于其究竟是融合齐、鲁两家《论语》文本,还是兼采两家解说有不同理解。一种意

---

① 参李学勤:《八角廊汉简儒书小议》,《简帛佚籍与学术史》,第 391 页。
② 参黄立振:《〈论语〉源流及其注释版本初探》,《孔子研究》1987 年第 2 期。其中于鬯、钟文丞书均难于觅得。且于鬯又有《新定鲁论语疏证》一书,不知与此《新定鲁论语述》有何异同。又查得国家图书馆有清钱玫《鲁论语考》一卷,收入《上虞钱氏丛著十种》,暂未觅得。
③ 黄立振《〈论语〉源流及其注释版本初探》文云《齐论语》尚有清王绍兰辑《齐论语问王知道逸文补》一卷,见《萧山王氏十万卷楼辑佚七种》,颇难觅得。本书所据为马国翰辑:《玉函山房辑佚书》,扬州:广陵书社,2005 年。
④ 《十三经古注·论语集解》,北京:中华书局,2014 年,第 1947 页。

见认为《张侯论》为融合《论语》齐、鲁两版本而成的新本；①另一种意见认为《张侯论》就是《鲁论》。② 无论何种意见，《张侯论》已非纯然《鲁论》旧貌当无疑义，包氏、周氏《章句》情况同此，③故以之为《鲁论》资料时，当有所裁择。

对于石经《论语》，因熹平石经"自《鲁诗》及《公羊春秋》外，俱不言所主何家，唯《论语》篇末有总计云凡廿篇，篇数与《鲁论》合，则知其为《鲁论》也"；④王国维《魏石经考三》对石经底本有所考证，云"石经但列今文诸经异同，至今文与古文之异同，则未及也"；⑤单承彬进一步推论，石经《论语》所据之底本即为《张侯论》，⑥其说可供参考。如此，则石经《论语》属《鲁论》系统似无太大疑问。然其与《张侯论》类似，已非纯然《鲁论》，故对其相关材料亦当有所裁择。

---

① 田春来即据有关载记材料推定《张侯论》已非《鲁论》之旧，"当为《古》《齐》《鲁》三本之外的另一传本"，谓其为《论语》"合流的滥觞"，然田氏此后仍以包氏、周氏《张侯论》之《章句》属《鲁论》系统，见田春来：《汉代〈论语〉的流传与演变》，第 40—41 页。又《隋书·经籍志》云："张禹本授《鲁论》，晚讲《齐论》，后遂合而考之，删其烦惑。除去《齐论·问王》《知道》二篇，从《鲁论》二十篇为定，号《张侯论》。"（《隋书》，北京：中华书局，1973 年，第 939 页）此处田春来文为"二十一"篇，当误。

② 单承彬谓对于何晏《论语集解·叙》之言研究界有两种理解：一种意见认为张禹初学《鲁论》，又杂讲《齐论》，于二论之中，择善者抄集，别为一《论》，即谓《张侯论》是综合《论语》的齐、鲁两个版本而成的一个新本子；另一种意见认为，张禹并未用《齐论》校《鲁论》文本，所谓"善者从之"，并非兼从《齐论》《鲁论》两种版本的文字，而是兼从两家之"善说"，《张侯论》其实就是《鲁论》。虽然单氏谓之情形下还不能遽断两说是非，但其倾向于后者是显而易见的，甚而即以《张侯论》为《鲁论》。参单承彬：《论语源流考述》，长春：吉林人民出版社，2002 年，第八节相关部分。

③ 有关《论语》包氏、周氏章句考论，可参单承彬《论语源流考述》第十节相关部分。

④ 徐养原：《论语鲁读考》附石经残碑序，《皇清经解续编》本。

⑤ 谢维扬、房鑫亮编：《王国维全集》第八卷《观堂集林·魏石经考三》，浙江教育出版社暨广东教育出版社，2009 年，第 486 页。

⑥ 石经《论语》相关考述可参单承彬《论语源流考述》第十节《东汉论语研究概述》相关部分。蒋焕芹的论证及结论基本同单氏，参蒋焕芹《〈论语〉及其在汉代的流传》第三章第二节。田春来意见较审慎，仅认为石经《论语》属《鲁论》系统而未做进一步推定，参田春来《汉代〈论语〉的流传与演变》第四章第一节相关部分。

马国翰辑有《古论语》六卷。① 马国翰所辑《古论语》的材料来源主要有:《史记》所引《论语》之文,《说文解字》所引《论语》,《后汉书·延笃传》延笃引《论语》之文,何晏《论语集解》所引孔安国、马融以及王肃注,《经典释文》中之古读,郭忠恕《汉简》所载《古论语》之文。对于马国翰辑本《古论语》之材料来源及其可信度,田春来认为"除延笃引文外,这些材料大都有明确文献记载,所以大致可以认为是可信的";②蒋焕芹认为马国翰此辑专采《古论语》经文,多不可据信;③李红艳对辑本《古论语》的材料来源及其可信度做了逐条辨析,认为《后汉书·延笃传》所引《论语》之辞不能作为《古论》;《释文》所载"古读",何晏《论语集解》所引孔安国注、马融注当是《古论》无疑;而《史记》《说文解字》所引文当慎重考虑,详加辨别,对《汗简》中所引更是要慎之又慎,④所论大体可从。

对于马国翰所辑《齐论》,田春来、蒋焕芹、李红艳对其材料来源进行了辨析,谓此辑本不可全然据信,《齐论》面貌不甚可考,意见可从。所以,对于与定县竹简《论语》可资比较的三《论》材料,目前而言《鲁论》与《古论》较可考,而《齐论》基本不可考。《经典释文》所载"鲁读""古读"之材料最可凭依,石经《论语》及《论语集解》包注可作为《鲁论》材料之参考,《论语集解》所引孔注、马注可作为《古论》材料之参考。

将定县竹简《论语》与相关传世文献进行比较研究可以发现,定县竹简《论语》在字词使用上有以下情况值得关注:

1. 定县竹简《论语》多用古字

定县竹简本《为政》(八)中之"无违",整理小组注曰:汉石经作

---

① 《玉函山房辑佚书》第三册经编论语类书目记古论语十卷,辑有六卷,十二篇。马国翰辑:《玉函山房辑佚书》,第1618—1637页。

② 田春来:《汉代〈论语〉的流传与演变》,第32页。

③ 参蒋焕芹:《〈论语〉及其在汉代的流传》,第50—51页。

④ 参李红艳《〈论语〉三论研究》第三章第二节第一目。又,对《史记》所引《论语》及孔安国注作为《古论语》材料可信度田春来、单承彬也有辨析,意见大体同李红艳文。

"毋违"。《仪礼·士昏礼》"毋违"郑注云："古文'毋'为'无'。"①

定县竹简本《八佾》（五〇）："周鉴于二代，或或乎文哉！"整理小组注曰："或或"，阮本作"郁郁"。《汗简》云：《古论语》郁作馘。《说文》段玉裁注："'馘'，古多假或字为之。……今本《论语》'郁郁乎文哉'，古多作'或或'"。② 程树德《论语集释》引《说文系传》云"郁郁"本作"馘"，假借"郁"字，又王氏《考异》谓古无"郁"字。③

定县竹简本《公冶长》（八五）"朽木不可雕也"，整理小组注曰：朽，古杇字。④

定县竹简本《公冶长》（九九）中之"也国"，整理小组注曰：今本作"他邦"。古文也与它字形近，《说文》无"他"字，有它、佗。佗可隶变为他，古文多作它。⑤

定县竹简本《子罕》（二一四）"文王灌溉殁"，整理小组注曰：溉，古既字。⑥

定县竹简本《乡党》（二四七）中之"非帷常，必杀之"，整理小组注曰：常，今本作"裳"。《说文》："常，下裙也。从巾，尚声，常或从衣。"段注"今字裳行而常废矣"，常为古文。⑦

定县竹简本《先进》（二七六）："旧贯而可？可必改作？"整理小组注曰：阮本作"仍旧贯如之何何必改作"。⑧ 郑春汛引裘锡圭《文字学概要》意见谓借"可"表"何"为较古老的用法，可参。

定县竹简本《先进》（三〇五）"莫春者"，整理小组注曰：莫，皇本作"暮"，《释文》："莫春，音暮，本亦作暮。"⑨郑春汛认为："莫"是

① 此处整理小组意见参《定州汉墓竹简论语》，第14页注7。篇题《为政》后之"（八）"为原竹简编号。
② 《定州汉墓竹简论语》，第18页注9。
③ 参程树德：《论语集释》，北京：中华书局，1990年，第182页。
④ 《定州汉墓竹简论语》，第25页注13。
⑤ 《定州汉墓竹简论语》，第25页注26。较具体解释可参郑春汛：《从〈定州汉墓竹简论语〉的性质看汉初〈论语〉面貌》，《重庆社会科学》2007年第5期。下文所引郑春汛意见均见此文，恕不烦注。
⑥ 《定州汉墓竹简论语》，第45页注4。
⑦ 《定州汉墓竹简论语》，第47页注7。
⑧ 《定州汉墓竹简论语》，第54页注22。
⑨ 《定州汉墓竹简论语》，第55页注57。

"暮"的初文,大概因为"莫"字被假借表否定词,故加注"日"旁以表本义。《说文》也无"暮"字,因此简本是较古老的写法。此说可参。

定县竹简本《子路》(三四〇):"莫予韦也。如善而莫之韦也,不亦善乎?"整理小组注曰:"韦",今本作"违"。① 郑春汛谓《说文》:"韦,相背也。"又据裘锡圭《文字学概要》意见,认为"韦"是"违"的初文,用"韦"表"违"是较古老的用法。

定县竹简本《宪问》(三九四)"我无耐焉",整理小组注曰:耐,今本作"能"。《礼记·礼运》"故圣人耐以天下为一家",注:耐,古能字。②

定县竹简本《卫灵公》(四一四):"女以予为多学而志之者与?"整理小组注曰:"志",今本作"识"字。③ 郑春汛谓《说文·心部》"志"字,段注云:《周礼·保章氏》注云:"志,古文识。"盖古文有"志"无"识",《史记·孔子世家》作"识",盖已隶定。此说可参。

定县竹简本《子张》(五九一):"其门者或寡矣。夫子之员,不亦宜乎!"整理小组注曰:员,今本作"云"。《说文》段注云:"又假借为云字,如《秦誓》'若弗员来',《郑风》'聊乐我员',《商颂》'景员维河',笺云:'员,古文云。'"④

定县竹简本《尧曰》(六〇一)"兴灭国,继绝世,擧泆民",整理小组注曰:擧,今本作"举",《说文》举字如是作。⑤ 郑春汛谓"擧"大概为较早的字形,其说可参。

以上为定县竹简《论语》用古字的一些例子。此外,定县竹简《论语》还有一些字的用法可能较为古老,如知作智、譬作辟、导作道、太作大、位作立、纳作内、授作受、仰作印、抑作印等。⑥

2. 定县竹简《论语》与《古论》相合之处

定县竹简本《学而》篇"(贫而)乐",今本"乐"后多有"道"字,整

---

① 《定州汉墓竹简论语》,第 62 页注 13。
② 《定州汉墓竹简论语》,第 69 页注 32。
③ 《定州汉墓竹简论语》,第 74 页注 2。
④ 《定州汉墓竹简论语》,第 96 页注 23。
⑤ 《定州汉墓竹简论语》,第 98 页注 5。
⑥ 可参马玉萌《定县汉墓竹简〈论语〉异文研究》第二章第二节。

理小组以康有为《论语注》云"无'道'字,盖古文也"。① 然据程树德《论语集释》、郑玄《论语注》、《汉书·王莽传》、《后汉书·东平宪王苍传》注所引"乐"后均无"道"字,与定县竹简本同。程树德认为《史记》《论语集解》所引孔安国注为《古论》,②故有"道"字,郑玄所注为《鲁论》,故无"道"字。③ 故此条属性暂无从论定。

定县竹简本《公冶长》(八三)"……之国,可使治其赋也",整理小组注曰:赋,《释文》云:"梁武云:《鲁论》作傅。"④则定县竹简本当从古。

定县竹简本《述而》(一八八)"君子靻荡,小人长戚",整理小组注曰:靻荡,今本作"坦荡荡",郑注:"鲁读'坦荡'为'坦汤',今从古。""荡"从古文。⑤

定县竹简本《阳货》(五三〇)"古之矜也廉",整理小组注曰:廉,《释文》云:"鲁读廉为贬。"⑥如此,则定县竹简本当从古。

定县竹简本《阳货》(五三六):"天何言哉,四时行焉,百物生焉,天何言哉?"整理小组注曰:天,《释文》云:"鲁读'天'为'夫'。"⑦则定县竹简本当从古。

定县竹简本《阳货》(五五一)"恶勇而无礼者,恶果敢而窒者",整理小组注曰:窒,《释文》云:"鲁读'窒'为'室'。"⑧则定县竹简本为从古。

又定县竹简本《雍也》(一一九):"……而有斯疾也!命也夫!斯人也而有此疾也!"整理小组注曰:命也夫,今本无,《史记·仲尼

---

① 《定州汉墓竹简论语》,第2页。
② 单承彬《论语源流考述》第七节专论司马迁所见之《论语》,单氏倾向于认为《史记》所引《论语》为《古论》,然因目下之《古论》面貌多据何晏《论语集解》所存,并不全面,又史迁称引《论语》或撮其大意,故单氏谓其意见"仅为一种大胆的推测"。
③ 可详参程树德:《论语集释》,第54页此句之集释内容。
④ 《定州汉墓竹简论语》,第25页注11。
⑤ 《定州汉墓竹简论语》,第38页注49。
⑥ 《定州汉墓竹简论语》,第87页注40。
⑦ 《定州汉墓竹简论语》,第87页注48、49。
⑧ 《定州汉墓竹简论语》,第89页注80。

弟子列传》有此三字。① 郑春汛认为《史记》所见《论语》为孔壁古文。关于《史记》所引《论语》的性质目前似不能确证,故郑氏意见可略备一说。

3. 定县竹简《论语》与《鲁论》相合之处

定县竹简本《述而》(一五七)"……以学,亦可以毋大过矣",整理小组注曰:亦,阮本作"易",连上句读为"学易"。《释文》云:"鲁读易为亦。案《鲁论》作'亦',连下句读。"郑注:"鲁读'易'为'亦'。"②则定县竹简本从鲁。

定县竹简本《述而》(一八四)"诚唯弟子弗能学也",整理小组注曰:诚,阮本作"正",郑注云:"鲁读'正'为'诚',今从古。"③则"诚"从鲁。

定县竹简本《子罕》(二一三)"麻絻,礼也",《泰伯》(二一一)"……絻,卑宫室而……",《卫灵公》(四二五、四六〇、四六一)"服周之絻""师絻见""师絻出",整理小组注曰:絻,今本作"冕"。今本《子罕》"冕衣裳者"《释文》云:郑本作"弁",云鲁读"絻"为"弁",今从古,《乡党》篇亦然。又唐写本《论语》郑注(伯二五一〇号)谓:鲁读"絻"为"弁",今从古。今本此章阙,然以上所列可知此章当亦作"絻",定县竹简《论语》絻从鲁。④

定县竹简本《先进》(三〇六)"风乎舞雩,咏而归",《释文》"而归"条云:"郑本作馈,馈酒食也,鲁读馈为归,今从古。"⑤则定县竹简本作"归"同鲁。

定县竹简本《卫灵公》(四三一)"群居终日,言不及义,好行小惠",整理小组注曰:惠,阮本作"慧",皇本作"惠",《释文》云:"行

---

① 《定州汉墓竹简论语》,第 30 页注 9。
② 《定州汉墓竹简论语》,第 37 页注 21。所据核对之《经典释文》为中华书局1983 年版,下同。
③ 《定州汉墓竹简论语》,第 38 页注 44。
④ 可参郑春汛文或单承彬:《论语源流考述》,第 202 页。郑文引今本《子罕》之"冕衣裳与猛者",十三经注疏本《论语》作"与瞽者",郑文似误。
⑤ 整理小组此条所引不全。又可参单承彬:《论语源流考述》,第 202—203 页。

小慧,音惠,小才知。鲁读慧为惠。"①似此,则定县竹简本从鲁。

定县竹简本《微子》(五五四)"齐人归女乐",整理小组注曰:归,《释文》云:郑作"馈"。② 郑春汛谓同于上述《先进》(三○六)章,从"归"同鲁,可参。

除此而外,单承彬将定县竹简《论语》与石经本比勘,论略两者异同,此不详列。③

4. 定县竹简《论语》其他用字特点

关于定县竹简《论语》用字,还需提及之处有二:一为用字多假借,二是存有相当数量的虚词(尤其是语气词)脱、衍情况。④

定县竹简《论语》除了字句使用自具特点外,其分章也有与今传本相异之处。定县竹简《论语》存有一些残存章题和字数的简文,其中一枚列于《尧曰》篇后,其他九枚附于书末。对于残存的章数简,陈东认为大部分与今本对应篇章相近。⑤ 其中六一八简记"[凡四十七章][□□百八十一字]",陈氏认为今本《卫灵公》篇有四十九章的记录,字数也与定县竹简本相近。刘宝楠《论语正义》《卫灵公》篇"《集解》凡四十九章"之正义曰:"皇邢本只四十二章,释文亦止四十三章,今云四十九章,九字误,当作三。"⑥又定县竹简本此章字数不明,故是否与今本《卫灵公》相当实不可测。陈文谓定县竹简本六一五简"卅"当为"廿"之误,六二○简"十三"疑为"廿三"之误,陈文所行之比对中,定县竹简《论语》能与今传本对应处,不以为误,反之则疑误,此似有未安。

---

① 《定州汉墓竹简论语》,第75页注23。
② 《定州汉墓竹简论语》,第91页注2。
③ 因为石经《论语》篇数二十,与《鲁论》合,故一般认为石经《论语》属《鲁论》系统。单承彬认为石经《论语》所据底本即《张侯论》。竹简与石经比勘可参单承彬:《论语源流考述》,第205—209页。
④ 相关研究可详参马玉萌《定县汉墓竹简〈论语〉异文研究》、刘萍萍《定州汉墓竹简〈论语〉文本研究》、王一媛《定州汉墓竹简〈论语〉的文献价值》、赵莹莹:《定州汉墓竹简〈论语〉研究》。
⑤ 参陈东:《历代学者关于齐〈论语〉的探讨》,《齐鲁学刊》2002年第3期。竹简章数简应只有十枚,陈文所列计十枚,然其谓"存留的十一枚章数简"之语或误。
⑥ 刘宝楠:《论语正义》(《诸子集成》影印本),上海:上海书店,1986年,第331页。

定县竹简《论语》有些分章与今传本不同。有些简文分为两章,传本却为一章,简文为一章的,传本又分为两章或几章。① 如竹简整理小组指出,定县竹简本《乡党》"食不厌精"至"乡人饮酒"今本或分二、三、五章,定县竹简本只是一章;"雷风烈必变"与"升车"今本分二章,定县竹简本也是一章。②《阳货》:"子贡曰:君子有恶乎?"今本别为一章,而定县竹简本则同前"子路曰"合为一章。特别是《尧曰》,今本为三章,定县竹简本为二章,今本第三章在定县竹简本中用两个小圆点与上间隔,以双行小字连在下面,好像附加的一段。③ 又陈东指出定县竹简本与传世本分章明显不同的有两处:一是《子路》"子路问曰君子尚勇乎"与"子贡曰君子亦有恶乎"合二为一,二是《子罕》"子在川上曰逝者如斯夫"与"子曰吾未见好德如好色者也"相连。④ 关于《尧曰》分章问题,据《经典释文》"孔子曰:不知命,无以为君子"章注文"《鲁论》无此章,今从古",可知定县竹简本内容当较近于《古论》,然整理者将"凡二章[凡三百廿二字]"的章数简附于定县竹简本《尧曰》篇后,则定县竹简本此篇分二章,分章数与《鲁论》同。⑤

第三节　定县竹简《论语》性质辨析

定县竹简《论语》所出之汉墓属西汉宣帝时,故对定县竹简《论

---

① 定县汉墓竹简整理小组:《定县40号汉墓出土竹简简介》,《文物》1981年第8期。
② 刘宝楠《论语正义·乡党》"《集解》凡一章"正义曰:"此篇虽一章,而其间事义,各以类从。皇邢疏别为科段,……今略本之,分为二十五节。"见第195页。似此,则整理小组此处所谓分章,当为节云。
③ 参《定州汉墓竹简论语》,《定州汉墓竹简〈论语〉介绍》第2页。
④ 参陈东:《关于定州汉墓竹简〈论语〉的几个问题》,《孔子研究》2003年第2期。另,陈文引文注释"《定州汉墓竹简论语》,文物出版社1977年,第99页"中1977当为1997之误。又陈文谓"子张问""子曰不知命"两章均为《论语》附录,以双行小字书写,以二小圆点与正文间隔(见陈文第10页)。其中"子曰不知命"章如此,但"子张问"章为《论语》正文,并非如其所描述的以附录格式出现。
⑤ 刘宝楠《论语正义·尧曰》"《集解》凡三章"正义曰:"《鲁论》无《不知命》章,则《尧曰》凡二章。"见第411页。

语》性质的讨论也以其时《论语》的流传情况为参照。虽然真正的三《论》文本已无从得见，但就目下所能探知的三《论》情形与定县竹简《论语》对勘可以发现，定县竹简《论语》呈现出明显的混合型文本特征：既有与《古论》相合处，又有与《鲁论》相合处。所以，将定县竹简《论语》视作单纯的《古论》或《鲁论》传本似均不妥帖。又《齐论》样貌无充分线索以供讨论，但从定县竹简本《论语》残存部分看，应不属《齐论》传本。那么定县竹简《论语》是否为早于《张侯论》的《齐》《鲁》融合本呢？这个可能性似乎也不大。因为如若定县竹简《论语》为《齐》《鲁》融合本，则其中异《鲁》从《古》处从何而来？宣帝五凤三年(前55年)前，《古论》应并未流传，①故定县竹简《论语》从《古》处应非出自《古论》；又西汉此后流行三《论》，说明《齐》《古》自当有别，所以定县竹简《论语》从《古》处也当非出自《齐论》。然则似乎除《齐》《鲁》外，当时应另有《论语》传本，定县竹简《论语》性质似应作如是观。

　　关于定县竹简《论语》的抄写年代，整理小组已指出定县竹简《论语》中"国"字与汉石经同，而今本作"邦"，并谓其避高祖之讳。②陈东统计竹简避讳用字的情况后，断定竹简抄写年代"当在汉高祖在位的十余年间"，并以此推定西汉《论语》流传情况。③ 定县竹简《论语》与石经之"国"字可能即为原貌，并不能认定必为避讳。即使此处确为避高祖讳，仅以避讳之法断定抄写年代似有未安。以汉代避讳之法而言，陈垣认为其法不严，谓"汉时近古，宜尚自由，不能以后世之例绳之"，④汉时文献屡见不行避讳之例，出土汉代简帛也多见此情形。① 王刚对汉代的避讳情形进行了深入的讨论,修正了定县竹简《论语》抄写于高祖时的意见,而将定县竹简《论语》抄写年代定于景帝之时。②

又整理小组及李庆以同墓出土有萧望之奏议作为定县竹简《论语》偏近《鲁论》的依据,似亦可议。墓葬所出之书多性质各异,内容驳杂,其入葬情形可反映墓主学行及喜好而非以书之类别为准,且廷臣奏议发转诸侯王,也非稀有之事,故此萧望之奏议见于墓葬,很可能并非与他书相关,此奏议似乎也并不能据以说明太多问题。不然,同墓出土之《六安王朝五凤二年正月起居记》是否能说明定县竹简《论语》与之有关呢? 所以,目前的材料似仅支持定县竹简《论语》为三家《论》以外传本的结论,关于其抄写年代及属性似乎还无法得到更为确定的结论。

以上关于定县竹简《论语》性质的讨论,基于简本特殊的文本特征及西汉三《论》的流行情况,而学界关于西汉《论语》流传中三《论》始出时间仍存有分歧,所以对于三《论》流传情况的讨论与定县竹简《论语》性质的判断互有关联。关于三《论》始出时间,《汉书·艺文志》《论语》类小序谓"汉兴,有齐、鲁之说",③又《书》类小序言及《古论》之出谓:"武帝末,鲁共王坏孔子宅,……而得《古文尚书》及《礼记》《论语》《孝经》凡数十篇,皆古字也。"④对于《汉志》所及《古论》始出时间,王充《论衡》有不同记载,其书《正说篇》云"至孝景帝时,鲁共王坏孔子教授堂以为殿,得百篇《尚书》于墙壁中",⑤《案书篇》则谓"孝武皇帝时,鲁共王坏孔子教授堂以为宫"。⑥ 对此载记

① 有关避讳之法可参王建:《中国古代避讳史》,贵阳:贵州人民出版社,2002年;又可参陶哲:《秦至西汉宣帝时期避讳研究》,四川师范大学硕士学位论文,2009年。
② 王刚:《从定州简本避讳问题看汉代〈论语〉的文本状况——兼谈海昏侯墓〈论语〉简的价值》,《许昌学院学报》2017年第3期。
③ 班固:《汉书》,北京:中华书局,1962年,第1717页。
④ 班固:《汉书》,第1706页。
⑤ 《新编诸子集成(全六十册)·论衡校释》,北京:中华书局,2018年,第1306—1307页。
⑥ 《新编诸子集成(全六十册)·论衡校释》,第1349页。

矛盾多有学者论及,考以鲁共王生平此疑当释,且近有论者将鲁共王传"恭王初好治宫室,坏孔子旧宅以广其宫"中之"初"字提请注意,颇为细致精到。① 如此,则《古论》当出于景帝末。

关于三《论》先后,还有一种意见认为《齐论》《鲁论》较《古论》晚出,其依据主要为:《汉志》《论语》类首列《古论》而次及《齐论》《鲁论》,《齐》《鲁》二论传授者年代均稍晚,不见宣帝之前《齐》《鲁》二论立于学官的记载。《汉志》《书》《礼》《春秋》《孝经》均以古文为先,此并非谓其先出而是以之为近于孔子所书,对于《论语》传授者之时代更可加以论析,②而汉初文献也尚有征引《论语》者,如陆贾《新语》、《韩诗外传》、贾谊《新书》等,董仲舒《春秋繁露》称引也非在少数。③ 如此,若《齐论》《鲁论》晚于《古论》,则汉初当有另外的今文《论语》广泛流传,然则对此并无明确载记线索,似不如见于记载的《齐》《鲁》二论更为可据。综上所论,三《论》中《齐》《鲁》二论汉兴已有,《古论》应出于景帝末。如此则大致可以推断,定县竹简《论语》为三《论》之外的传本;又据其多用古字的情形,略可推测其时代可能较早,但是否为高祖时抄本,证据似不充分。

对于定县竹简《论语》的传本性质研究而言,现有的相关材料被反复爬梳,不同的研究视角和意见几乎已被穷尽,然而值得思考的是,基于相同的材料研究者的意见往往差异极大。出现这一现象的原因往往并不在于具体的研究个案,而很可能在于研究者所秉持的论说框架。

无论认为定县竹简《论语》属鲁《论》、齐《论》、古《论》,还是三家之下不同方案融合本的意见,其实均基于汉人所梳理的《论语》流传框架。不过随着出土新材料的增多,有关先秦秦汉的《论语》文本及流传图景日益清晰。今传本《论语》20 篇,其中 10 篇被战国中晚期以前的出土文献引用过。郭店简引用《论语》中的《述而》《泰伯》《子罕》篇,清华简《治政之道》、上博简《君子为礼》部分内容与《颜

---

① 参李红艳:《〈论语〉三论研究》,第 14 页。

② 可参李若晖:《〈论语〉在汉代的始出时间》,收入《苏格拉底问题》,北京:华夏出版社,2005 年,第 252—255 页。

③ 具体可参李红艳:《〈论语〉三论研究》,第 14—17 页。

渊》篇相同,安大简采撷《论语》7 篇 8 条。这些先秦出土文献所引《论语》文本,与今传本的语序、文字、虚词多有不同。① 不仅如此,战国时期的《论语》篇章多为单篇流传,且多有不见于今传《论语》的孔子言行材料,这无疑反映了先秦时期记载孔子及孔门弟子言行这种"《论语》类"材料的复杂流传情态。② 这种流传状态不同程度地延续至汉代。有论者基于海昏《论语》及朝鲜平壤汉简《论语》,讨论了西汉中期的《论语》流传情况,发现西汉中期的《论语》文本存在各不相同且区别于今本的用字习惯,文本相对稳定但又尚未固化,篇章组合上仍有较强的灵活性,也存在单篇别行的情况,并基于此指出,西汉中期的《论语》流传状况远不是三《论》并行可以概括的。③

这种文本上的复杂流变状态是先秦秦汉古书流传的一种通例。正因如此,若仍在已有的三《论》框架之下讨论出土的《论语》类材料性质,大概率会出现与上述定县竹简《论语》传派问题讨论类似的歧见纷呈的局面。这种惯常的思路和做法不能说是错误的,只是意义似乎有限。已有论者较早认识到古书流传的复杂性与典籍所记文献流传统绪之间的张力,认为应当仅将定县竹简《论语》当成某个个别的抄本,而不要追究它属于哪一家。④ 因为这些后来才明确化的概念套用到此前的文本上实在是削足适履,会妨碍我们对《论语》学发展的认识。正确的方式应该是反过来,从分析西汉中期抄本出发,考察《论语》文本的变化。⑤ 实际上,对于出土《论语》家派问题的讨论与出土《诗经》材料家派问题的讨论何其相似。这其中牵涉了如何对待出土文献与相关传世文献的原则问题。

传世文献诚然为考察出土文献提供了不可或缺的基础和条件,

---

① 详参刘光胜:《〈论语〉成书新证及其方法论反思》,《中原文化研究》2022 年第 6 期。
② 杨博:《出土文献视野下的〈论语〉文本形态演进》,《孔子研究》2023 年第 4 期。
③ 陈侃理:《海昏竹书〈论语〉初论》,朱凤瀚主编:《海昏简牍初论》,第 166 页。
④ 徐刚:《古文源流考》,第 117 页。
⑤ 陈侃理:《海昏竹书〈论语〉初论》,朱凤瀚主编:《海昏简牍初论》,第 161 页。

然而一旦习惯了依靠基于传世文献的既成认识来审视出土文献及相关问题,便可能遮蔽相关材料本身的复杂性及既有认识本身的问题,从而丧失对既有材料及知识本身进行反思的契机。对于传世文献及基于其上的模型、解释和结论而言,出土文献的价值和作用首先并不在于对这些既有认识的印证和补充,而在于促使我们对既成的认识进行检验和修正。在此意义上我们才能更好地理解李学勤先生所提出的"重写学术史"这一课题。

第七章　出土文献与"语"类文献的流传

第一节　马王堆帛书《春秋事语》及《战国纵横家书》概述

马王堆一、二、三号墓均为典型的西汉早期墓葬。其中二号墓出土的三枚印章有"长沙丞相""轪侯之印""利苍"字样,故墓主被认定为第一代轪侯利苍。三号墓中的遣册有"十二年二月乙巳朔戊辰"的纪年文字,故墓主据测为利苍之子,死于汉文帝十二年(前168年)。三号墓东厢有一长约60厘米、宽30厘米、高20厘米的长方形漆奁,马王堆帛书均出于其中。

帛书《春秋事语》为长沙马王堆三号汉墓所出帛书中的一种,出土时卷在一块宽约3厘米的长方形木片上,揭裱时碎裂成大小不等的碎片二百余块,由帛书整理小组缀合复原。帛书《春秋事语》广约23厘米,长约74厘米,横幅直界朱丝界栏,墨书,字体为早期古隶,篆意浓厚。帛书《春秋事语》现存字97行,无标题,分为16章,每章提行另起,并以大圆点作为分章符号。帛书《春秋事语》每章各记一事,彼此不相关联,既不分国别,也不以时间为序,其记事以第十一章隐公被杀为早,以第三章韩、魏、赵三家灭智氏为晚,基本对应于《左传》的记事时段,又帛书每章记事简略而重在言论,故整理者将其命名为《春秋事语》。1977年《文物》第1期刊发了马王堆汉墓帛书整理小组隶定的帛书《春秋事语》释文。① 1983年文物出版社出版的《马王堆汉墓帛书(叁)》公布了《春秋事语》的图版,将释文改

---

① 马王堆汉墓帛书整理小组:《马王堆汉墓出土帛书〈春秋事语〉释文》,《文物》1977年第1期。

为繁体,并增加了注释。① 2008 年湖南省博物馆联合复旦大学出土
文献与古文字研究中心对马王堆汉墓简帛开展了新一轮的整理工
作,2014 年发布了整理后的帛书《春秋事语》图版和释文。② 有关帛
书《春秋事语》的抄写年代,学界大致认为将之"作为楚汉交争时期
的写本,是最合理的",③"大概抄写于汉高祖称帝之前[汉高祖五年
(公元前 202 年)灭项羽而称帝]"。④

　　帛书《战国纵横家书》为长沙马王堆三号汉墓所出帛书中的一
种,由于长期叠放,帛书《战国纵横家书》出土时断为 24 片。根据复
原研究可知,《战国纵横家书》系抄写于宽 23 厘米(汉代一尺)、长
192 厘米的缯帛之上。全书共 325 行,每行 30 至 40 余字,最后留有
3 厘米左右的空白,其总字数约为 11 000。全书无标题,以"●"为分
章符号,共 27 章。帛书《战国纵横家书》文字结构上隶变的痕迹非
常明显,为介于篆隶之间的"古隶",⑤且由于存在不同的书写风格,
故可以推断,全书是由不同的抄手写成。⑥ 关于帛书《战国纵横家
书》的抄写年代,学界大体认为当为汉高祖或惠帝时。⑦ 1975 年《文
物》第 4 期以《马王堆汉墓出土帛书〈战国策〉释文》为题刊布了帛书

---

① 马王堆汉墓帛书整理小组:《马王堆汉墓帛书(叁)》,北京:文物出版社,
　　1983 年。
② 帛书《春秋事语》图版和释文分别见湖南省博物馆、复旦大学出土文献与古
　　文字研究中心编纂,裘锡圭主编:《长沙马王堆汉墓简帛集成》第壹、叁册,
　　北京:中华书局,2014 年。若无特别说明,本书所论帛书《春秋事语》释文
　　均据此。
③ 李学勤:《帛书〈春秋事语〉与〈左传〉的传流》,《古籍整理研学刊》1989 年
　　第 4 期。
④ 裘锡圭:《帛书〈春秋事语〉校读》,《湖南省博物馆馆刊》第 1 期,2004 年 7
　　月。有关帛书《春秋事语》年代问题的讨论可详参田志荣:《帛书〈春秋事
　　语〉研究》,西北师范大学硕士学位论文,2023 年,第 3—4 页;赵争:《长沙
　　马王堆帛书〈春秋事语〉研究综述》,《阿坝师范高等专科学校学报》2011 年
　　第 4 期。
⑤ 喻燕姣:《浅谈马王堆帛书书法特征》,《东方艺术》2010 年第 8 期。
⑥ 陈松长:《马王堆帛书的抄本特征》,《湖南大学学报(社会科学版)》2007
　　年第 5 期。
⑦ 相关讨论可参邢耀方:《马王堆汉墓帛书〈战国纵横家书〉集注》,哈尔滨师
　　范大学硕士学位论文,2020 年,第 2 页。

《战国纵横家书》的释文。1976 年文物出版社出版了单行本的帛书《战国纵横家书》,对释文进行了修订,并增加了注释和附录;①1983年文物出版社出版的《马王堆汉墓帛书(叁)》收入《战国纵横家书》的全部图版和释文注释。② 2014 年湖南省博物馆、复旦大学出土文献与古文字研究中心和中华书局联合发布了经过重新整理的帛书《战国纵横家书》的图版和释文。③

第二节　马王堆帛书《春秋事语》性质考论

帛书《春秋事语》各章所载史事多见于《左传》,故学界对两者的关系及帛书性质多有讨论。关于帛书《春秋事语》与《左传》的关系及帛书性质大致有三种意见:

一种意见大致以《左传》为早而帛书《春秋事语》在后,认为帛书为简化《左传》而来,帛书属早期《左传》学系统作品。张政烺先生认为"《春秋事语》的性质,应当认为和《铎氏微》是一致的"。④ 裘锡圭先生也认为这部帛书可能是《汉书·艺文志》六艺略春秋家所载《铎氏微》《左氏微》《张氏微》《虞氏微传》等类著作中的一种或其摘抄本。⑤ 李学勤先生认为《铎氏微》一类书的共同特点是"抄撮《左传》,采取成败",而且为便于读者接受,往往"篇幅较小","这可以

① 马王堆汉墓帛书整理小组:《马王堆汉墓帛书·战国纵横家书》,北京:文物出版社,1976 年。
② 马王堆汉墓帛书整理小组:《马王堆汉墓帛书(叁)》。
③ 帛书《战国纵横家书》图版和释文分别见湖南省博物馆、复旦大学出土文献与古文字研究中心编纂,裘锡圭主编:《长沙马王堆汉墓简帛集成》第壹、叁册,北京:中华书局,2014 年。若无特别说明,本书所论帛书《战国纵横家书》释文均据此。
④ 张政烺:《〈春秋事语〉解题》,《文物》1977 年第 1 期。
⑤ 裘先生意见参裘锡圭:《座谈长沙马王堆汉墓帛书》,《文物》1974 年第 9期;裘锡圭:《帛书〈春秋事语〉校读》,《湖南省博物馆馆刊》第 1 期,2004年 7 月。刘娇意见同,参刘娇:《言公与剿说——从出土简帛古籍看西汉以前古籍中相同或类似内容重出现象》,北京:线装书局,2012 年,第34 页。

说是汉初以前《左传》学的一个传统"，①且"引据《左传》而将文字简括归并，在战国至汉代古书中例证不胜枚举，其体例多与帛书相同"。② 故李先生认为帛书的内容是从《左传》简化而来的，帛书《春秋事语》当为早期《左传》学的正宗作品。吴荣曾先生则考察了战国时期《春秋》学的传习状况，认为《春秋事语》应为战国儒家研治或评说《春秋》的春秋学作品。③ 陈锦忠基于古代历史教育背景，认为帛书《春秋事语》是在战国《春秋》传授的基础上产生的。④

　　另一种意见认为帛书《春秋事语》在先而《左传》在后，帛书属于《左传》成书所参考的材料之一。徐仁甫主张不是帛书《春秋事语》简化《左传》，而是刘歆采割《春秋事语》以佐《左传》成书。他认为叙事简略的材料在时间上应早于叙事详密的材料。⑤ 王莉通过考察同墓出土的古书、墓主的身份及思想倾向，否定了帛书《春秋事语》为童蒙读物的看法，并通过比较帛书与《左传》的相关内容，认为与《左传》相较，帛书《春秋事语》记事较为简略，事件的本末记述不够完整，缺乏连贯性，内在逻辑性也不强，更符合早期史书的一些特征，呈现出更多的原始性，从而推断帛书为《左传》成书所参考的底本之一。⑥ 李建军对比了帛书《春秋事语》与《左传》的相关内容，认为帛书在语言运用上不如《左传》精炼、生动，在史实把握上不如《左传》缜密、细致，在思想倾向上与《左传》也有种时代的先后关系，从而推测帛书《春秋事语》应当是《左传》之前的史学作品，是《左传》广采博取的史料中的一种。⑦ 刘伟认为"《左传》和《春秋事语》是两种不同系统的史书"，

① 李学勤：《〈春秋事语〉与〈左传〉的流传》，《简帛佚籍与学术史》，南昌：江西教育出版社，2001年，第274页。
② 李学勤：《〈春秋事语〉与〈左传〉的流传》，《简帛佚籍与学术史》，第270页。
③ 吴荣曾：《读帛书本〈春秋事语〉》，《文物》1998年第2期。
④ 陈锦忠：《从先秦历史教育看〈春秋事语〉产生的基础》，中兴大学历史学系编：《第三届史学史国际研讨会论文集》，台中：青峰出版社，1991年，第119—135页。
⑤ 参徐仁甫：《马王堆汉墓帛书〈春秋事语〉和〈左传〉的事、语对比研究——谈〈左传〉的成书时代和作者》，《社会科学战线》1978年第4期；徐仁甫：《左传疏证》，成都：四川人民出版社，1981年。
⑥ 王莉：《〈春秋事语〉研究二题》，《古籍整理研究学刊》2003年第5期。
⑦ 李建军：《帛书〈春秋事语〉考论》，《图书馆理论与实践》2006年第5期。

"就作为《左传》的资料来源这一点来说,《春秋事语》和《国语》更加相似",①故刘伟也是认为帛书《春秋事语》属于《左传》成书所参考的材料之一。夏德靠认为帛书《春秋事语》虽然"在物质形态上显得比较粗糙,但它却为《左传》的编纂奠定了前期基础"。② 李凯也认为帛书《春秋事语》对于《左传》的编纂有铺垫作用。③

还有一种意见认为帛书《春秋事语》不属《左传》系统而为另一部单独的古书。唐兰先生认为,帛书《春秋事语》"不是《左传》系统而为另一本古书是无疑的",疑为《汉书·艺文志》中的《公孙固》。④左松超对徐仁甫的意见提出了商榷,通过分析帛书《春秋事语》与《左传》记事异同,认为两者所据史料不可能完全相同,编辑目的也不一样,所以在内容详略、材料取舍、行文习惯诸方面均存有差异,只是均记载春秋史事,"事实如此,不得不同",二者"并没有直接传授的关系"。⑤ 赵争通过比较帛书与《左传》的异同,认为帛书《春秋事语》很可能既非简化《左传》而成,也非《左传》成书所参考的底本,而应是一种颇受《左传》影响的"语"类古佚书,至于是否即为《公孙固》则不能确定。⑥ 孙飞燕认为帛书《春秋事语》的创作目的、主旨及思想与《左传》有本质的不同,不属于《左传》的传流系统。⑦张雨丝与田志荣均从"资料库"与"公共素材"的角度观照帛书《春秋事语》的成书,认为帛书《春秋事语》与《春秋》及《左传》当共享了某些史料,但两者之间并不存在直接的相互参考的关系。⑧

---

① 刘伟:《马王堆帛书〈春秋事语〉性质论略》,《古代文明》2010 年第 2 期。
② 夏德靠:《〈国语〉研究》,北京:知识产权出版社,2014 年,第 101 页。
③ 李凯:《〈春秋事语〉应为左传的来源》,《中国社会科学报》2018 年 8 月 21 日。李凯同时指出,目前无法断定《左传》作者看到的是帛书《春秋事语》还是帛书《春秋事语》的同"源"文献。
④ 唐兰:《座谈长沙马王堆汉墓帛书》,《文物》1974 年第 9 期。
⑤ 左松超:《论〈春秋事语〉》,《国际孔学会议论文集》,台北:国际孔学会议大会秘书处,1988 年。
⑥ 赵争:《马王堆帛书〈春秋事语〉性质再议》,《古代文明》2011 年第 1 期。
⑦ 孙飞燕:《论马王堆帛书〈春秋事语〉的创作意图、主旨及思想》,《简帛研究·2017 春夏卷》,桂林:广西师范大学出版社,2017 年,第 31—43 页。
⑧ 张雨丝:《马王堆帛书〈春秋事语〉编纂考》,《新经学》(第九辑),上海:上海人民出版社,2022 年;田志荣:《帛书〈春秋事语〉研究》。

学界对于帛书《春秋事语》与《左传》关系的讨论源于两者之间的异同,以下试分别论述之。

帛书《春秋事语》与《左传》的相关之处首先在于,帛书所记史事除第二《燕大夫章》外全都见于《左传》,且其中第六《伯有章》、第九《卫献公出亡章》、第十《吴人会诸侯章》和第十四《吴伐越章》,除《左传》外不见于他书。其次,帛书《春秋事语》记事断限与《左传》大致吻合,帛书记事以第十一章隐公被杀为早,以第三章韩、魏、赵三家灭智氏为晚,基本对应《左传》的记事时段。

帛书《春秋事语》与《左传》的相异之处在于:首先,体裁不同。帛书《春秋事语》每章重点在议论,记事仅具首尾,比较简略,由其命名即可知帛书材料重在记言;《左传》虽也记载言论,但其记事的份量远远大于记言,故可以说《左传》重在记事。其次,在内容上,帛书《春秋事语》与《左传》也存在不小的差异。一方面,在章次安排上,帛书《春秋事语》并不遵循确定的规则,既不按国别,也不以时间为序,与《左传》的纪年顺序无甚关联。帛书《春秋事语》各章史事见于《左传》的情况如下:

一、杀里克章:《左传》僖公九年、十年(公元前651年、公元前650年)

二、燕大夫章:不见于他书

三、韩魏章:《左传》哀公二十七年(公元前468年)

四、鲁文公卒章:《左传》文公十八年(公元前609年)

五、晋献公欲得随会章:《左传》文公十三年(公元前614年)

六、伯有章:《左传》襄公二十九年及三十年(公元前544年及公元前543年)

七、齐桓公与蔡夫人乘舟章:《左传》僖公三年及四年(公元前657年及公元前656年)

八、晋献公欲袭虢章:《左传》僖公二年(公元前658年)

九、卫献公出亡章:《左传》襄公二十六年及二十七年(公元前547年及公元前546年)

一〇、吴人会诸侯章:《左传》哀公十二年(公元前483年)

十一、鲁桓公少章：《左传》隐公初及隐公十一年(公元前712年)

十二、长万章：《左传》庄公十一年及十二年(公元前683及公元前682)

十三、宋荆战泓水之上章：《左传》僖公二十二年(公元前638年)

十四、吴伐越章：《左传》襄公二十九年(公元前544年)

十五、鲁庄公有疾章：《左传》庄公三十二年至闵公二年(公元前662至公元前660年)

十六、鲁桓公与文姜会齐侯于乐章：《左传》桓公十八年(公元前654年)

由上可见,帛书《春秋事语》章次安排似乎并不遵循明确的规则,既不分国别也不按时间先后顺序,与《左传》的纪年顺序关系不甚密切。因此,若帛书《春秋事语》是从《左传》简化而来,则帛书《春秋事语》"参差不齐"的史事序列需从《左传》中前后翻检而成,如此则远不如遵照《左传》纪年顺序"顺次"简化来得容易且更合情理。

另一方面,帛书《春秋事语》内容与《左传》颇有异同。相关情形论列如下：

一、第一章《杀里克章》当事人的议论为《左传》所无。

二、第二章《燕大夫章》的记事《左传》无。

三、第三章《韩魏章》所记智伯率韩、魏围赵而三家反灭智伯之事,《左传》《战国策》及《史记》均有载,而帛书《春秋事语》所记与《战国策·赵策》为近,而与《左传》的记述差异不小,且帛书《春秋事语》所记当时谋士"智赫"的言论不见于其他古书。

四、第四章《鲁文公卒章》事见于《左传》,但帛书《春秋事语》"死诸君命也",《左传》则为"死君命可也";帛书《春秋事语》公襄负人(即《左传》之公冉务人)劝谏叔仲惠伯之语有一百五十六字,《左传》则为："若君命,可死；非君命,何听?"①此处所记,帛书《春秋事语》似乎比《左传》详尽精确,《左传》反较帛书简练。

---

① 李建军：《帛书〈春秋事语〉考论》,《图书馆理论与实践》2006年第5期。

五、第五章《晋献公欲得随会章》之"晋献公欲得随会也,魏州
馀请召之",其事在晋灵公七年,而帛书《春秋事语》作晋献公,当
误。① 据《左传》,随会晋灵公元年奔秦并为用于秦,晋人觉之不安,
其时晋六卿相见议及此事,而非晋君欲得随会。于是"乃使魏寿馀
伪以魏叛者,以诱士会",与帛书《春秋事语》之"魏州馀请召之"也
不同。又帛书《春秋事语》载随会归晋后,诬晓朝(即绕朝)而秦杀
之,此事不见于他书,若不见帛书所记,《韩非子·说难》之"故绕朝
之言当矣,其为圣人于晋而为戮于秦也"将无从索解。且帛书《春秋
事语》记绕朝事侧重于其因进谏而遭祸亡,与帛书《春秋事语》之时
人议论联系紧密,而《左传》之绕朝谏言仅为一段插曲。

六、第六章《伯有章》闵子辛议论《左传》无。

七、第七章《齐桓公与蔡夫人乘舟章》士说议论不见于他书,且
帛书《春秋事语》记事较近于《韩非子·外储说左上》而与《左传》所
记略有出入。帛书《春秋事语》"齐桓公与蔡夫人乘舟。夫人荡舟,
禁之,不可,怒而归之,未之绝,蔡人嫁之",《左传》作"齐侯与蔡姬乘
舟于囿,荡公。公惧,变色;禁之,不可。公怒,归之,未之绝也。蔡
人嫁之",《左传》较帛书简练。

八、第八章《晋献公欲袭虢章》所记最近于《谷梁》而非《左传》,
尤其是荀息分析虞君贪宝而轻宫之柯(即《左传》宫之奇)的一段言
论,《左传》仅为"宫之奇之为人也,懦而不能强谏。且少长于君,君
昵之;虽谏,将不听",此《左传》较帛书简略。

九、第九章《卫献公出亡章》所记"右□□"(《左传》为右宰谷)
的一大段议论《左传》为"不可。获罪于两君,天下谁畜之",帛书
《春秋事语》议论明显详于《左传》。

十、第十一章《鲁桓公少章》闵子辛的议论《左传》无。

十一、第十二章《长万章》之议论部分《左传》不载。

十二、第十三章《宋荆战泓水之上章》士匄的评论《左传》无,且
帛书《春秋事语》记事与《左传》有两处不同,而与《韩非子》相关记

---

① 张政烺:《〈春秋事语〉解题》,《文物》1977 年第 1 期。

述甚近,盖帛书《春秋事语》材料与《韩非子》同源。①

十三、第十四章《吴伐越章》纪谱的议论《左传》无。帛书《春秋事语》"吴伐越,俘其民,以归,弗复而刑之,使守布舟",《左传》作"吴人伐越,获俘焉。以为阍,使守舟",《左传》较帛书凝练。

十四、第十五章《鲁庄公有疾章》之"五月,公薨",《左传》为"八月癸亥,公薨于路寝",《史记》也为"八月",看来帛书《春秋事语》另有所本,且帛书闵子辛议论《左传》无。

十五、第十六章《鲁桓公与文姜会齐侯于乐章》医曼的评论与《管子·大匡》的记载相合而不见于《左传》。

经过以上比较可知,帛书《春秋事语》除第十章《吴人会诸侯章》与《左传》所记较为接近以外,帛书各章与《左传》所记均有差异。其中值得注意的有三种情况:

第一种情况是帛书《春秋事语》有而《左传》无,最常见的是帛书《春秋事语》各章所记议论不见于《左传》,如帛书第一至第七章及第十一至第十六章,且其中不少发言之人也不见于《左传》。再就是帛书《春秋事语》史事不见于《左传》,如帛书《春秋事语》第二章《燕大夫章》全部及第五章《晋献公欲得随会章》关于随会归晋后使绕朝被谗而亡的情节。

第二种情况是两者都有而《左传》比帛书《春秋事语》简练,此种情况见于帛书第四章、第七章、第八章、第九章及第十四章。其中帛书第四章与第十四章为帛书《春秋事语》部分记事行文没有《左传》简练;帛书第七至第九章为帛书所记议论较详,《左传》所记议论较帛书简略。

第三种情况是帛书《春秋事语》与《左传》所记抵牾,如帛书第五《晋献公欲得随会章》"晋献公欲得随会也,魏州馀请召之",据《左传》,随会奔秦并为秦所用后,晋人不安,此时晋六卿相见议及此事,而非晋君欲得随会。于是有《左传》"乃使魏寿馀伪以魏叛者,以诱士会",而帛书为"魏州馀请召之";又帛书第十五《鲁庄公有疾章》

①　参郑良树:《竹简帛书论文集》,北京:中华书局1982年,第38—39页。

之"五月,公薨",《左传》为"八月癸亥,公薨于路寝"。

帛书《春秋事语》与《左传》在内容上的差异说明,帛书不是简化、改写《左传》而来。首先,若帛书《春秋事语》是从《左传》简化而来,则帛书《春秋事语》"参差不齐"的史事序列需从《左传》前后翻检而成,如此则远不如遵照《左传》的纪年顺序"顺次"简化来得容易且更合情理。其次,在记述内容上,帛书《春秋事语》有而《左传》无的情况,显然不是帛书简化《左传》而来;帛书《春秋事语》较《左传》详尽之处,也应非帛书简化《左传》而来;帛书《春秋事语》与《左传》所记抵牾,说明帛书当另有所据,因为若帛书《春秋事语》是据《左传》简化改写而成,似不应横生枝节、生此龃龉。

帛书《春秋事语》也很可能并非是与《铎氏微》相类的《左传》学著作。《铎氏微》等书见于《汉书·艺文志》,相关载记线索如下:

《汉书·艺文志》:

六艺略·春秋类:

《左氏微》二篇。颜师古注曰"微谓释其微指"。沈钦韩《汉书疏证》:"微者,《春秋》之支别,与《铎氏微》同,颜解非。"①

《铎氏微》三篇。楚太傅铎椒也。

《张氏微》十篇。沈钦韩《汉书疏证》:疑张苍。②

《虞氏微传》二篇。赵相虞卿。

诸子略·儒家类:

《李氏春秋》二篇。

《虞氏春秋》十五篇。虞卿也。

其中《左氏微》《张氏微》无更多线索,③无法对其内容予以讨论。以下对《铎氏微》《虞氏微传》《虞氏春秋》及其与帛书《春秋事

---

① 参陈国庆:《汉书艺文志注释汇编》,北京:中华书局,1983年,第64页。沈玉成与刘宁《春秋左传学史稿》也谓"颜氏的解释显然没有注意刘向这一段文字(指《别录》所记之《左传》传授系统)而从微言大义望文生发,疑不可从"。《春秋左传学史稿》,南京:江苏古籍出版社,1992年,第77页。
② 参陈国庆:《汉书艺文志注释汇编》,第65页。
③ 对于《张氏微》之作者,陈国庆《汉书艺文志注释汇编》引沈钦韩《汉书疏证》说法,疑为张苍。参陈国庆:《汉书艺文志注释汇编》,第65页。

语》的可能关系予以辨析。首先来看相关载记线索。关于《铎氏微》类著作性质的主要记载如下：

《史记·十二诸侯年表序》：

> 铎椒为楚威王傅，为王不能尽观《春秋》，采取成败，卒四十章，为《铎氏微》。赵孝成王时，其相虞卿上采《春秋》，下观近势，亦著八篇，为《虞氏春秋》。吕不韦者，秦庄襄王相，亦上观尚古，删拾《春秋》，集六国时事，以为八览、六论、十二纪，为《吕氏春秋》。及如荀卿、孟子、公孙固、韩非之徒，各往往捃摭《春秋》之文以著书，不可胜纪。①

刘向《别录》：

> 左丘明授曾申，申授吴起，起授其子期，期授楚人铎椒，铎椒作《抄撮》八卷授虞卿，虞卿作《抄撮》九卷授荀卿，卿授张苍。②

学者多据以上材料认为铎椒所作《抄撮》即《铎氏微》，虞卿之《抄撮》即《虞氏微传》或《虞氏春秋》，此种看法实值得讨论。首先，从篇卷数来看，铎椒、虞卿两《抄撮》分别为 8 卷和 9 卷，《铎氏微》3 篇、《虞氏微传》2 篇、《虞氏春秋》15 篇，不甚对应；其次，从编撰目的来看，《抄撮》为传授《左传》所作，《铎氏微》为便于楚王观览、《虞氏春秋》为虞卿抒意之作，③编撰目的不同，其内容应不一致。因此，铎椒、虞卿两《抄撮》与《铎氏微》《虞氏微传》或《虞氏春秋》之关系并

---

① 此段中的《春秋》均指《左传》，参金德建：《司马迁所见书考》第十二章《司马迁所称〈春秋〉系指〈左传〉考》，上海：上海人民出版社，1963 年，第 105—111 页。金氏推论《铎氏微》之《春秋》即《左传》稍显迂曲。诚如杨伯峻所言，铎椒因楚王"不能尽观《春秋》"而"采取成败"作《铎氏微》，《春秋》在当时最多不过 18 000 字，而《春秋》和《左传》近 20 万字，显然，楚王"不能尽观"之书应指《左传》而非《春秋》才合乎情理。
② 据《十三经注疏》孔颖达正义引杜预《春秋序》述《左传》授受线索，见阮元校刻：《十三经注疏》，北京：中华书局，1980 年，第 1703 页。
③ 《史记·平原君虞卿列传》："虞卿既以魏齐之故，不重万户侯卿相之印，与魏齐闲行，卒去赵，困于梁。魏齐已死，不得意，乃著书，上采《春秋》，下观近世，曰《节义》《称号》《揣摩》《政谋》，凡八篇。以刺讥国家得失，世传之曰《虞氏春秋》。"见司马迁：《史记》，北京：中华书局，1982 年，第 2375 页。

非直接两两对应这么简单。诚然,古书篇卷分合无定,流传情况复杂,篇卷数量并不足以完全说明问题,且《抄撮》《铎氏微》《虞氏微传》《虞氏春秋》不传,①其内容不得而见。但即便退一大步,不考虑《抄撮》与铎椒、虞卿书的对应情况,帛书《春秋事语》也很可能与《铎氏微》等书不相类。《铎氏微》因楚王"不能尽观《春秋》",为便观览而作,其内容应忠于《左传》,似不应再"横生枝节",加入《左传》之外的内容,而帛书《春秋事语》多有不见于《左传》的情节、人物及言论。《虞氏春秋》为虞卿抒意而为,除"上采《春秋》"外还"下观近势",且从辑本内容来看,其书颇言战国事,大旨主于合从而未离战国说士之习,与《左传》颇不相类,当然也与帛书《春秋事语》并不类同。所以,从目前已知的、可测的《左传》学著作来看,帛书《春秋事语》似不属于《左传》系统。其实《史记·十二诸侯年表序》的有关记述本就不甚精确,关于《铎氏微》《虞氏微传》《吕氏春秋》究竟为《左传》节本还是个人著作,"行文叙述有点含混"。② 又《汉志》载录的《左氏微》《张氏微》《虞氏微传》等书早已亡佚,且不见任何载记线索,故关于此类古书与帛书《春秋事语》属同类著作的推论似尚可商议。

关于帛书《春秋事语》的性质,还有一种意见认为,帛书《春秋事语》记事比《左传》呈现出更多的原始性,从而推断前者为后者成书所参考的底本之一。若比较帛书《春秋事语》各章与《左传》的相关记载,固然可以认为前者记事比后者"原始"。因为帛书《春秋事语》这种"语"类文献并不以记事见长,其所记史事多围绕议论展开,重点在于每章所记的相关言论。这种以保存"嘉言善语"为主要目的的"语"类文献,本就不以记事见长而旨在突出可以"明明德"的言论,本就不类《左传》这种记事之史。且是否记事简略原始的文献就一定先于记事详细完备的文献尚大可讨论。记事详略不同可能出

---

① 马国翰辑有《虞氏春秋》一卷,其书颇言战国事,"大旨主于合从"而"未离战国说士之习",与《左传》颇不相类(马国翰:《玉函山房辑佚书》第四册子编儒家类,第 2531 页)。马氏还辑有《李氏春秋》一卷,其书"泛论名理"(马国翰:《玉函山房辑佚书》,第 2519 页),可知《李氏春秋》与《左传》及帛书《春秋事语》不类。

② 沈玉成、刘宁:《春秋左传学史稿》,第 77 页。

于行文差异,也可能由于编撰目的和手法差异,当然也可能是简略的改写详细的,简略在后而详细在先。

再则,帛书《春秋事语》有不少内容不见于《左传》,若帛书《春秋事语》是《左传》成书所参考的底本之一,则"帛书有而《左传》无"的内容该如何解释;再如帛书优于《左传》的情况,即帛书相关记述比《左传》来得详细、精确、生动,若帛书为《左传》之底本,似乎《左传》在采用帛书时没有道理"弃精取粗"。诚然,我们可以设想《左传》成书不必尽采其底本,且所采内容也需"经进一步加工润色,增易整理",①甚或有些内容还会在《左传》流传过程中佚失。不过,以古书成书过程中的信息耗散及信息变形而将个中情况一笔带过似意有未安,这种"后见之明"式的解释似乎也显得过于讨巧和牵强。

综上讨论,有理由相信帛书《春秋事语》既非简化、改写《左传》而来,也不是《左传》成书所参考的底本,而是另一种古书无疑,但是否如唐兰先生所言为《公孙固》,因无任何材料线索,故存疑。目前来看,帛书《春秋事语》与《左传》之间当不存在简明的线性关系,两者可能共享了"公共素材",是基于这类素材的不同性质的古书。

第三节　马王堆帛书《战国纵横家书》与相关传世文献关系考论

帛书《战国纵横家书》原无书名,因内容与传世的《战国策》一书颇有关联,故帛书最初被称作"帛书《战国策》",②后帛书整理小组将其定名为《战国纵横家书》。③ 有关帛书《战国纵横家书》的命名学界稍有争议,这与对其性质的认知密切相关。

---

① 王莉:《〈春秋事语〉研究二题》,《古籍整理研究学刊》2003 年第 5 期。
② 如帛书整理小组最初公布的释文即以"帛书《战国策》为名",参《马王堆汉墓出土帛书〈战国策〉释文》,《文物》1975 年第 4 期。又如杨宽《马王堆帛书〈战国策〉的史料价值》(《文物》1975 年第 2 期)、《战国中期的合纵连横战争和政治路线斗争——再谈马王堆帛书〈战国策〉》(《文物》1975 年第 3 期)二文,以及曾鸣《关于帛书〈战国策〉中苏秦书信若干年代问题的商榷》(《文物》1975 年第 8 期)。
③ 马王堆汉墓帛书整理小组:《马王堆汉墓帛书·战国纵横家书》。

唐兰认为,虽然帛书有与《战国策》互见篇章,但这部分内容只占帛书五分之二,且帛书的排列不以国别和时代为序,实与《战国策》不类,并认为帛书内容多为苏秦、苏代、苏厉的书信和对话,故唐先生认为帛书不是《战国策》而是《汉书·艺文志》所载之《苏子》。①后考虑到帛书第二六章的史事为秦始皇二十二年时事,帛书之编集当在此之后,又据《汉书·艺文志》"纵横家"记有《秦零陵令信》一篇,唐先生又追加一种可能性,即帛书《战国纵横家书》是零陵守信所编集之书的一种抄本。②

杨宽认为帛书性质同于《战国策》,属纵横家,应为秦、汉之际编辑的一种纵横家言的选本,但帛书材料的来源比较复杂,有些来源于法家所辑录的游说材料,其中帛书前十四章多为苏秦游说的原始资料,编排较帛书其他部分有条理,很可能是从《苏子》一类书中辑录而来。③

郑良树认为帛书《战国纵横家书》与刘向编撰《战国策》时所利用的原始资料性质相同,并进一步推断帛书《战国纵横家书》就是刘向编撰《战国策》所主要依据的"国别者八篇",是《战国策》原始资料的一部分,故帛书命名为"帛书本《战国策》"是不必争论的。④

诸祖耿先生根据帛书《战国纵横家书》中多处出现了苏秦的名字,且帛书史事都在苏秦身后,并综合其他证据认为,帛书《战国纵横家书》是西汉初期流行的苏秦书、苏秦法百家书说的部分存卷,其名称不该是"别本战国策",也不能称作"战国纵横书"而应该称作"汉墓苏秦法书说存卷二十七章"。⑤

日本学者藤田胜久认为帛书《战国纵横家书》是"以针对当时

① 唐兰:《座谈长沙马王堆汉墓帛书》,《文物》1974 年第 9 期。
② 唐兰:《司马迁所没有见过的珍贵史料》,《马王堆汉墓帛书·战国纵横家书》,北京:文物出版社,1976 年,第 126 页。
③ 杨宽:《马王堆帛书〈战国纵横家书〉的史料价值》,《马王堆汉墓帛书·战国纵横家书》,第 155—168 页。
④ 郑良树:《论帛书本〈战国策〉的分批及命名》,《竹简帛书论文集》,北京:中华书局,1982 年,第 220 页。
⑤ 诸祖耿:《关于马王堆汉墓帛书类似〈战国策〉部分的名称问题》,《南京师大学报(社会科学版)》1978 年第 4 期。

史记外交情况的书信、奏言为基础,以收信国为中心加以编纂,具有训诫意义的抄本",①帛书《战国纵横家书》不仅是纵横家的典籍,而且是"包括纵横家在内,广泛收集战国时代各国外交、国策资料的典籍"。②

帛书《战国纵横家书》抄写体式及内容有明显的特征。其中最具特色之处在于第十五章至第十九章,帛书《战国纵横家书》此部分每章末尾均有字数统计,第十九章末尾有这五章的总字数,"●大凡二千八百七十",其中只有十七章为佚文,其他均见于《史记》《战国策》等传世文献。其次为第一章至第十四章,此部分或为书信,或为奏言,各章体例大致相同,均不记书信或奏言的发起人,各章内容关联性较强,次序排列遵循一定的规律,有特殊而一贯的书写习惯,如以勾为赵、以乾为韩,其中除第四章、第五章的一部分见于《史记》《战国策》外,其他均为佚文。关于帛书《战国纵横家书》内容结构的特征略见下表:

章序	章 题	《战国策》	《史记》	《韩非子》
1	苏秦自赵献书燕王章			
2	苏秦使韩山献书燕王章			
3	苏秦使盛庆献书燕王章			
4	苏秦自齐献书于燕王章	燕策二		
5	苏秦谓燕王章	燕策一	苏秦列传	
6	苏秦自梁献书于燕王章(一)			
7	苏秦自梁献书于燕王章(二)			

① [日]藤田胜久著,曹峰、[日]广濑薰雄译:《〈史记〉战国史料研究》,上海:上海古籍出版社,2008年,第171页。
② [日]藤田胜久著,曹峰、[日]广濑薰雄译:《〈史记〉战国史料研究》,第174页。

续　表

章序	章　　题	《战国策》	《史记》	《韩非子》
8	苏秦谓齐王章（一）			
9	苏秦谓齐王章（二）			
10	苏秦谓齐王章（三）			
11	苏秦自赵献书于齐王章（一）			
12	苏秦自赵献书于齐王章（二）			
13	韩嬰献书于齐章			
14	苏秦谓齐王章（四）			
15	须贾说穰侯章●五百七十	魏策三	穰侯列传	
16	朱己谓魏王章●八百五十八	魏策三	魏世家	
17	谓起贾章●五百六十三			
18	触龙见赵太后章●五百六十九	赵策四	赵世家	
19	秦客卿造谓穰侯章●三百	秦策三		
20	谓燕王章	燕策一	苏秦列传	
21	苏秦献书赵王章	赵策一	赵世家	
22	苏秦谓陈轸章		田敬仲完世家	
23	虞卿谓春申君章	楚策四、韩策一		
24	公仲倗谓韩王章	韩策一	韩世家	十过
25	李园谓辛梧章			
26	见田仆于梁南章			
27	麛皮对邯郸君章			

鉴于上述内容特征,帛书《战国纵横家书》多被学界分为三大部分:第一部分为第一章至十四章,第二大部分为第十五章至十九章,余下的第二十章至二十七章为第三部分。这种分类方法其实是以帛书第二部分为基准,前后各为一部。①

据帛书《战国纵横家书》本身的体式及内容特征可较为明显地将其分为三大部分,但更关键的问题是关于帛书三大部分中各章的排列情况。唐兰及马雍各有一套对帛书编年的方案,两者之间有相当的差异,且据各自的编年结果,帛书《战国纵横家书》各章的排列似乎无特定的规律,既不按国别又不依时间顺序。② 藤田胜久在分析了唐兰与马雍的编年依据和结果后认为,要决定帛书《战国纵横家书》所记材料的最后年代是非常困难的,因之,确定帛书材料的年代同样非常困难。藤田胜久转而依据帛书《战国纵横家书》各章材料中年代较为清楚的事件为中心,来考察各章所包含的事件情况,认为帛书《战国纵横家书》第一部分各章以燕昭王、齐湣王时代的外交为中心,按照合纵的大致经过来排列,第二部分基本上也是按照年代顺序排列的,第三部分则没有年代上的连续性。③ 杨宽认为帛书《战国纵横家书》前十四章的编排是有一定次序的,可分为两个部分:第一到第七章是苏秦给燕昭王的信和游说辞,第八到第十四章是苏秦及韩矅给齐湣王的信和游说辞。④ 青城发展了杨宽的意见,认为前十四章从整体上分为两部分,前七章是苏秦给燕昭王的信和

① 不同的观点来自郑良树先生。郑先生关于帛书的分批有两种标准,故有两套方案。一是依据各章的人名统计情况将帛书分为四批:第一至十四章、第十五至十九章、第二十至二四及二七章、二五和二六章,一是以用字情况为依据将帛书分为三批:一至十四章及二五和二六章、十五至十九章、二十至二四章及二七章。郑良树:《论帛书本〈战国策〉的分批及命名》,《竹简帛书论文集》,第205—207页。

② 见唐兰《司马迁所没有见过的珍贵史料》和马雍《帛书〈战国纵横家书〉各篇年代和历史背景》文,均收入《马王堆汉墓帛书·战国纵横家书》。又有孟庆祥《战国纵横家书论考》一书,其各篇编年同马雍,孟庆祥:《战国纵横家书论考》,哈尔滨:黑龙江人民出版社,1999年。

③ [日]藤田胜久著,曹峰、[日]广濑薰雄译:《〈史记〉战国史料研究》,第161—163页。

④ 前引杨宽《马王堆帛书〈战国纵横家书〉的史料价值》一文。

游说辞,后七章是苏秦以及韩曧给齐湣王的信和游说辞,两部分各
自按时间早晚排列。其次,两部分之间不仅在内容上相互联系,而
且在时间上相互照应。① 秦炳坤对帛书《战国纵横家书》有关苏秦
材料的编年做了研究,他综合了唐兰与马雍的编年方案,对与苏秦
有关的帛书各章进行了编年。② 相关研究情况见下表:

章序	章 题	唐兰编年	马雍编年	青城编年	秦炳坤编年
1	苏秦自赵献书燕王章	前 288 年	前 286 年	前 288 年	前 288 年
2	苏秦使韩山献书燕王章	前 289 年	前 286 年	前 288 年	前 286 年
3	苏秦使盛庆献书燕王章	前 289 年	前 286 年	前 288 年	前 286 年
4	苏秦自齐献书于燕王章	前 288 年	前 286 年	前 287 年	前 286 年
5	苏秦谓燕王章	前 308 年	前 300 年	前 287 年	前 307 年
6	苏秦自梁献书于燕王章(一)	前 287 年	前 287 年	前 287 年	前 287 年
7	苏秦自梁献书于燕王章(二)	前 287 年	前 287 年	前 287 年	前 287 年
8	苏秦谓齐王章(一)	前 287 年或前 286 年	前 288 年	前 288 年	前 287 年
9	苏秦谓齐王章(二)	前 290 年或前 289 年	前 289 年	前 292 年	前 290 年

① 青城:《帛书〈战国纵横家书〉前十四章结构时序考辨》,《管子学刊》1995
年第 2 期。
② 秦丙坤:《〈战国纵横家书〉所见苏秦散文时事考辨》,《西北师大学报(社
会科学版)》2002 年第 4 期。

续　表

章序	章　题	唐兰编年	马雍编年	青城编年	秦炳坤编年
10	苏秦谓齐王章(三)	前287年	前288年	前288年	前287年
11	苏秦自赵献书于齐王章(一)	前287年	前287年	前287年	前287年
12	苏秦自赵献书于齐王章(二)	前287年	前287年	前287年	前287年
13	韩赇献书于齐章	前287年	前287年	前287年	
14	苏秦谓齐王章(四)	前287年	前287年	前287年	前287年
15	须贾说穰侯章	前273年	前273年		
16	朱己谓魏王章	前265年	前262年		
17	谓起贾章	前284年	前284年		
18	触龙见赵太后章	前265年	前265年		
19	秦客卿造谓穰侯章	前271年	前271年		
20	谓燕王章	战国末	前288年		
21	苏秦献书赵王章	前285年	前283年		前284年
22	苏秦谓陈轸章	前312年	前312年		前312年
23	虞卿谓春申君章	前259年	前248年		
24	公仲侚谓韩王章	前317年	前314年		
25	李园谓辛梧章	前235年	前235年		
26	见田仆于梁南章	前225年	前274年		
27	麛皮对邯郸君章	前354年	前353年		

一、马王堆帛书《战国纵横家书》的结构特征研究

马王堆帛书《战国纵横家书》很可能是将竹简上的资料抄写在缣帛上的。① 考虑到帛书《战国纵横家书》的抄写体式及内容特征，以附有字数统计的第十五至十九章为基准，将帛书《战国纵横家书》分作三部分是合情合理的。对于帛书《战国纵横家书》是否有更进一步的编排规律，学界的研究似过多侧重对时序的考索，由此所得结论是帛书《战国纵横家书》编排不以时序；又多聚焦于帛书《战国纵横家书》的信息发出方，认为帛书《战国纵横家书》的编排亦不依国别。如若换个角度观察，会发现一些不同的情况。相关的研究日本学者藤田胜久论之已详，以下主要在其基础上，结合其他学者的工作，尝试探讨帛书《战国纵横家书》的结构特征及编纂问题。

若对帛书《战国纵横家书》各章书信或奏言的接收方进行统计，即可发现不同之处：

帛书《战国纵横家书》第一部分的十四章，前七章均为苏秦及盛庆给燕昭王的书信和奏言，信息接收方属燕，后七章均为苏秦以及韩垂给齐湣王的信和游说辞，信息接收方属齐。

帛书《战国纵横家书》第二部分中，第十五、十七、十九章信息接收方属秦，第十六章信息接收方属魏，第十八章信息接收方属赵。

帛书《战国纵横家书》第三部分的信息接收方，第二十章属燕，第二十一、二十七章属赵，第二十二、二十三章属楚，②第二十四章属韩，第二十五章属秦，第二十六章属魏。

值得注意的是，从信息接收方来看，帛书《战国纵横家书》第一

① 唐兰先生通过帛书第十一、十二两章的错简，推断帛书《战国纵横家书》的原本是写在竹简上的，且每简约23至25字，见唐兰：《司马迁所没有见过的珍贵史料》，《马王堆汉墓帛书·战国纵横家书》，第124页。日本学者工藤元男也有些同样的看法，他认为原来战国游说故事的各种文本是写在竹简上的，帛书《战国纵横家书》本收集了各种文本，然后再转写到缣帛上。工藤先生意见转引自藤田胜久，见《〈史记〉战国史料研究》，第158页。
② 第二十二章的信息接收方为陈轸，此时为楚国谋士，故从接收方角度，帛书《战国纵横家书》第二十二章应属楚。藤田胜久将之属齐（《〈史记〉战国史料研究》，第161页图5—3），似不妥。

部分的国别判然分明,第二部分的国别不包括第一部分之燕与齐,第三部分则遍历燕、赵、楚、韩、秦、魏六国,且包含第一和第二部分的国别。藤田胜久据此认为,帛书《战国纵横家书》第一部分和第二部分是按照国别来加以编纂的。① 从信息接收方的情况来看,帛书《战国纵横家书》第一部分的编排以国别为序应无疑问,但若认为第二部分也以国别为序理由似不充分。因为帛书《战国纵横家书》第二部分信息接收方国别不含燕、齐,这有两种可能,一是出于巧合,即第二部分所据材料的信息接收方本不包含燕与齐,二是帛书《战国纵横家书》抄写时经过了有意识的再编辑。藤田胜久倾向于第二种可能性。② 然而,我们应综合考虑以下三种情况:首先,从信息接收方来看,帛书《战国纵横家书》第二部分中第十五章属秦,第十六章属魏,第十七章属秦,第十八章属赵,第十九章属秦,相较于第一部分,国别分布较为凌乱,似乎并未呈现出依据国别排列的迹象。其次,帛书《战国纵横家书》第一部分的四条错简应不是抄写致错,而是所据原本已经如此。③ 再次,帛书《战国纵横家书》第二部分章末的字数统计情况值得注意,每章所记字数总和与十九章末所记总字数不符,④这应该不大可能是抄写人的疏忽,很可能是原本即标识如此。综上所述,帛书《战国纵横家书》所抄第一章至第十九章,很可能忠于原本而并未改动,帛书《战国纵横家书》其他章节也很可能未加改动。当然,帛书《战国纵横家书》每部分的抄写是否忠于原本

---

① ［日］藤田胜久著,曹峰、［日］广濑薰雄译:《〈史记〉战国史料研究》,第160页。

② 藤田胜久认为:"既然第二大类的故事是记载有总字数的编本,那第一大类的故事也经过一定的编纂吧。"见［日］藤田胜久著,曹峰、［日］广濑薰雄译:《〈史记〉战国史料研究》,第160页。

③ 唐兰谓:其中第98行"而攻"下脱96字,前49字误入95行"恶燕者"下,后47字误入101行"寡人"下。说明原本写在竹简上,每简约23至25字。后来编简的绳子断了,有四条错简,两简误在前,两简误在后,编此书的人没有发现,照抄下来了。见前揭《司马迁所没有见过的珍贵史料》一文。

④ 第二部分各章章末所记字数如下:第十五章五百七十,第十六章八百五十八,第十七章五百六十三,第十八章五百六十九,第十九章三百。五章总计为二千八百六十字,比此所说,少十字。见马王堆汉墓帛书整理小组:《马王堆汉墓帛书·战国纵横家书》,第83页。

与帛书是否经过编辑并不冲突,帛书整体经过编辑、取舍并不妨碍帛书每部分皆同原本,只是以目前的情况我们倾向于第一种可能性:即帛书《战国纵横家书》信息接收方不含第一部分之燕、齐是出于巧合。由此,我们可以初步认为,帛书《战国纵横家书》第一部分(第一至十四章)以国别为序,剩余的第二部分与第三部分不以国别为序。

再来看时序。据上文所列各家有关帛书《战国纵横家书》材料内容年代汇总表,唐兰、马雍的编年方案涉及帛书《战国纵横家书》全部章节,青城则对帛书《战国纵横家书》第一部分之十四章的时序发表了意见,秦炳坤先生对于帛书《战国纵横家书》涉及苏秦的事件进行了编年。根据汇总表可以清楚地看到,对于帛书《战国纵横家书》材料的编年方案,各家存在较大分歧。这表明为帛书《战国纵横家书》每章进行详细编年确实较为困难,藤田胜久注意到了这点,所以他转而以帛书《战国纵横家书》各章中年代比较清楚的事件为中心来进行研究。藤田胜久大致认为帛书《战国纵横家书》第一部分所记载的外交关系是以前 284 年秦国、三晋、楚国、燕国攻击齐国而燕国报复成功为背景的,以燕昭王、齐湣王时代的外交为中心,按照合纵的大致经过来排列的;第二部分的内容是前 260 年长平之战赵国战败以前的事,以秦昭王时代进攻东方为背景,按照年代顺序排列的;第三部分事件年代比较复杂,未按时序排列。① 综合参考各家对时序的研究,对于帛书《战国纵横家书》第一部分,我们大致同意藤田胜久的意见,即前十四章基本是按照时序编排的,应加说明的是,其中第一至七章、第八至十四章作为两个部分,大致各自按时序排列。然而对于帛书《战国纵横家书》第二部分,判断其按时间顺序排列的理由似乎并不充分。② 帛书《战国纵横家书》第三部分则未显示以时为序的迹象。

---

① [日] 藤田胜久著,曹峰、[日] 广濑薰雄译:《〈史记〉战国史料研究》,第 163 页。

② 藤田胜久强调,第二部分的故事年代在第一大类故事之后,两者年代不重复,国别也不同,似乎暗示帛书第一、二部分经过有意的编排。但同样地,按照藤田胜久对帛书各部分的背景推定,第二部分的背景与第一部分的背景本就不同,两者在年代上不重复实属正常,并无特别之处。

接下来考察帛书《战国纵横家书》各部分材料的结构模式。关于帛书《战国纵横家书》各章的结构模式,藤田胜久有论,①为便于讨论计,现不惮烦再胪列如下:

第一部分

一、自赵献书燕王曰:"……"

二、使韩山献书燕王曰:"……"

三、使盛庆献书于【燕王曰】:"……"

四、自齐献书于燕王曰:"……"

五、谓燕王曰:"……"王曰:"……"(以下为对话)

六、自梁献书于燕王曰:"……"

七、自梁献书于燕王曰:"……"

八、谓齐王曰:"……"

九、谓齐王曰:"……"

十、谓齐王曰:"……"

十一、自赵献书于齐王曰:"……"

十二、自赵献书于齐王曰:"……"

十三、韩赣献书于齐曰:"……"

十四、谓齐王曰:"……"

第二部分

十五、华军,秦战胜魏,走孟卯,攻大梁。须贾说穰侯曰:"……"君曰"善"。乃罢梁围。

十六、谓魏王曰:"……"

十七、谓起贾曰:"……"

十八、赵太后规用事,秦急攻之,求救于齐。齐曰:"……"太后不肯,大臣强之。太后明谓左右曰:"……"左师触龙言愿见,太后盛气而胥之。入而徐趋,至而自谢曰:"……"(以下为太后与触龙对话)于是为长安君约车百乘,质于齐,兵乃出。子义闻之曰:"……"

十九、谓穰侯曰:"……"

---

① [日]藤田胜久著,曹峰、[日]广濑薰雄译:《〈史记〉战国史料研究》,第164—166页。

第三部分

二十、谓燕王曰:"……"

二一、献书赵王:"……"

二二、齐宋攻魏,楚围雍氏,秦败屈匄。谓陈轸曰:"……"(以下为对话)

二三、谓春申君曰:"……"(以下为对话)

二四、秦韩战于蜀潢,韩氏急。公仲倗谓韩王曰:"……"(以下为对话和事件经过)韩王弗听,遂绝和于秦。秦因大怒,益师,与韩氏战于岸门。楚救不至,韩氏大败。故韩氏之兵非弱也,其民非愚蒙也,兵为秦擒,智为楚笑者,过听于陈轸,失计韩倗,故曰:"……"

二五、秦使辛梧据梁,合秦、梁而攻楚,李园忧之。兵未出,谓辛梧:"……"梁兵果六月乃出。

二六、见田仆于梁南曰:"……"田仆曰:"……"(以下为对话)

二七、□□□□【邯】郸□□□□□□□□未将命也。江君奚洫曰:"……"【麛】皮曰:"……"(以下为对话和事件经过)邯郸君摇于楚人之许己兵而不肯和。三年,邯郸残。楚人然后举兵,兼为正乎两国。若由是观之,楚国之口虽□□,其实未也。故□□应。且曾闻其音以知其心。夫颣然见于左耳,麛皮已计之矣。

以下分析各章的结构模式。帛书《战国纵横家书》第一部分各章所记既无信息发出者,也不见信息接收后所引发的动作或后果,而比较单纯地记录信息本身,结构简单。其中稍有不同者即第五章,为对答模式。与第一部分相比,第二部分中第十五、十八章值得注意。第十五章主体部分为须贾说穰侯的内容,这段信息的发出者和接收者都很明确,且言论之前有"华军,秦战胜魏,走孟卯,攻大梁"的背景交代,之后有言论所引发的动作或后果,即"君曰善。乃罢梁围"。第十八章的结构大致同十五章,特别之处在于章末"子义闻之曰"的一通议论。这种结构与第一部分的简单架构相比复杂得多,当然也完善得多。第三部分中比较特殊的结构为第二二章,这种结构介于简单与复杂结构之间:比简单结构多出背景介绍,但没有复杂结构的动作、后果或议论。藤田胜久认为第一部分的结构模式是基本形式,严格来说都是佚文,与《战国策》《史记》互见的章节主要集中于结构更复杂、附加说明的第二和第三部分。① 藤田胜久的意见很容易给出一种暗示,似乎材料的结构模式决定了其与传世文献互见的情况。实际上,帛书《战国纵横家书》与传世文献互见的十一章材料中,除四、五两章外,十六、十九、二十、二一、二三此五章也为"基本形式"的简单结构,只有其余四章为附加说明的形式。因此,帛书《战国纵横家书》与传世文献的互见情况似乎不取决于材料的结构模式。综上所述,帛书《战国纵横家书》第一至十四章有大致的排列原则,前七章、后七章各自以国别及时间为序;帛书《战国纵横家书》剩余章序似乎并不依特定的规律。

二、马王堆帛书《战国纵横家书》与传世文献的比较研究

将马王堆帛书《战国纵横家书》与相关传世文献对读,有助于发现其间可能的文本关系。② 帛书《战国纵横家书》有十一章内容见于相关传世文献,现略别其异同于下。③

（一）帛书《战国纵横家书》第四章部分文字见于《战国策·燕策二》"苏代自齐献书于燕王"章。整体上,帛书《战国纵横家书》所记较详细,《战国策·燕策二》"苏代自齐献书于燕王"章仅对应于帛书《战国纵横家书》第四章的部分文字,且叙述顺序与帛书有异。若将《战国策》"苏代自齐献书于燕王"章"臣之行也,固知将有口事,……期于成事而已"与"臣受令以任齐,及五年。……使齐犬马骇而不言燕"两部分调换位置则与帛书《战国纵横家书》一致。两者存有个别字句差异,如帛书《战国纵横家书》"使齐大戒而不信燕"《战国策》作"使齐犬马骇而不言燕";帛书《战国纵横家书》"兼弃臣"《战国策》作"兼鄮臣";

---

① ［日］藤田胜久著,曹峰、［日］广濑薰雄译:《〈史记〉战国史料研究》,第166 页。
② 帛书《战国纵横家书》与相关传世文献的比较研究也可参刘娇:《言公与剿说——从出土简帛古籍看西汉以前古籍中相同或类似内容重复出现现象》,北京:线装书局,2012 年,第34—88 页。
③ 如无特别说明,本章所据《战国策》为上海古籍出版社 1998 年第 2 版,所据《史记》为中华书局 1982 年第 2 版。

帛书《战国纵横家书》"吾必不听众口与造言,吾信若犹龀也。大,可以得用于齐;次,可以得信;下,苟毋死。若无不为也。以孥自信,可;与言去燕之齐,可;甚者,与谋燕,可",《战国策》作"吾必不听众口与谗言,吾信汝也,犹刲刿者也。上可以得用于齐,次可以得信于下,苟无死,女无不为也,以女自信可也"。这些字句差异并不影响文意。除去无碍文意的个别字句差异,帛书《战国纵横家书》此章与《战国策》还存有较大差异,在文本源流上,两者应各有渊源。

(二)帛书《战国纵横家书》第五章的内容同时见于《战国策·燕策一》"人有恶苏秦于燕王者"和"苏代谓燕昭王"两章及《史记·苏秦列传》。传世的《战国策·燕策》两章及《史记·苏秦列传》中,与帛书《战国纵横家书》相应的部分之后都接续有一段"忠信得罪"的叙述,故帛书《战国纵横家书》文本与传世文献非属同源。关于所记言论的言主,《战国策》"人有恶苏秦于燕王者"章及《史记·苏秦列传》均系作苏秦,而《战国策》"苏代谓燕昭王"章系作苏代,且系于燕昭王,故《战国策》"苏代谓燕昭王"章自有所据。又《史记·苏秦列传》与《战国策》"人有恶苏秦于燕王者"章的叙述顺序及具体内容存在相当差异,它们应具有各自的文本源流。综上,帛书《战国纵横家书》此章与其所对应《战国策》《史记》相关材料,在文本源流上互不统属。

(三)帛书《战国纵横家书》第十五章见于《战国策·魏策三》和《史记·穰侯列传》。三者所记大致相同,其中有些字句差异,如帛书《战国纵横家书》"魏长吏谓魏王",《史记》作"魏长吏谓魏王",而《战国策》作"魏氏大臣父兄皆谓魏王";再如帛书《战国纵横家书》"且君之得地也,岂必以兵哉。【割】晋国也,秦兵不攻而魏效绛、安邑",《史记》作"且君之得地岂必以兵哉!割晋国,秦兵不攻,而魏必效绛安邑",《战国策》作"且君之尝割晋国取地也,何必以兵哉?夫兵不用,而魏效绛、安邑",诸如此类的字句差异无碍文意。此外,三者间还存有一些地名、人名差异,如帛书《战国纵横家书》之"孟卯"《史记》与《战国策》作"芒卯";帛书《战国纵横家书》与《史记》之"暴子"《战国策》作"睪子";帛书《战国纵横家书》与《史记》之"北宅"《战国策》作"北地";帛书《战国纵横家书》与《史记》"七仞"《战国策》作"十仞";帛书《战国纵横家书》之"陶",《战国策》作"阴"、《史记》作"陶邑"等,多属古今用字差异或传抄致误。可注意之处在于,帛书《战国纵横家书》与《战国策》中的"燕"国,《史记·穰侯列传》均作"卫",燕与卫的讹误在古书中较常见。[1] 依据帛书《战国纵横家书》与传世文献互见材料的相似程度可断定,帛书此章与《战国策》《史记》在文献源流上非常接近,但依其具体内容所存差异,帛书《战国纵横家书》、《史记》、《战国策》此章材料并不存在相互袭取的关系,三者应各有所据。

（四）帛书《战国纵横家书》第十六章见于《战国策·魏策三》及《史记·魏世家》。三者互见部分的内容大致相同。除去一些无碍文意的字句差异外,其中相异之处可注意者略见下表:

帛书《战国纵横家书》	《史记·魏世家》	《战国策·魏策三》
谓魏王曰	魏王以秦救之故,欲亲秦而伐韩,以求故地。无忌谓魏王曰	魏将与秦攻韩,朱己谓魏王曰
道涉谷,行三千里而攻冥厄之塞	道涉山谷,行三千里,而攻冥厄之塞	道涉而谷行三十里,而攻危隘之塞
又不攻燕与齐矣	又不攻卫与齐矣	又不攻卫与齐矣
秦固有怀、茅、邢丘,城垝津	秦固有怀、茅、邢丘,城垝津	秦故有怀地刑丘、之城、垝津
共墓必危	共、汲必危	共、汲莫不危矣
秦有叶、昆阳,与舞阳邻	秦叶阳、昆阳与舞阳邻	秦之叶阳、昆阳与舞阳、高陵邻
支台堕	文台堕	文台堕
山南、山北	山南、山北	山北

---

[1]　帛书整理者注曰"古书燕字常误为卫",见马王堆汉墓帛书整理小组:《战国纵横家书》,北京:文物出版社,1976年,第63页。

续　表

帛书《战国纵横家书》	《史记·魏世家》	《战国策·魏策三》
大县数十,名部数百	大县数十,名都数百	大县数百,名都数十
通韩上党于共、宁	通韩上党于共、宁	通韩之上党于共、莫
韩必德魏、重魏、畏魏	韩必德魏、爱魏、重魏、畏魏	韩必德魏、爱魏、重魏、畏魏
河北必安矣	河外必安矣	河外必安矣
燕、齐甚卑	卫齐甚畏	卫齐甚畏

依上表,帛书《战国纵横家书》与传世文献存在一些实质性差异。如帛书《战国纵横家书》独无言主,两处之"燕"传世文献均为"卫",独少"爱魏","河北"异于传世文献之"河外",而《史记》似乎具有"混合"文本特征,即有些部分近于帛书《战国纵横家书》另外一些则近于《战国策》。从材料整体看,帛书《战国纵横家书》此章与《战国策》《史记》大体相同,三者在文本源流上非常接近;再从具体内容考察,《战国策》《史记》此章材料的文本源流似更加密切,但帛书《战国纵横家书》、《战国策》、《史记》三者材料并非直接承袭而应各有所据。

（五）帛书《战国纵横家书》第十八章见于《战国策·赵策四》《史记·赵世家》。三者所记大致相同,除去一些无碍文意的字句差异外,稍可留意之处如下表所列:

帛书《战国纵横家书》	《史记·赵世家》	《战国策·赵策四》
至于赵之为赵,赵主之子侯者	至于赵主之子孙为侯者	至于赵之为赵,赵主之子孙侯者
岂人主之子侯,则必不善哉	岂人主之子侯则不善哉	岂人主之子孙则必不善哉
然况人臣乎	而况于予乎	而况人臣乎

帛书《战国纵横家书》"赵主之子侯者"及"岂人主之子侯则必不善哉"在《史记》为"赵主之子孙为侯者"及"岂人主之子侯则不善哉",《战国策》为"赵主之子孙侯者"及"岂人主之子孙则必不善哉",从文意来看,《战国策》之表述并非逊于帛书《战国纵横家书》或《史记》。从"太后少子"这个角度考虑,帛书《战国纵横家书》的"子"为侯固然为佳,但据上文之"三世以前",则《史记》《战国策》之"子孙"为侯也可通,且似乎比帛书《战国纵横家书》之"赵主之子"为侯于意为胜;同理,《战国策》"岂人主之子孙则必不善哉"可通且于意略胜。帛书《战国纵横家书》此章与《史记》《战国策》材料应属同源,但三者间的关系并非直接承袭,而均有所据。

(六)帛书《战国纵横家书》第十九章见于《战国策·秦策三》。两者内容基本相同。其中重要差异为《战国策》记"秦客卿谓穰侯",而帛书《战国纵横家书》言主无载;又帛书《战国纵横家书》"诚为邻"句与《战国策》所记差距较大,据文意,帛书《战国纵横家书》此句可能存在脱简情况。帛书《战国纵横家书》此章与《战国策》材料源流接近但相互间并不存在直接承袭关系。

(七)帛书《战国纵横家书》第二〇章见于《战国策·燕策一》《史记·苏秦列传》。三者所记大致相同,除去无碍文意的字句差异外,还有以下差异值得留意:

帛书《战国纵横家书》	《史记·苏秦列传》	《战国策·燕策一》
谓燕王曰	齐伐宋,宋急,苏代乃遗燕昭王书曰	齐伐宋,宋急。苏代乃遗燕昭王书曰
奉万乘助齐伐宋,民劳而实费。	奉万乘助齐伐宋,民劳而实费;夫破宋,残楚淮北,……是王之计过矣。	秦、齐助之伐宋,民劳而实费。破宋,残楚淮北,……而世负其祸矣。
九夷方□百里	北夷方七百里	北夷方七百里
则莫若招霸齐而尊之	则莫若挑霸齐而尊之	则莫如遥伯齐而厚尊之

续　表

帛书《战国纵横家书》	《史记·苏秦列传》	《战国策·燕策一》
然则王何不使辩士以若说说秦王曰	然则王何不使辩士以此言说秦王曰	然而王何不使布衣之人,以穷齐之说说秦,谓秦王曰
如泾阳君,如高陵君,先于燕、赵曰	令泾阳君、高陵君先于燕、赵	今泾阳君若高陵君先于燕、赵
燕为北帝,赵为中帝	燕为北帝,赵为中帝	赵为中帝,燕为北帝
尊得所愿	尊得所愿	名得所愿
今收燕、赵,国安名尊,不收燕、赵,国危而名卑	今收燕、赵,国安而名尊;不收燕、赵,国危而名卑。	王不收燕、赵,名卑而国危;王收燕、赵,名尊而国宁。
然则【王】何不使辩士以如说【说】秦,秦必取,齐必伐矣。	则王何不使辩士以此若言说秦?秦必取,齐必伐矣。	则王何不务使知士以若此言说秦?秦伐齐必矣。

相较于传世文献,帛书《战国纵横家书》"奉万乘助齐伐宋,民劳而实费"句后差异较大,据文意帛书《战国纵横家书》此句之后应有脱漏。帛书《战国纵横家书》、《战国策》、《史记》此章材料文本源流比较接近,但三者间非相互承袭关系。

（八）帛书《战国纵横家书》第二一章见于《史记·赵世家》《战国策·赵策一》。其中帛书《战国纵横家书》与《战国策》所记大体相同,个别部分存有差异。《史记》的叙述顺序较为独特,且有些内容与帛书《战国纵横家书》及《战国策》有一定的差异。现将值得注意的影响文意的互异之处列举如下:

帛书《战国纵横家书》	《史记·赵世家》	《战国策·赵策一》
献书赵王	十六年,秦复与赵数击齐,齐人患之。苏厉为齐遗赵王书曰	赵收天下,且以伐齐。苏秦为齐上书说赵王曰

续　表

帛书《战国纵横家书》	《史记·赵世家》	《战国策·赵策一》
臣闻	臣闻古之贤君,其德行非布于海内也,教顺非洽于民人也,祭祀时享非数常于鬼神也。	臣闻古之贤君,德行非施于海内也,教顺慈爱,非布于万民也,祭祀时享,非当于鬼神也。
甘露降,时雨至,禾谷丰盈,众人喜之,贤君恶之。	甘露降,时雨至,年谷丰孰,民不疾疫,众人善之,然而贤主图之。	甘露降,风雨时至,农夫登,年谷丰盈,众人喜之,而贤主恶之。
非深于齐	非素深于齐也	非曾深凌于韩也①
下吏皆以秦为忧赵而憎齐	秦赵与国,以强征兵于韩,秦诚爱赵乎? 其实憎齐乎? 物之甚者,贤主察之。	臣窃外闻大臣及下吏之议,皆言主前专据,以秦为爱赵而憎韩。
故以齐饵天下	故以齐餤天下	故以韩为饵,先出声于天下,欲邻国闻而观之也。
故出兵以割(劫)革(勒)赵、魏	故出兵以劫魏、赵	故出兵以佯示赵、魏
恐天下之疑己,故出质以为信。声德与国,实伐郑韩。臣以秦之计必出于此。	恐天下畏己也,故出质以为信。恐天下亟反也,故征兵于韩以威之。声德与国,实而伐空韩,臣以秦计为必出于此。	恐天下疑己,故出质以为信。声德于与国,而实伐空韩。臣窃观其图之也,议秦以谋计,必出于是。
魏亡晋国,市○○朝未罢祸及于赵	魏亡晋国,市朝未变而祸已及矣	魏灭晋国,恃韩未穷,而祸及于赵

---

①　据文意及帛书、《史记》,《战国策》此处"韩"应为"齐"之误,《战国策》此章共有十处"韩"字为"齐"之误,不在表中一一列出。

续　表

帛书《战国纵横家书》	《史记·赵世家》	《战国策·赵策一》
且物固有势异而患同者。昔者，楚久伐，中山亡。	夫物固有势异而患同者，楚久伐而中山亡，今齐久伐而韩必亡。破齐，王与六国分其利也。亡韩，秦独擅之。收二周，西取祭器，秦独私之。赋田计功，王之获利孰与秦多？	且物固有势异而患同者，又有势同而患异者。昔者，楚人久伐而中山亡。
今燕尽齐之河南，距沙丘、钜鹿之圉三百里。距麋关，北至于【榆中】者千五百里。	燕尽齐之北地，去沙丘、钜鹿敛三百里，韩之上党去邯郸百里，燕、秦谋王之河山，间三百里而通矣。秦之上郡近挺关，至于榆中者千五百里。	今燕尽韩之河南，距沙丘，而至钜鹿之界三百里；距于捍关，至于榆中千五百里。
秦尽韩、魏之上党，则地与王布属壤界者七百里。秦以强弩坐羊肠之道，则地去邯郸百廿里。		秦尽韩、魏之上党，则地与国都邦属而壤挈者七百里。秦以三军强弩坐羊唐之上，即地去邯郸二十里。
秦以三军攻王之上党而包其北，则注之西，非王之有也。	秦以三郡攻王之上党，羊肠之西，句注之南，非王有已。	且秦以三军攻王之上党而危其北，则句注之西，非王之有也。
今增注、茝恒山而守三百里，过燕阳、曲逆，此○代马、胡狗不东	逾句注，斩常山而守之，三百里而通于燕，代马胡犬不东下	今鲁句注禁常山而守，三百里通于燕之唐、曲吾，此代马胡驹不东
且五国之主○尝合横谋伐赵，疏○分赵壤，箸之盘盂，属之祝诅。五国之○，兵出有日矣。齐乃西师以禁强秦。使秦废令，疏服而听，返温、轵、高平于魏，返王公、符逾于赵，此天下所明知也。	齐之所以伐者，以事王也；天下属行，以谋王也。燕秦之约成而兵出有日矣。五国三分王之地，齐倍五国之约而殉王之患，西兵以禁强秦，秦废帝请服，反高平、根柔于魏，反巠分、先俞于赵。	昔者，五国之王，尝横而谋伐赵，参分赵国壤地，著之盘盂，属之雠柞。五国之兵有日矣，韩乃西师以禁秦国，使秦发令素服而听，反温、轵、高平于魏，反三公、什清于赵，此王之明知也。

续　表

帛书《战国纵横家书》	《史记·赵世家》	《战国策·赵策一》
今王收齐,天下必以王为义矣。齐抱社稷事王,天下必重王。然则齐义,王以天下就之;齐逆,王以天下□之。是一世之命制于王也。臣愿王与下吏详计某言而笃虑之也。	今王毋与天下攻齐,天下必以王为义。齐抱社稷而厚事王,天下必尽重王义。王以天下善秦,秦暴,王以天下禁之,是一世之名宠制于王也。	今王收天下,必以王为得。韩危社稷以事王,天下必重王。然则韩义王以天下就之,下至韩慕王以天下收之,是一世之命,制于王已。臣愿大王深与左右群臣卒计而重谋,先事成虑而熟图之也。

　　帛书《战国纵横家书》此章与传世文献拥有相同的故事框架,帛书《战国纵横家书》此章与《战国策》所记更加相近,但从具体内容来看,《战国策》材料中有十处"韩"字异于帛书《战国纵横家书》及《史记》之"齐",古书中"燕""卫"混误常见,但"韩""齐"混误似无先例。据此,帛书《战国纵横家书》、《史记》、《战国策》此章应有各自不同的文本源流。

　　(九)帛书《战国纵横家书》第二二章见于《史记·田敬仲完世家》。两书所记大体相同。除个别无碍文意的字句差异外,还有以下相异之处颇可留意:

帛书《战国纵横家书》	《史记·田敬仲完世家》
齐宋攻魏,楚围雍氏,秦败屈匄。谓陈轸曰	十二年,攻魏。楚围雍氏,秦败屈丐。苏代谓田轸曰
今者秦立于门	今者臣立于门
魏氏转,韩氏从,秦逐张仪,交臂而事楚	则魏氏转韩从秦,秦逐张仪,交臂而事齐楚
必将曰:倗将抟三国之兵,	必曰冯将以秦韩之兵东却齐宋,冯因抟三国之兵
魏氏不敢不听。韩欲地而兵案	魏氏不敢东,是孤齐也。张仪之东兵之辞且谓何?曰秦韩欲地而兵有案

　　以上差异中最值得注意之处为,帛书《战国纵横家书》"今者秦立于门"《史记》作"今者臣立于门",此处虽仅一字之差,但非常关键,也许这正是导致《史记》将此章系于苏代的一个重要原因,所以《史记》此章当别有所据,与帛书《战国纵横家书》文本应非同源。

　　(十)帛书《战国纵横家书》第二三章见于《战国策·楚策四》"虞卿谓春申君"章,帛书《战国纵横家书》最后部分见于《战国策·韩策一》"王曰向也子曰天下无道"章。帛书《战国纵横家书》与《战国策·楚策四》所记大体相同,除个别无碍文意的字句差异外,还可注意处如下:

帛书《战国纵横家书》	《战国策·楚策四》
谓春申君曰	虞卿谓春申君曰
臣闻之:于安思危,危则虑安。	臣闻之《春秋》,于安思危,危则虑安。
秦孝王死,公孙鞅杀;惠王死,襄子杀	秦孝公封商君,孝公死,而后不免杀之。秦惠王封冉子,惠王死,而后王夺之。
乃谓魏王曰:今谓马多力,则有	乃谓魏曰:夫楚亦强大矣,天下无敌,乃且攻燕。魏王曰:乡也,子云天下无敌;今也,子云乃且攻燕者,何也?对曰:今为马多力则有矣
敝楚,强楚,其于王孰便?	敝楚见强魏也,其于王孰便也?

　　帛书《战国纵横家书》无言主,"乃谓魏王曰:今谓马多力"与《战国策·楚策四》所记差异较大,且据文意,帛书当有脱漏。帛书《战国纵横家书》此章大体与《战国策·楚策四》所记相同,两者源流接近,但具体内容存在一定差异,并非相互承袭关系。

　　(十一)帛书《战国纵横家书》第二四章见于《战国策·韩策一》《史记·韩世家》《韩非子·十过》。《韩非子·十过》较帛书内容为简略。帛书《战国纵横家书》与《战国策·韩策一》《史记·韩世家》内容大体相同,除去一些无碍文意的字句差异外,还有以下相异之处:

帛书《战国纵横家书》	《史记·韩世家》	《战国策·韩策一》
秦韩战于蜀潢,韩氏急。	十六年,秦败我脩鱼,虏得韩将鲰、申差于浊泽。韩氏急。	秦、韩战于浊泽,韩氏急。
赂之以一名县,与之南伐楚	赂以一名都,具甲,与之南伐楚	赂之以一名都,与之伐楚
兴师救韩,命战车,盈夏路	起师言救韩,命战车满道路	选师,言救韩,令战车满道路
使之韩,谓韩王曰:不谷虽小	谓韩王曰:不谷国虽小	谓韩王曰:弊邑虽小
又非素谋伐秦也,已伐形,因兴师言救韩	又非素约而谋伐秦也。已有伐形,因发兵言救韩	又非素约而谋伐秦矣。秦欲伐楚,楚因以起师言救韩
夫轻绝强秦而强信楚之谋臣,王必悔之。	且王已使人报于秦矣,今不行,是欺秦也。夫轻欺强秦而信楚之谋臣,恐王必悔之。	且王以使人报于秦矣,今弗行,是欺秦也。夫轻强秦之祸,而信楚之谋臣,王必悔之矣。
故曰:计听知顺逆,虽王可。		

　　帛书《战国纵横家书》此章与传世文献大体相同,具体内容存在一些差异,故二者文本源流相近,但并非相互承袭。

　　综上所述,帛书《战国纵横家书》见于传世文献的十一章中,第一部分的第四、五两章与传世文献文本源流有别,第二部分四章,即十五、十六、十八、十九章均与相关传世文本源流密切,第三部分五章中,二〇、二三、二四章三章与传世文本源流密切,二一、二二两章与传世文献源流有异。其中,部分帛书《战国纵横家书》材料与传世文献在文本源流上关系密切,有些甚至可以视作同源文本,但在具体内容上都存有差异,相互之间并不存在确定的承袭关系。

三、马王堆帛书《战国纵横家书》的性质与相关古书成书问题

马王堆帛书《战国纵横家书》的性质与其命名问题直接相关,这也是学界讨论的焦点。关于帛书性质问题的讨论,主要可以归为对帛书材料结构特征及其具体内容的认知。这些问题的廓清,也对研究相关的古书成书问题带来启示。以下试结合上文的分析,对相关问题加以申论。

先来看帛书《战国纵横家书》的结构特征。以附带统计数字的第二部分(第十五至十九章)为基准,帛书可以分作三部分。由上文的有关分析,帛书第一部分有其特定的编排原则,即前七章与后七章分别依国别、大致按时序排列,帛书《战国纵横家书》第二、三部分无明显编排顺序,故帛书《战国纵横家书》仅第一部分与"因国别者,略以时次"的《战国策》较为近似,但从整体而言,帛书《战国纵横家书》并非全类《战国策》。

再来考察帛书《战国纵横家书》的具体内容。帛书《战国纵横家书》有十一章材料见于传世文献,其中有十章见于《战国策》,且互见部分相似度很高,故学者多视其为传世文献《战国策》的古本或抄本而将帛书《战国纵横家书》径称作"帛书战国策"或"帛书别本战国策",这种意见尚可进一步讨论。首先,帛书《战国纵横家书》是《战国策》抄本的说法不成立,因为帛书《战国纵横家书》是西汉初期(文帝十二年及以前)的古书,而《战国策》成书在西汉末,且帛书中有相当份量的内容为《战国策》所无,所以帛书《战国纵横家书》不是《战国策》的抄本明矣。其次,帛书《战国纵横家书》也不是《战国策》的古本。因为从份量上看,帛书《战国纵横家书》共二十七章,其中见于《战国策》十章,其他近三分之二的内容不见于传世文献,若帛书《战国纵横家书》是《战国策》的古本,《战国策》的编者似乎没理由放弃这些稀有材料。再从内容上看,帛书《战国纵横家书》与《战国策》互见部分固然多近似,但一些差异也颇值得重视,除因古今字形、语言习惯及可能因传抄致误的差异外,还存在一些更加实质性的差异,如与《战国策》不同,帛书《战国纵横家书》第四、五、十六、十九至二三章无进言或对话的言主及相关背景介绍,其中尤其值得注

意的是帛书《战国纵横家书》第五章,与其互见的材料《战国策·燕策一》有两章,拥有相同框架的故事却分别系于苏秦和苏代;再如第二一章,帛书之"齐"国《战国策》多作"韩"国等等(上文的文本比较中所列多有)。这些差异足以说明于帛书《战国纵横家书》外《战国策》另有所据。帛书《战国纵横家书》与《史记》的关系与此类似,尤其是帛书涉及不少与苏秦有关的材料,①在《史记》的相关部分中未得到反映。再考虑到《战国策》所收材料基本保持了材料的原始面貌,刘向工作在于去除重复、排列次序及校核文字。② 且今本《战国策》大体保存了刘向本的面貌,而没有太大亡佚。③ 种种情形均指向一种可能,即帛书《战国纵横家书》并未为后世所见。

综上所述,帛书《战国纵横家书》既非《战国策》的古本更非其抄本,且极可能未传于后世。帛书《战国纵横家书》应为一种汇编战国权变材料的古佚书。我们推测,当时存有大量的战国权变材料,其中的部分材料被编入帛书《战国纵横家书》,并于西汉初期进入马王堆汉墓。这类战国权变文献也是司马迁编写《史记》所参考的材料,这类材料在西汉末经刘向整理编为《战国策》。这种战国权变材料的流传与结集过程,与上文所论帛书《春秋事语》与相关传世文献的成书方式近似,都是基于某种"公共素材",根据不同的编纂方案被整编成书,相互之间内容元素的异同均可在此框架下得到解释。

基于上述所论,我们可以重新思考《史记》和《战国策》的关系。有关二者关系问题的意见大致分为两途:自班固《汉书·司马迁传》言司马迁作《史记》"采《世本》《战国策》",此说代经转述,如《隋

---

① 帛书《战国纵横家书》中的六章有苏秦自称的话,参唐兰《司马迁所没有见过的珍贵史料》。尤其是帛书《战国纵横家书》第一部分的材料,多被认为出于苏秦。

② 刘向书录云:"臣向因国别者,略以时次之,分别不以序者以相补,除复重,得三十三篇。"可见其编辑《战国策》的原则。再如与帛书第五章互见的《战国策·燕策一》的两章共存,与帛书第二三章互见的《战国策·楚策四》及《战国策·韩策一》等情况。又如《战国策》也收录有不见言主及背景的简单材料,如《战国策·东周策》"谓薛公""谓周最"之类的章节,均可证实刘向书录所言的编辑原则及《战国策》保存原始资料的情况。

③ 参何晋:《〈战国策〉佚文考辨》,《文献》1999 年第 1 期。

书·经籍志》,唐之刘知幾、司马贞、张守节,宋姚宏和姚宽等,相沿至今,学人多所传习,堪成定论;另一种意见认为不是《史记》采《战国策》,而是《战国策》割取《史记》,明邓以赞,清吴见思、方苞、牛运震、李慈铭、吴汝纶等唱此疑,今人亦不乏持此说者。

对于《史记》与《战国策》的关系而言,"《史记》采《战国策》"之说面临的最大困难是:司马迁卒于汉武之世,为西汉中期人,①而刘向编定《战国策》在西汉末成帝时,两人一前一后并不相及,太史公撰《史记》如何能采成于其身后的《战国策》呢?虑此,则是否就意味着后出的《战国策》割取了在其之前成书的《史记》呢?情况恐亦非如此。因为无论"《史记》采《战国策》"还是"《战国策》割取《史记》",其说均假定《史记》与《战国策》之间是相互袭取、承袭的线性关系,而据上文所论可知,帛书《战国纵横家书》、《史记》、《战国策》互见材料的文本关系均非相互袭取、采割的直接关系。而且其中也多有第三方材料可资比对,如《说苑》《新序》中即多有与《史》《策》互见的材料。实际上,《史记》《战国策》存有互见材料的情形很可能既非《史记》采《战国策》,也非《战国策》割取《史记》,而是均基于战国权变材料这种"公共素材"被整编成书的。② 这种成书方式带给我们的最大启示就是,对于古书成书要摒弃以往那种不是你袭取我就是我割取你的"非此即彼"的线性思维方式,对古书成书的复杂面貌要有充分的估计和认识。

---

① 关于司马迁的生卒年,学界多有争论,详参张大可《史记研究》、袁传璋《太史公生平著作考论》。有关太史公卒年,各说多断于武帝时,即或太史公卒于武帝后,如王国维假设卒于昭帝的始元元年,也还属西汉中期。

② 有关《史记》和《战国策》关系问题的讨论详参赵争:《〈史记〉与〈战国策〉关系新论》,《史学月刊》2012 年第 12 期。

第八章 出土古脉书与早期
医学文本及流传

第一节 与古脉书相关的出土文献概述

目前我们能见到的简帛医书中与早期脉学相关者主要有湖南长沙马王堆汉墓简帛材料、湖北江陵张家山汉简以及四川成都天回镇汉简。①

马王堆汉墓简帛材料主要是指 1972 年至 1974 年湖南长沙马王堆三号西汉墓葬出土的竹简和帛书。其中医简被整理与命名为《十问》《合阴阳》《杂禁方》和《天下至道谈》，与医学有关的帛书被整理与命名为《足臂十一脉灸经》、《阴阳十一脉灸经》甲乙本、《脉法》、《阴阳脉死候》、《五十二病方》、《却谷食气》、《养生方》、《胎产书》、《杂疗方》（《房内记》《疗射工毒方》）、《导引图》。② 其中主要反映古代脉学内容的有《足臂十一脉灸经》、《阴阳十一脉灸经》甲乙本以及《脉法》和《阴阳脉死候》。

江陵张家山汉简是指 1983 年湖北省江陵县张家山 247 号汉墓所出土的竹简材料。除了历谱及法律文书外，张家山汉简中还有两种古医书：《脉书》和《引书》。《引书》记录导引、养生内容，《脉书》记述了不少古脉学内容。《脉书》为简背原题书名，其绝大部分内容与马王堆帛书《阴阳十一脉灸经》《脉法》及《阴阳脉死候》对应，依照《脉书》的内容顺序，可大致分以下几部分：第一部分叙述了六十余种疾病名称；第二部分与帛书《阴阳十一脉灸经》内容基本相同，为便于称引可称之为《阴阳十一脉灸经》丙本；第三部分与帛书《阴

① 此外还有两种实物材料，分别为绵阳双包山漆雕木人和老官山鬃漆经脉人像。
② 有关马王堆简帛材料的整理及公布情形详参湖南省博物馆、复旦大学出土文献与古文字研究中心编纂，裘锡圭主编：《长沙马王堆汉墓简帛集成（壹）》（北京：中华书局，2014 年）《长沙马王堆汉墓简帛出土与整理情况回顾》。

阳脉死候》基本对应,可称为《阴阳脉死候》乙本;第四部分除了与帛书《脉法》对应的部分外,在前面多出一段 111 字的内容,叙述人体骨、筋、血、脉、肉、气六种疼痛,此部分姑称为《脉法》乙本。①

　　成都老官山医简是 2012 年 7 月至 2013 年 8 月间于成都市金牛区天回镇的一处西汉时期墓地进行抢救性发掘时所获,其中三号汉墓出土的 736 支竹简大部分为医书。除了法律文书与治疗马病的竹简外,剩余这批古医书的分类与命名先后有过一些变化。最初整理者将其分为 8 种,其中《五色脉脏论》原有书题"逆顺五色脉臓(脏)验精神",另外 7 种整理者分别定名为《敝昔医论》《脉死候》《六十病方》《病源论》《诸病症候》《经脉书》《归脉数》;②整理小组后又调整了竹简的分类和命名方案,将上述竹简调整为 9 种,分别命名为:《敝昔诊法》《诊治论》《六十病方》《诸病一》《诸病二》《十二脉(附相脉之过)》《别脉》《刺数》《逆顺五色脉藏验精神》。③　在随后的老官山医简整理简报中整理小组将分类和命名方案调整为 5 种,分别为:《脉书·上经》《脉书·下经》《治六十病和齐汤法》《刺数》《逆顺五色脉臓验精神》。④　此外,同墓还出土有人体经穴俑一枚。

---

① 　张家山汉简资料据张家山二四七号汉墓竹简整理小组编:《张家山汉墓竹简[二四七号墓]:释文修订本》,北京:文物出版社,2006 年。以下恕不烦注。

② 　谢涛、武家璧、索德浩等:《成都市天回镇老官山汉墓》,《考古》2014 年第 7 期。《成都天回镇老官山汉墓发掘简报》的分类和命名方案稍有差别,参王军、陈平、杨永鹏等:《成都天回镇老官山汉墓发掘简报》,《南方民族考古》第 12 辑,2016 年。

③ 　李继明、任玉兰、王一童、谢涛、叶莹:《老官山汉墓医简的种类和定名问题探讨》,《中华医史杂志》2016 年第 5 期;梁繁荣、王毅、李继明主编:《揭秘敝昔遗书与漆人:老官山汉墓医学文物文献初识》,成都:四川科学技术出版社,2016 年,第 27—28 页。

④ 　其中《逆顺五色脉臓验精神》为原有题名。这批竹简出土于老官山三号汉墓北Ⅱ底室。另,老官山汉墓南Ⅱ底室所出数量较少的一批竹简被命名为《医马书》和《经脉书(残简)》,参中国中医科学院中国医史文献研究所、成都文物考古研究院、荆州文物保护中心:《四川成都天回汉墓医简整理简报》,《文物》2017 年第 12 期;柳长华、顾漫、周琦、刘阳、罗琼:《四川成都天回汉墓医简的命名与学术源流考》,《文物》2017 年第 12 期。《天回医简》公布后,这两批简的命名分别为《疗马书》和《经脉》。有关天回医简及髹漆经脉木人的详细内容参天回医简整理组:《天回医简》,北京:文物出版社,2022 年。

以上这些古脉书中,马王堆帛书墓葬年代下限为公元前 168 年,张家山汉简墓葬年代为吕后至文帝初年,天回医简墓葬年代在西汉景、武时期,总体上看,三宗文献抄写年代大致都在西汉前期。

第二节　《足臂十一脉灸经》与《阴阳十一脉灸经》的文本结构与相对年代

《足臂十一脉灸经》是指马王堆帛书《足臂十一脉灸经》。出土的《阴阳十一脉灸经》有三种文本:马王堆帛书《阴阳十一脉灸经》甲本和乙本,张家山汉简《阴阳十一脉灸经》丙本,三种文本内容大同小异。在本书的讨论中,若未特别说明,则均据《阴阳十一脉灸经》甲本。为行文便利计,以下有时将《足臂十一脉灸经》与《阴阳十一脉灸经》分别简称为《足臂》和《阴阳》。

有关《足臂》与《阴阳》的成书及抄录年代,学界的讨论较为充分。① 有关二者的相对年代,一般认为前者早于后者,主要依据为前者中存有某些字的较古写法、前者脉的走向及相应病候较为原始,并且一般认为经脉学说从《足臂》到《阴阳》再到《灵枢·经脉》构成了一条不断发展的链条。② 另一种意见认为《足臂》成书晚于《阴阳》,其依据同样为二者在个别字的写法以及脉的命名和循行方面的差异。③ 此

---

① 有关情况可参陈红梅:《马王堆医书抄录年代研究概况》,《中医文献杂志》2009 年第 6 期;赵争:《马王堆汉墓古脉书研究综述》,《中医文献杂志》2014 年第 4 期。

② 具有代表性的意见,较早者如 1979 年文物出版社所出《马王堆汉墓帛书·五十二病方》一书所收《从三种古经脉文献看经络学说的形成和发展》一文;再者如何宗禹:《马王堆医书考证译释问题探讨》,《中华医史杂志》1981 年第 2 期及何氏《马王堆帛书〈足臂十一脉灸经〉有关的问题再探》,《中华医史杂志》1984 年第 3 期;周一谋、萧佐桃主编:《马王堆医书考注》,天津:天津科技出版社,1988 年,第 4 页。

③ 参姚纯发:《马王堆帛书〈足臂十一脉灸经〉初探》,《中华医史杂志》1982 年第 3 期;陈国清:《〈足臂十一脉灸经〉浅探》,《中华医史杂志》1987 年第 4 期。陈氏通过比较《足臂》与《阴阳》的内容指出后者成书较早的证据,不过陈氏最终意见认为《足臂》与《阴阳》分属不同系统,之间不存在继承关系,故年代早晚也无从判断。

外,有研究者亦对从《足臂》到《阴阳》再到《灵枢·经脉》的古脉学说演进路线提出质疑,指出《足臂》与《阴阳》或分属不同的体系,其间或不存在线性的早晚关系。较早者如日本学者山田庆儿认为,在某种意义上《太素》"经脉篇"可以看作是两种《灸经》的折中,不能笼统地将《足臂》当作比《阴阳》更古老的作品,二者的先后不能确定,当有共同的原始型而平行发展。① 其后,韩健平、李建民、廖育群等学者从不同的角度出发,对古脉学说线性演进的模型提出了讨论,并对《足臂》与《阴阳》的相对年代问题进行了初步的探讨。②

对《足臂》与《阴阳》的成书情况较为深入的讨论,目前仅见日本学者山田庆儿的有关研究,③尚未见到明确的将《足臂》与《阴阳》的成书过程与二者的相对年代问题结合起来的做法。鉴于古书成书对古书相对年代问题研究的重要性,以下尝试在初步理清《足臂》与《阴阳》成书过程的基础上,重新讨论二者的相对年代问题。

一、《足臂十一脉灸经》的文本层次与成书过程

《足臂十一脉灸经》全篇大致遵循统一的叙述格式:各脉均以脉名起首,接着描述脉的循行路线,然后以"其病"领起,描述各脉病候,最后以"诸病此物者皆灸某某脉"句结尾。不甚协调之处出现在《足臂十一脉灸经》足厥阴脉条,在与全篇一致的叙述格式之后,又多出一段内容。为便于讨论,将《足臂》足厥阴脉的病候内容及其后多出部分抄录如下,并对后者进行编号:

其病:病胻瘦,多溺,嗜饮,足跗肿,疾痹。诸病此物者,皆灸厥

---

① （日）山田庆儿:《〈黄帝内经〉的成立》,《古代东亚哲学与科技文化:山田庆儿论文集》,沈阳:辽宁教育出版社,1996 年,第 234—254 页。

② 主要论著可参韩健平:《马王堆古脉书研究》,北京:中国社会科学出版社,1999 年,第 98—115 页;李建民:《发现古脉——中国古典医学与数术身体观》,北京:社会科学文献出版社,2007 年,第 27—39 页;廖育群:《重构秦汉医学图像》,上海:上海交通大学出版社,2012 年,第 341—350 页。此外,还略可参赵京生:《针灸经典理论阐释》,上海:上海中医药大学出版社,2000 年,第 1—8 页。

③ 山田庆儿有关讨论参山田庆儿著,廖育群、李建民编译:《中国古代医学的形成》,台北:东大图书股份有限公司,2003 年,第 140—148 页。

阴脉。

①偏有此五病者,又烦心,死。

②三阴之病乱,不过十日死。揗脉如三人参舂,不过三日死。脉绝如食顷,不过三日死。

③烦心,又腹胀,死。不得卧,又烦心,死。溏瘕恒出,死。

④三阴病杂以阳病,可治。阳病背如流汤,死。阳病折骨绝筋而无阴病,不死。①

《足臂》足厥阴脉后多出部分中,第①条的"此五病者"无疑是针对足厥阴脉的病候而补充的死症病候。第②条内容均涉及死症及其表征以及对死亡时间的预测。其中第一句是有关死症与发病情形的关系,后二句均为脉诊脉象与死症的关系。此处描述死症与发病情形的关系时,明确指出病发范围为"三阴"之病,这里的"三阴"无疑当指足部三条阴脉而言,因为《足臂》的臂部阴脉仅有两条。后二句对脉诊脉象与死症关系的论述未言明死症脉象所属为阴脉还是阳脉,不过从多出部分所处位置在足部各脉之后的情况来看,此处所指很可能为足脉,再考虑到多出部分整体上反映出阴脉为重的倾向,则此处的死症脉象很可能也是针对足部三阴脉而言的。第③条是有关三种死症的描述,前二种均有心烦之疾。从其描述方式来看,心烦之疾在这两种死候中的地位似有不同:"烦心,又腹胀,死"当以烦心为主,若同时出现腹胀,则不活;"不得卧,又烦心,死"当以不得卧为主,若再出现烦心之症则不活。若这两条死症病候同属一条脉则殊为重复,因此,以上两种不同死症的情况当是针对不同脉的病候所做的补充,②其性质与第①条对足厥阴脉的补充类似。若此推论不误,则第③条内容中的"溏瘕恒出,死"也当是对另外一条脉的病候所作的补充。以上多出部分的第④条内容为阴病、阳病的发病情形与死症的关系,其中的"三阴"无疑也是指足部三阴脉。此条内容明显反映了阴脉及阴病更为紧要以及时人对其重视,然而其

---

① 宽式释文。

② 若据目前《足臂》的内容来看,足少阴脉病候中有"烦心"之症,多出部分中的"烦心,又腹胀,死"或为足少阴脉的补充。

中也出现了阳病的死症,且后二句无疑是以阳病为主要描述对象,因此,此条内容与第②条的侧重点有差异。

通过以上对《足臂》足厥阴脉后多出部分的分析可知,其中各条内容的描述对象及侧重点均不相同,它们具有的这种连续的集中状态并非其原初的面貌。从整体上看,《足臂》足厥阴脉后多出部分处于足部六脉之后、臂部五脉之前,也就是说,多出部分在足脉之后而非《足臂》篇末,这当可说明多出部分原来均附属于足脉。具体而言,第①条内容作为足厥阴脉的补充,其原初位置当附于足厥阴脉之后;同理,第③条中的三句当分别附属于相应的脉;第②条内容最有可能原本即附于足厥阴脉之后,与目前的位置当相差不大;第④条内容的位置原本很可能附于足部三阳脉之后。这些描述对象不同且很可能原来分属不同部分的内容,被集中到了一处,当是出于编者整齐文本的需要,并且这些附属部分在原来的文本中当可以与正文区别开来。

至此,《足臂十一脉灸经》至少存在两个文本层次:①遵循统一格式的各脉循行路线及病候内容和足厥阴脉后的附属部分;其成书至少经历了三个环节:仅有十一脉的循行及病候内容的原始文本阶段、足厥阴脉后多出部分分别附属各脉的注释本阶段、出于整齐文本需要而将各脉附属内容集中抄录于足厥阴脉之后的今本阶段。

二、《阴阳十一脉灸经》的文本层次与成书过程

《阴阳十一脉灸经》全篇也大致遵循统一的叙述格式:脉名之后先叙述脉的循行路线,然后以"是动则病"开头叙述"是动病",以"是某某脉主治"结尾,然后以"其所产病"开头叙述"所产病",末尾有所产病数目统计。

---

① 黄龙祥认为,《足臂》各脉循行与病候的对应情形也反映了不同的文本层次,详参氏著《中国针灸学术史大纲》,北京:华夏出版社,2001 年,第365—366、389—390 页;广濑薫雄认为《足臂》的循行路线可能整合了某些简别脉的内容,参氏著《天回老官山汉简〈别脉〉初探》,《出土文献与古文字研究(第九辑)》,上海:上海古籍出版社,2020 年,第 327 页。若如此,则《足臂》还可能存在更多的文本层次。

对《阴阳》的内容进行分析,也可发现其呈现出不同的文本层次。首先,若将《足臂》与《阴阳》各脉的循行顺序与相应的病候发病部位进行比较会发现以下情形:《足臂》各脉病候发病部位与其脉行顺序基本一致,而《阴阳》的情况则比较复杂。以下以表格形式显示《阴阳十一脉灸经》的病候与其脉行顺序的关系:

	足太阳脉		足少阳脉		足阳明脉		肩脉		臂巨阴脉		齿脉	
	是动	所产	是动	所产	是动	所产	是动	所产	是动	所产	是动	所产
是否与脉行顺序相符	√	×	×	×		×	√	√	×	×		×

表中"√"表示病候发病部位与脉行顺序一致,"×"表示病候发病部位与脉行顺序不一致,空白者表示二者之间的顺序关系无法确定。《阴阳》未列入分析的脉中,耳脉与臂少阴脉因为病候数量很少而无从分析与脉行顺序的关系,足三阴脉的病候与脉行路线的关系不甚密切,并且足太阴脉与足厥阴脉的所产病叙述格式不类它脉,显得较为独特,对此下文将有详细分析。

从上表可以看出,在病候发病部位与脉行顺序之间的关系较为明确的脉中,二者一致的情形属于少数,多数脉的病候发病部位与脉行顺序并不一致。出现这种情况的原因当在于《阴阳》各脉循行部分内容与其主病病候非成于一手,也就是说,《阴阳》脉行部分内容与其主病病候本来当各自独立,后来才被纂集成篇。对于《阴阳》各脉的"是动病"与"所生病",二者发病部位的次序或同或异,同理,这也当暗示二者很可能来源有异。有学者从"是动病"与"所产病"的病候内容以及两者的表述文例入手,推测《阴阳》的"所产病"内容当为后来所补入,[1]其论大致可信,并且我们对《阴阳》"所产病"病

---

① 廖育群:《岐黄医道》,沈阳:辽宁教育出版社,1991年,第25、26页及氏著《重构秦汉医学图像》,第343—346页;赵京生:《针灸经典理论阐释》,第49—51页。

候的发病部位与相应脉的循行顺序所作的分析,无疑为此提供了进一步的佐证。

若上述分析大致不误,则《阴阳十一脉灸经》至少呈现出三个文本层次:一是脉名及脉的循行路线内容,二是各脉"是动病"内容,三是各脉"所产病"内容。相应地,这些内容至少经历了二次编辑从而形成了《阴阳十一脉灸经》文本的主体部分。我们姑且将仅有各脉循行加"是动病"内容的《阴阳》文本称为《阴阳》原始文本,将原始文本再加上"所产病"内容的《阴阳》文本称为《阴阳》主体文本。

《阴阳十一脉灸经》全篇大体上具有统一的叙述格式,然而其中也有几处内容在形式上不甚协调:一是足太阴脉脉名之后的"是胃脉也"句以及此脉的"所产病"内容,二是足厥阴脉"所产病"内容,三是足少阴脉后多出的"少阴之脉,灸则强食产肉"一段内容。其中足太阴脉脉名之后的"是胃脉也"句明显具有注释的意味,此句当本为注释内容,后来混入正文,只是具体时间已无法确定。对足太阴脉与足厥阴脉的"所产病"而言,其原初内容无疑受到了某种影响而被改编为目前的形式,并且这种改编当发生在《阴阳》主体文本形成之后。因为只有如此,改编内容才会涉及"所产病",若对没有"所产病"内容的《阴阳》原始文本进行改编,则改编部分当涉及"是动病"部分。足少阴脉后多出的"少阴之脉,久则强食产肉"一段内容涉及灸法及治法,纵观《阴阳》全篇,仅有此处言及治法,并且此段内容位于所产病数目统计之后,因此当为后来补入。

至此,若以上推论大致不误,则《阴阳》主体文本形成之后,原足太阴脉与足厥阴脉的"所产病"内容被进行了改编,足少阴脉后附入了有关治法的内容,从而形成了我们看到的《阴阳》今本面貌。

三、《足臂十一脉灸经》与《阴阳十一脉灸经》的相对年代

上文对《足臂十一脉灸经》与《阴阳十一脉灸经》各自的文本层次及成书过程进行了大致的分析,至于这两种古脉书之间的相对年代关系,还需要对有关内容进行比较研究。不难发现,《足臂》足厥阴脉后的多出部分与《阴阳》足太阴脉与足厥阴脉的"所产病"部分内容较为接近。为便于讨论,现将后者摘录如下并加以编号:

《阴阳十一脉灸经》中足太阴脉所产病：

　　a. 其所【产病】：□□,心烦,死;

　　b. 心痛与腹胀,死;不能食,不能卧,强欠,三者同则死;溏瘕,死;

　　c.【水与】闭同则死,为十病。

《阴阳十一脉灸经》中足厥阴脉所产病：

　　d. 其所产病：热中,癃,癩,偏疝,为五病。

　　e. 五病有而心烦死,勿治殹。

　　f. 有阳【脉】与之俱病,可治也。①

　　对于《足臂》足厥阴脉后的多出部分与《阴阳》足太阴脉与足厥阴脉的"所产病"之间的关系,日本学者山田庆儿大体上认为,《阴阳》的内容 a 和内容 b 被整合成了《足臂》足厥阴脉后多出部分的第③条,《阴阳》足厥阴脉"所产病"的内容 d 和内容 e 被抽出并一般化以后作为有关三阴脉疾病的记述被整合进了《足臂》多出部分的第④条。在山田氏看来,《阴阳》中本分属特定脉的内容被分离出来,形成独立的段落而被收入《足臂》,这个过程反映了相关内容从《阴阳》到《足臂》的一般化趋势。② 也就是说,山田氏认为《阴阳》足太阴脉与足厥阴脉的"所产病"内容保持了原初的状态,《足臂》足厥阴脉多出部分是将分属《阴阳》各脉的有关内容整合而成的。虽然山田氏认为《足臂》与《阴阳》二者当有共同的原始型而平行发展,不能笼统地确定二者的先后,然而从以上分析来看,山田氏认为《足臂》足厥阴脉后的多出部分是在《阴阳》足太阴脉与足厥阴脉"所产病"基础上编辑整合而成的,这无疑暗示了山田氏对《足臂》与《阴阳》相对年代的看法。

　　山田氏认为《足臂》足厥阴脉多出部分是将原本分属各脉的有关内容整合而成的意见基本是可信的,这与上文的分析也大体一致。然而山田氏并未对《足臂》足厥阴脉多出部分的内容进行深入

---

① 此处足厥阴脉所产病内容甲本有残缺,丙本较全,故此处依丙本。

② 山田庆儿有关讨论参山田庆儿著,廖育群、李建民编译:《中国古代医学的形成》,第 140—148 页。

分析,同样也未对《足臂》的成书过程进行讨论。上文有关分析已经指出,《足臂》足厥阴脉多出部分是对自身原本附属各脉的内容整合的结果,并非是对《阴阳》足太阴脉与足厥阴脉"所产病"内容改编而成。并且很可能恰恰相反,《阴阳》足太阴脉与足厥阴脉"所产病"内容是受了《足臂》足厥阴脉多出部分内容的影响。

　　首先,《阴阳十一脉灸经》足厥阴脉"所生病"记述了"热中、癃、癫、偏疝"这四种病候,而其后的病候统计却为五病。这种情形当非出于无心之失,因为甲乙丙三种《阴阳》文本皆如此。若将《阴阳》足厥阴脉"所产病"与《足臂》相关内容对照或可发现这种矛盾情形出现的原因:《阴阳》足厥阴脉"所产病"明为四病而统计为五病,并且此后的"五病有而心烦死"的内容与《足臂》足厥阴脉后多出内容中的"有此五病者,又烦心,死"句又如此近似,两相比较,这种情况很明显是因为《阴阳》足厥阴脉"所产病"内容受到了《足臂》(或某种类似文本)的影响。再者,对于《阴阳》足厥阴脉"所产病"而言,其叙述格式是与全篇一致的,其后的内容 e 和内容 f 显然是附加的某种补充说明内容。《阴阳》足厥阴脉"所产病"统计上的矛盾,反映了《阴阳》足厥阴脉病候与其后文句具有不同来源的情况,这与《阴阳》足厥阴脉病候与内容 e 和内容 f 在叙述形式上的差异情形是一致的。《阴阳》足厥阴脉病候当保留了原有的面貌,其病候统计受到了后来补入内容的影响。

　　其次,《阴阳》足太阴脉"所产病"中的内容 b 与《足臂》足厥阴脉多出部分的第③条内容非常接近。从上文分析可知,后者是将原本分属各脉的病候整合而来的,并非全为针对同一条脉的死症病候。然而在《阴阳》中,这些死症病候均被当作足太阴脉的死症病候,这说明《阴阳》的编者已经不清楚这些死症原本分属不同脉的情形。此外,在《阴阳》三条阴脉中,只有足太阴脉"是动病"中有"走心""腹胀"的症状,这无疑是《阴阳》编者将内容 b 编入足太阴脉的主要原因。

　　以上讨论已足以说明《足臂》足厥阴脉后的多出部分与《阴阳》足太阴脉与足厥阴脉"所产病"之间的关系。后者不仅并非如山田庆儿所言被整合进了前者,恰恰相反,《阴阳》足太阴脉与足厥阴脉的"所产病"内容很可能受到了《足臂》足厥阴脉后多出部分的影响。对于整个《阴阳》的成书过程而言,这证明了《阴阳》最晚近的部分当在《足臂》今本之后,也仅在此意义上,我们可以说最终形成的今本《阴阳十一脉灸经》晚于今本《足臂十一脉灸经》。

若纵观《足臂十一脉灸经》与《阴阳十一脉灸经》整体内容及其成书过程,首先,对于《足臂》与《阴阳》的原始文本而言,从脉的名称上来看,《阴阳》足部各脉无足部标称,并且还有诸如肩脉、耳脉、齿脉这种以部位命名的脉,因此,在原始文本阶段,《阴阳》当较《足臂》处于更早的阶段。① 对于编入"所产病"内容后的《阴阳》主体文本而言,其病候已经区分"是动病"和"所产病",《足臂》的原始文本甚至今本《足臂》病候描述均只有一类,尚无"是动病"与"所产病"的分别,因此,《阴阳》的主体文本当处于较为晚近的阶段。

至此,我们可以对《足臂十一脉灸经》与《阴阳十一脉灸经》的相对年代问题作出一个大致的判断:从成书过程来看,在原始文本阶段,《阴阳》当早于《足臂》;而《阴阳》主体文本的生成,当晚于《足臂》的原始文本,甚至今本《足臂》;当然,今本《阴阳》也晚于今本《足臂》。相应地,从内容的角度来看,今本《阴阳》的脉名及各脉循行部分当早于今本《足臂》的相应内容;而今本《阴阳》的病候描述部分晚于今本《足臂》的相应部分内容,尤其是今本《阴阳》足太阴脉和足厥阴脉"所产病"内容要晚于今本《足臂》足厥阴脉后多出部分的内容。

四、《足臂十一脉灸经》与《阴阳十一脉灸经》的关系

(一)《足臂十一脉灸经》与《阴阳十一脉灸经》脉名及脉序比较研究

《足臂》与《阴阳》的主要内容均为对十一条脉的循行及相关病候的描述,两者对各脉的命名及总的命名原则不尽一致,并且对十一条脉的叙述顺序也有区别。现将《足臂》与《阴阳》的脉名及各脉叙述顺序对比如下:

---

① 这些意见为大多数研究者公认,恕不详细列出。甚至持《足臂》早于《阴阳》意见的研究者也多承认后者中保留了某些更为原始的内容特点。

《足臂》的十一条经脉名称及叙述顺序如下：

足泰阳脉、足少阳脉、足阳明脉、足少阴脉、足泰阴脉、足厥阴脉、臂泰阴脉、臂少阴脉、臂泰阳脉、臂少阳脉、臂阳明脉；①

《阴阳》的十一条经脉名称及叙述顺序如下：

巨阳脉、少阳脉、阳明脉、肩脉、耳脉、齿脉、太阴脉、厥阴脉、少阴脉、臂巨阴脉、臂少阴脉；②

从脉的命名来看，《足臂》所遵循的原则较为明显，分别结合了足臂和阴阳的命名原则，其脉名较为规整。相较而言，《阴阳》的脉名无疑既不统一，又不完整，不统一之处在于除了以阴阳命名脉名之外，还有三条以部位命名的脉，不完整之处在于与臂脉有臂字标称而足脉无足字标称。

对于《阴阳》中以部位命名经脉的情况，一般意见认为成书较晚的《阴阳》中保留了较为原始的命名方式。也有学者提出了另外的解释，如何宗禹认为"肩脉""耳脉""齿脉"并非原始的命名方式，而是后起的简称；③刘宗汉认为《阴阳》"肩脉""耳脉""齿脉"名称来自另外的脉学体系，被《阴阳》抄凑而成；④李鼎认为《阴阳》"肩脉""耳脉""齿脉"命名"较充足的理由只有从该经脉的远道主治重点来理解"；⑤韩健平认为《阴阳》脉名是出于三部九侯说的规划，足脉不加足部标称是因为与其代表的天地意义不相称，"肩脉""耳

① 马王堆帛书释文据湖南省博物馆、复旦大学出土文献与古文字研究中心编纂，裘锡圭主编：《长沙马王堆汉墓简帛集成（贰）》，北京：中华书局，2014年；张家山汉简释文据张家山二四七号汉墓竹简整理小组编：《张家山汉墓竹简[二四七号墓]：释文修订本》。下不烦注。

② 张家山汉简《脉书》所述十一条经脉名称及叙述顺序与帛书《阴阳十一脉灸经》甲本相同；帛书《阴阳十一脉灸经》乙本除厥阴脉、少阴脉顺序对调外，其他与甲本同。

③ 何宗禹：《马王堆帛书〈足臂十一脉灸经〉有关的问题再探》，《中华医史杂志》1984年第3期。陈国清指出何氏对自己的意见并未提出证据进行论证，参陈国清：《〈足臂十一脉灸经〉浅探》，《中华医史杂志》1987年第4期。

④ 刘宗汉：《长沙马王堆出土帛书〈经脉书〉研究之二——帛书〈经脉书〉的定名和水平估价》，收入黄盛璋主编：《亚洲文明·第二集》，合肥：安徽教育出版社，1992年，第253页。

⑤ 李鼎：《针灸学释难》（重修本），上海：上海中医药大学，2006年，第49页。

脉""齿脉"为不含阴阳元素的中性脉名,与人相匹配;①顾植山认为《阴阳》中除"肩脉""耳脉""齿脉"外的八条脉是为了配合九宫八卦之需;②李建民肯定了《阴阳》脉名及脉序背后隐含某种术数观念。③

以上有关《阴阳》中肩、耳、齿三脉命名原则的讨论多有可议之处。李鼎主张"肩脉""耳脉""齿脉"当从主治重点来考虑,然而为何《阴阳》十一脉中只有这三条脉以主治重点命名,其他八条脉未如此命名,并且这三条脉的循行路线及病候均超出其脉名范围,如此,则主治重点应如何确定?韩健平以三部九侯说、顾植山以"九宫八卦"来解释《阴阳》脉名方案,前者将臂二阴脉除开不论,后者将肩、耳、齿三脉除开不论,均有忽视《阴阳》整体脉名方案的嫌疑;韩氏认为《阴阳》脉名不加足部标称是为了更好地体现对天地的象征意义,然《素问·三部九侯论》中脉名均前加手、足标称,这并不影响其象征意义,《灵枢》中也多有论天地四时而称足脉者,如《灵枢·阴阳系日月》等,文献中也有足脉不加足部标称者,很难说这均是出于匹配天地的需要。与肩脉""耳脉""齿脉"类似,《阴阳》足太阴脉起首有"是胃脉也"句,《阴阳》足太阴脉也被称为"胃脉",这说明除"肩脉""耳脉""齿脉"外,还有其他以部位命名的脉,这显然反映了一种不同于依足臂、阴阳原则的经脉命名方式。这种以部位命名经脉当是较三阴三阳更为早期的命名方式。④

除了"肩脉""耳脉""齿脉"外,《阴阳》其他脉的命名均依阴阳属性,《阴阳》足部经脉皆不加足部标称。这一情形无疑反映了足部经脉的特殊地位,说明有一个时期,仅有足六脉采用了三阴三阳的命名方式,而臂脉并未采用,因此才会出现足脉不用附加部位标称的情形,这也意味着三阴三阳的经脉命名方式早于以足臂命名经脉的情况。这种情形在《足臂》中也有反映,如《足臂》足太阳脉论治法句"诸病此物者,皆灸太阳脉",即无足部标称,同样的情形还出现在

---

① 韩健平:《马王堆古脉书研究》,第76—77页。
② 顾植山:《六经探源》,《安徽中医学院学报》1991年第3期。
③ 李建民:《发现古脉——中国古典医学与数术身体观》,第197—198页。
④ 黄龙祥:《中国针灸学术史大纲》,第291—293页。

《足臂》足少阳脉、足阳明脉和足厥阴脉中。对此,有学者认为《足臂》的脉名情形反映了足臂脉从采用不同的命名方法到统一采用三阴三阳命名法的过渡情况,①这一意见当可遵从。

再来看《足臂》与《阴阳》脉的排列顺序。《足臂》整体上以臂足为序,先足后臂,足脉先阳后阴,臂脉先阴后阳;《阴阳》以阴阳为序,先阳后阴,先足后手。中医阴阳学说以背为阳、腹为阴,据此,依照经脉记述顺序分析各脉在体表的分布位置,可以看出《阴阳》各脉的排列顺序有较为统一的考虑:阳脉均由阳(体后)到阴(体前),阴脉皆由阴(体前)到阳(体后);《足臂》各脉的排列顺序则不甚统一:臂部阴脉、阳脉以及足部阳脉的排列顺序与《阴阳》相同,而足部阴脉的排列不依脉的阴阳属性与对应的体表位置规律。②

(二)《足臂十一脉灸经》与《阴阳十一脉灸经》经脉循行比较研究

(1)《足臂十一脉灸经》与《阴阳十一脉灸经》经脉起止及循行方向比较研究

为便于比较,现将《足臂》与《阴阳》各脉起止情形列表如下:

《足臂》脉名 (对应《阴阳》脉名)	《足臂十一脉灸经》		《阴阳十一脉灸经》	
	起	止	起	止
足泰阳脉(巨阳脉)	外踝娄中	鼻	踵外踝娄中	目内廉
足少阳脉(少阳脉)	踝前	目外眦	外踝之前廉	耳前
足阳明脉(阳明脉)	胕中	鼻	骭骨外廉	目外廉,环颜
足少阴脉(少阴脉)	内踝娄中	舌	内踝外廉	舌
足泰阴脉(太阴脉)	大指内廉骨际	股内廉	胃	内踝之上廉

① 黄龙祥《中国针灸学术史大纲》,第291页。
② 有关《足臂》与《阴阳》的脉的排列顺序可参赵京生:《针灸经典理论阐释》,第10页图示,然赵氏对《足臂》足脉记述顺序的论述似略费解。有关经脉分布规律的讨论可参黄龙祥:《中国针灸学术史大纲》,第316—317页。

续　表

《足臂》脉名 （对应《阴阳》脉名）	《足臂十一脉灸经》		《阴阳十一脉灸经》	
	起	止	起	止
足厥阴脉（厥阴脉）	大指间	胜间	足大指丛毛之上	大眦旁
臂泰阴脉（臂巨阴脉）	筋上廉	心	手掌中	心
臂少阴脉（臂少阴脉）	筋下廉	胁	臂两骨之间	心①
臂泰阳脉（肩脉）	小指	目	耳后	手背
臂少阳脉（耳脉）	中指	耳	手背	耳中
臂阳明脉（齿脉）	中指间	口	次指与大指上	鼻

由上表可见,除足少阴脉《足臂》与《阴阳》起止情形基本一致外,其他十条脉的起止情形均有不同程度的差异。其中,《足臂》有5条脉(足太阴、足厥阴及三条臂阳脉)行至肢端,《阴阳》仅有2条(足厥阴及齿脉),然《足臂》足太阴脉仅循行至股内廉,《阴阳》太阴脉起于胃终于内踝上廉,后者脉行长度远大于前者,《足臂》足厥阴脉与《阴阳》厥阴脉的长度差异更为悬殊,后者同样远长于前者,这足以表明经脉端点是否行至肢端与脉行路线延伸无必然联系。另,《足臂》部分脉行路线要长于《阴阳》,如足太阳脉、臂太阳脉、臂少阳脉,《足臂》均略长于《阴阳》,在脉行路线长度方面,《足臂》与《阴阳》各有短长。

除了对比《足臂》与《阴阳》两者之间各脉的起止,各篇内部不同脉的起止情形也值得关注。如《足臂》篇足泰阳脉主脉止于鼻,足阳明脉所止亦在鼻,足少阳脉止于目外眦,臂泰阳脉止于目;《阴阳》篇臂巨阴脉与臂少阴脉均"入于心",巨阳脉止于"目内廉",即内眼角,厥阴脉止于"大眦旁",大眦即内眼角,大眦旁即内眼角旁,可见巨阳脉与厥阴脉的终点也非常接近,《阴阳》之肩脉止于手背,而耳脉起

---

① 《阴阳》乙、丙本均有"入心中",甲本止于"臑内阴"无"入心中"。

于手背。以上情形反映了《足臂》与《阴阳》中可能存在的经脉交联情形，然无论《足臂》还是《阴阳》，对此均未加措意。《足臂》与《阴阳》中明确记述经脉相交的内容均在足厥阴脉，只是二者相交位置略有不同。

此外，还有《足臂》中应当相交的脉在《阴阳》中并无交接可能的情形，如《足臂》足泰阳脉与足阳明脉所止同在鼻，对应的《阴阳》巨阳脉与阳明脉的终点不同，自然不可能相交；也有《阴阳》相交的脉在《足臂》中并无交接可能的情形，如《阴阳》臂巨阴脉与臂少阴脉均"入于心"，《足臂》中相应的臂泰阴脉至于心而臂少阴脉止于胁，《阴阳》巨阳脉与厥阴脉的终点非常接近，而《足臂》对应的足泰阳脉止于鼻，足厥阴脉止于大腿内部，《阴阳》肩脉起于耳后止于手背，而耳脉起于手背终于耳中，两者不仅相交，且大体上构成了一个简单的环行路径，而《足臂》中相应的臂泰阳脉与臂少阳脉并不交接。从这一情形来看，《足臂》与《阴阳》间不存在直接的继承关系。

再来看《足臂》与《阴阳》各脉的循行方向。对于《足臂》而言，各脉循行方向均为从肢端到头面或胸腹部，均属于向心性的循行方式。《阴阳》大多数脉也遵循此向心性原则，然而并非全部如此。具体而言，《阴阳》肩脉足太阴脉两脉循行为从头面、胸腹部至于肢端的远心性方式。对此，多数研究者以此作为《阴阳》较《足臂》处于向《灵枢·经脉》篇所代表的成熟经脉理论发展的更高阶段的证据，然而，《灵枢·经脉》篇手太阳脉与足太阴脉的循行方向均为起于肢端止于头、胸部的向心性方式，这显然不是由《阴阳》发展而来的。

综上所述，从经脉起止情形以及脉行方向来看，《足臂》与《阴阳》间并不构成任何线性的演进关系；从对经脉交接的描述情形来看，《足臂》与《阴阳》处于大致相同的发展阶段，二者当属于同一经脉学说的不同传派。

（2）《足臂十一脉灸经》与《阴阳十一脉灸经》各脉循行路线比较研究

为便于讨论，现将《足臂》与《阴阳》各脉循行路线概括如下，并逐一分析：

1. 足太阳脉

《足臂十一脉灸经》：外踝娄中—腨—郄—臀—脊—项—头—目内眦—鼻

《阴阳十一脉灸经》：外踝娄中—郄中—臀—厌中—脊—项—头角—颜—颡—目内廉

若不考虑《足臂》足太阳脉的两条支脉，只看主脉循行，则除了《阴阳》由臀外拐至厌中（股骨大转子）再折回挟脊而上不同于《足臂》由臀直接挟脊而上以及两者终点不同外，《足臂》和《阴阳》足太阳脉的其他部分循行路线大体一致。当然，在长度上因为《足臂》之鼻，其较《阴阳》稍有延长。

2. 足少阳脉

《足臂十一脉灸经》：外踝前—膝外廉—股外廉—胁—腋—项—耳—枕—目外眦

《阴阳十一脉灸经》：外踝前廉—鱼股之外—胁[①]上—目前

《足臂》与《阴阳》足少阳脉起点相同，下肢循行路线基本相同，差异出现在胁以上的部分，《足臂》经胁上经腋从肩背后上行至耳再折经枕骨，绕头至外眼角，《阴阳》则由胁直接至眼下部，当经由人体正面而不同于《足臂》经由肩背的循行路径。

3. 足阳明脉

《足臂十一脉灸经》：胻中—膝中—股—少腹—乳内廉—嗌—口—鼻

《阴阳十一脉灸经》：骭骨外廉—膑—鱼股外廉—乳—颊—目外廉—颜

《足臂》与《阴阳》足阳明脉起点接近，乳部之前的循行路径大致相同，此后循行路线不同，《足臂》经乳内廉而喉，而口，而鼻，《阴阳》

---

① 此处甲、乙本均缺，据丙本补。

经乳至颊再上经外眼角再环绕至额部正中。①

4. 足少阴脉

《足臂十一脉灸经》：内踝娄中—腨—郄—股—腹—脊内上廉—肝—胅—舌本

《阴阳十一脉灸经》：内踝外廉—腨—郄中央—脊内廉—肾—舌本

虽然《足臂》足少阴脉与《阴阳》少阴脉起止情形基本一致，但其循行路线有较大差异，两者差异主要在于腹部以上，《足臂》足少阴脉入腹后沿脊柱上行至肝，再经胅行至舌根，而《阴阳》入腹沿脊柱与肾脏相连后直接行至舌根。

5. 足太阴脉

《足臂十一脉灸经》：大指内廉骨际—内踝上廉—胻内廉—膝内廉—股内廉

《阴阳十一脉灸经》：胃—鱼股阴下廉—腨上廉—内踝之上廉

足太阴脉是《足臂》与《阴阳》在循行上差别较大的一条脉，两者起止、长度、方向均不同，《足臂》足太阴脉的循行路线仅在下肢，《阴阳》从躯干的胃一直行至脚踝处。从长度上看，《阴阳》足太阴脉较《足臂》明显延长，然而从脉的端点而言，相较于《阴阳》的脚踝部，《足臂》足太阴脉的端点为足大指，无疑较《阴阳》更近肢端。

6. 足厥阴脉

《足臂十一脉灸经》：大指间—胻内廉—上踝八寸交足太阴—股内—胫间

《阴阳十一脉灸经》：足大指丛毛上—足跗上廉—去内踝一寸—鱼股内廉—少腹—大眦旁

《足臂》与《阴阳》的足厥阴脉长度相差悬殊，《足臂》从足大指

---

① 马王堆汉墓帛书整理小组：《马王堆汉墓帛书·五十二病方》，北京：文物出版社，1979 年，第 157 页图似误，当经外眼角而直接向上环额至额部正中，而不应如目前的由外眼角折回经内眼角再上至额部正中。

经下肢至大腿根部内侧,而《阴阳》除行经下肢外,向上经小腹到内眼角。《足臂》专门提及足厥阴脉与足太阴脉在上踝八寸处相交的情况,《阴阳》甲本、丙本均残缺,乙本作"上踝五寸而出于大阴之后",同样描述了足太阴与足厥阴的相交情形,只是两者所述相交的位置不同。

7. 臂太阴脉

《足臂十一脉灸经》：（臂）筋上廉—臑内—腋内廉—心

《阴阳十一脉灸经》：手掌中—内阴两骨间—骨下廉筋之上—臂内阴—心

《足臂》与《阴阳》臂太阴脉循行路线相差不大,仅起点略有不同：《足臂》"筋上廉"为臂筋内侧前缘（靠大指侧）,《阴阳》起于手掌中。

8. 臂少阴脉

《足臂十一脉灸经》：筋下廉—臑内下廉—腋—胁

《阴阳十一脉灸经》：臂两骨之间—下骨上廉筋之下—臑内阴—心中①

《足臂》与《阴阳》臂少阴脉的起点相距不远,两者臂部循行路线近似,《阴阳》经臑内阴而止于心中,相较《足臂》,《阴阳》臂少阴脉无疑更有延长。

9. 臂太阳脉

《足臂十一脉灸经》：小指—臂骨下廉—臑下廉—肩外廉—项—××—目

《阴阳十一脉灸经》：耳后—肩—臑外廉—臂外—手背

《足臂》与《阴阳》臂太阳脉的循行方向不同,前者由肢端至头部,后者由头部至肢端;对于臂太阳脉的循行路径,两者起止不同外,其间循行路径大体相同;《足臂》臂太阳脉端点为小指,较《阴阳》更近肢端。

---

① 《阴阳》甲本无"入心中"句,此据乙本、丙本。

10. 臂少阳脉

《足臂十一脉灸经》：中指—上骨下廉—耳

《阴阳十一脉灸经》：手背—臂外两骨之间—上骨下廉—肘中—耳中

《足臂》对臂少阳脉的描述非常简略，《阴阳》则较为详细，两者除了起点不同外，其他部分循行路径基本一致。从起点来看，《足臂》起于中指，相较《阴阳》显然更接近肢端。

11. 臂阳明脉

《足臂十一脉灸经》：中指间—骨上廉—臑外廉①—枕—口

《阴阳十一脉灸经》：次指与大指上—臂上廉—肘中—臑—頰—齿中—鼻

《足臂》与《阴阳》起点不同，手臂部分循行路径相差不大，此后差别较大，《足臂》经肱部外侧再经后头部至口，②《阴阳》从肱部直接经脸颊并入于齿中而止于鼻部，除了体表径路外，还深入齿中。

通过以上对脉的循行路线的对比可以发现，对于足部三阴脉，《足臂》与《阴阳》均存有较大差异。其中对于足少阴脉，《足臂》与《阴阳》的起止部位与长度均基本一致，然其所关联的脏腑不同，前者为肝，后者为肾；对于足太阴脉与足厥阴脉，《足臂》与《阴阳》的循行路线长度差距较大，《足臂》的足太阴脉与足厥阴脉均在下肢循行，《阴阳》的循行路线分别延伸至胸腹部与头面。《足臂》与《阴阳》足部阳脉的循行差异较小。

其次，《足臂》与《阴阳》的臂脉有所差异。其中对于臂太阴脉，《足臂》与《阴阳》终点相同，而《阴阳》的起点更近肢端；对于臂少阴

---

① 帛书《足臂》此处残缺，据马继兴、周一谋补，分别见马氏《马王堆古医书考释》（长沙：湖南科学技术出版社，1992 年，第 215 页注 3）、周氏《马王堆医书考注》（天津：天津科学技术出版社，1988 年，第 21 页注 3）。

② 由枕至口无需上绕头顶，马继兴有关臂阳明脉的循行路径论述似不确，参氏著《马王堆古医书考释》，第 214 页.

脉而言,《足臂》与《阴阳》的起点接近,而《阴阳》的终点在心,①循行路线长于《足臂》。若不考虑循行方向,仅关注循行线路,则可发现《足臂》与《阴阳》臂太阳脉在上肢的端点中,《足臂》更靠近肢端,同样的情形,《足臂》的臂少阳脉与臂阳明脉的起点较《阴阳》均更近肢端。

综合来看,对于足部阴脉而言,《阴阳》的足太阴脉与足厥阴脉的循行路线均较《足臂》有显著的延长,且延长部分分别至胸腹与头面,显然较《足臂》更为紧要;相较而言,《足臂》与《阴阳》的足部阳脉在循行路线方面差异较小。对于臂部阴脉而言,《阴阳》的循行路线均较《足臂》为长,且《阴阳》臂少阴脉更与心脏关联,显较《足臂》更加紧要;对于臂部三条阳脉而言,《足臂》的循行路线均更加近于肢端且均长于《阴阳》。

(3)《足臂十一脉灸经》支脉的意义

《足臂》的足太阳、足少阳两脉各有两条支脉,《阴阳》无。将《足臂》与《阴阳》足太阳脉的循行路线对比如下:

《足臂》:外踝娄中—腨—郄(枝下脾)—臀—脊—项—头(枝颜下—耳)—目内眦—鼻

《阴阳》:外踝娄中—郄中—臀—厌中—脊—项—头角—颜—颈—目内廉

依马继兴说,《足臂》中从郄部分出一条至下脾的支脉,脾当作胂,下胂即指背部下方,荐部附件棘突的肌肉群。②《阴阳》中的厌中即股骨大转子处,《阴阳》巨阳脉的此局部循行路线为腘窝(郄中)至臀再至股骨大转子处(厌中)再挟脊而上,相较于《足臂》较平直的

路线,《阴阳》此处循行路线向外撇至股骨大转子部,然后再行至脊部,这一从厌中至脊的转折循行部分,无疑包括荐部附件棘突的肌肉群,即下腘。同理,《阴阳》巨阳脉由头角至颜再至頞(鼻梁)的循行路线涵盖了《足臂》中由头分出的支脉的一部分。

再来看足少阳脉:

《足臂》:外踝前(枝骨间)—膝外廉—股外廉—胁(枝肩髆)—腋—项—耳—枕—目外眦

《阴阳》:外踝前廉—鱼股之外—胁①上—目前

《阴阳》足少阳脉的描述非常简略,然而外踝前廉至鱼股之外的循行路线无疑是涵盖膝外廉的,但此后经胁上至目前的循行路径则与《足臂》差别较大,《足臂》自肩后上行至颈再至耳至目,而《阴阳》则很可能从胁经腋直至目下,如此,则《阴阳》足少阳脉并不涵盖《足臂》支脉的循行部位。

由以上比较可以看出,虽然《阴阳》经脉循行包括部分《足臂》支脉循行部位,然而《足臂》足太阳脉、足少阳脉的循行路线与《阴阳》不尽相同,且《阴阳》的经脉循行范围与《足臂》支脉行经部位并不全然一致,因此《足臂》经脉分支情形与《阴阳》之间并不存在明显的联系。《足臂》支脉出现的原因,当为于整合病候或学说的需要,②而《阴阳》并未采用这种方式处理不同的病候经验,原因当在于《阴阳》通过另外的方式——整合“是动病”与“所生病”来达到了同样的目的。因此,支脉有无的情形当只是反映了处理病候或学说的不同方式,这有助于说明《足臂》与《阴阳》分属不同传派,但无法论证二者之间的发展程度和相对年代。

相较于《足臂》支脉的作用及性质,《灵枢·经脉》所反映的经典十二脉系统的支脉主要出于表达十二脉的环形连接方式以及反映经脉与脏腑的关系,且经典十二脉系统各脉普遍见有支脉的情形当

---

① 此处甲、乙本均缺,据丙本补。
② 黄龙祥:《中国针灸学术史大纲》,第302—303页。赵京生也认为《足臂》支脉具有说明病候的临床意义,参氏著《针灸经典理论阐释》,第26页。

是在较晚时期内集中完成的。① 因此,在支脉的性质及作用方面,《足臂》与《灵枢·经脉》有较为显著的区别。相较于将《足臂》至《灵枢·经脉》视为经脉理论发展演进的意见,《灵枢·经脉》只是参考了《足臂》支脉的形式的观点似乎更加准确。

（4）《足臂十一脉灸经》《阴阳十一脉灸经》各脉和脏腑关联情形比较研究

《足臂》与《阴阳》部分经脉均与内脏产生关联,然而二者各脉与脏腑关联的情形并不一致。相关情形见下表:

《足臂十一脉灸经》各脉循行及病候所涉脏腑情况表:

脉　名	循行所涉脏腑	病候所涉脏腑
足太阴脉		（腹痛、腹胀,善噫）心烦,善疛
足少阴脉	肝	肝痛,心痛,烦心
臂泰阴脉	心	心痛,心烦而噫

《阴阳十一脉灸经》各脉循行及病候所涉脏腑情况表:

脉　名	循行所涉脏腑	病候所涉脏腑	
		是动病	所产病
足少阳脉		心痛	
足阳明脉			心痛
足太阴脉	胃	上走心	心烦,心痛与腹胀
足少阴脉	肾	心如悬（绝）,心惕惕恐人将捕之	

---

① 参赵京生:《针灸经典理论阐释》,第 27—30 页。

续　表

脉　名	循行所涉脏腑	病候所涉脏腑	
		是动病	所产病
足厥阴脉			心烦
臂巨阴脉	心	心彭彭如痛	心痛
臂少阴脉	心	心痛	

　　《足臂》足太阴脉起于足大指内廉骨际,止于股内廉,其循行路线限于下肢,然其所主病症中包含腹痛、腹胀、善噫、心烦,善疒,均超出其脉循行范围。这种情形在《足臂》与《阴阳》中均有反映,如足少阴脉经脉循行未关联心,然其病症中有心痛、烦心,同理,《阴阳》的足少阳脉、足阳明脉、足太阴脉、足少阴脉以及足厥阴脉均出现了此种情形。这说明脉与脏腑的关系以及各脉对应病候的关系均尚未定型,其中与心有关的病候同时见于不同脉症的情况也说明辨症施治的概念尚未出现,从这些方面来看,《足臂》与《阴阳》无疑处于大致相同的发展阶段,二者之间并无实质性差别,与脏腑联系的方案不同,也只能反映出《足臂》与《阴阳》属于不同传派的情形,并无助于判断二者的相对年代。

　　(三)《足臂十一脉灸经》与《阴阳十一脉灸经》各脉病候的比较研究

　　《灵枢·经脉》中每条经脉病症中同时记有"是动病"与"所生病",所以有关"是动病"与"所生病"的性质及关系问题历来受到医家关注。对此,以往注家大体将这两种病症看作对不同性质的病症分类,这种意见被多数研究者用以解释《足臂》与《阴阳》中的相关病候。也有研究者提出了其他的解释,廖育群根据"是动病"与"所生病"中存在重复病症的情况,认为二者非疾病分类,"所生病"很可能是出于后人的注释,同则照录,不足者补充,有异者记以己见;[①]赵京

———————

① 　参廖育群:《岐黄医道》,第25—26页。

生认为"是动病"与"所生病"的渊源不同,《阴阳》"所生病"当为附录之文,为后人摘录它书而成;①韩建平认为"是动病"在年代上较"所生病"为早,在《阴阳》成书之时,"是动病"则已成为过时学说而不被重视了,"所生病"除去继承自"是动病"的部分外得到了更多的发展;②李建民认为"是动病"为动脉搏动异常而出现的症候群,是一种脉诊病,而"所生病"为依经脉体表循行所归纳的病变群,两者是不同性质的病症,脉诊部位基本不变而经脉路线多经调整,因此"是动病"变化不大而"所生病"有所发展、变化;③黄龙祥的意见与李建民思路相同,认为"是动病"与"所生病"是两种性质和意义不同的疾病类型:前者是古人在脉诊过程中通过腕踝部脉口脉诊所发现的病候,而后者则指经脉异常时可能出现的各种沿经脉循行部位的病变,是人们将当时所认识到的病症按经脉加以分类而成,在经脉病候中,"是动病"形成在前,"所生病"出现在后,二者的意义原本有本质的不同,④并指出两种疾病的特点:"是动病"多为一组有内在联系的病症,可表可里,而"所生病"多为体表病症;"是动病"症可同时出现,"所生病"则不大可能同时出现。⑤

　　廖育群与韩建平的意见不能很好地解释为何更完善的"所生病"出现之后仍保留"是动病"这一现象。黄龙祥有关"是动病"与"所生病"的意见涉及相关的经脉发生过程,较为复杂,以下尝试对其分析。

　　根据黄龙祥对"是动病"与"所生病"的性质判定,可将其所讨论的"是动病"与"所生病"的特点大体总结如下:一是从脉的病候与脉的循行路线的关系来看,"所生病"病候应与经脉循行路线基本一致,"是动病"则无需如此;二是"所生病"多为体表病症,"是动病"病症可表可里;三是"所生病"不大可能同时出现,而"是动病"症状可同时出现,且病症多有内在联系。然而《足臂》与《阴阳》的病候情

①　参赵京生:《针灸经典理论阐释》,第49—51 页。
②　参韩健平:《马王堆古脉书研究》,第40—57 页。
③　李建民:《发现古脉——中国古典医学与数术身体观》,第219—227 页。
④　黄龙祥:《中国针灸学术史大纲》,第363 页。
⑤　黄龙祥:《中国针灸学术史大纲》,第367 页。

形与此并不相符。①

首先来看足太阳脉,若将《阴阳》此脉的"是动病"与其脉循行路线比较即可知两者基本一致,且相关病症与脉的循行情形更加贴合,如循行路径中的"系目内廉",其"是动病"中有"目似脱"之症,而"所生病"无眼部病症,且此脉"是动病"均为痛、结、不可运等体表病症,反而在"所生病"病症中出现诸如疟、痔等非体表病症。其次,"所生病"中包含非体表性病症的还有《足臂》足少阴脉(肝痛、心痛),《阴阳》足太阴脉(心痛、溏瘕)、足厥阴脉(热中)、臂太阴(脘痛)。此外,《阴阳》足太阳脉的"所生病"病症排列顺序由头至脚,与其脉行顺序相反,这种情形也见于《阴阳》足少阴脉、足阳明脉、足少阳脉以及《足臂》足厥阴脉,并且《足臂》足厥阴脉的病症为一组有内在联系的病症。②

其次,再来看《足臂》病症和《阴阳》"所生病"病症与脉行范围不对应的情形。如对于足太阳脉,《足臂》与《阴阳》均起于踝部,故《足臂》与《阴阳》"所生病"中的足小指病症即不在脉行范围之内,类似情形还见于《足臂》与《阴阳》足少阳脉"所生病"(足中指痹),《足臂》与《阴阳》足阳明脉"所生病"(足中指废和鼻衄),《足臂》足少阴脉(心痛、烦心),《阴阳》足少阳脉"所生病"(足中指痹)、足阳明脉"所生病"(足中指废和鼻衄)、足少阴脉(病症多集中于喉口部而较少其他脉行部位的病症)、足太阴脉(心烦、心痛),足厥阴脉、足太阴脉③以及肩脉(颔痛、喉痹)、耳脉(目外眦痛、颊痛)和齿脉(肬肿、目黄)、臂巨阴脉(腕痛、四末痛)。并且,虽相较足脉,臂脉的复杂程度较低,然相应的《足臂》臂脉病症以及《阴阳》臂脉"所生病"仍显得异常单薄而与其脉行路线不甚相称。

最后来看治法。《足臂》在叙述各脉主病病候之后,均有"诸病

---

① 据以上对"是动病"与"所生病"的意见,黄龙祥认为《足臂》各脉病候相当于《阴阳》的"所产病"。

② 参赵京生:《针灸经典理论阐释》,第139—141页。

③ 《阴阳》足太阴脉与足厥阴脉的"所生病"体例与其他脉不同,这也是造成此两脉"所生病"与其脉循行相差较大的原因之一,因数量较多,恕不详列。《阴阳》足太阴脉与足厥阴脉的"所生病"内容与《足臂》足三阴脉后论述脉死候的文字关系密切。

此物者皆灸某某脉"之语,此灸法便为针对各脉病候的治法,一般研究者将治法中对于脉的灸治看作对整条脉行部位的诊治,如此,则这种灸治法便成了一种大面积烧灼灸法。有研究者提出了不同意见,韩健平提出了"狭义"的脉的概念来指称医书中局限于局部部位的经脉名称,①李建民大致认同韩氏意见,并建议将这种"狭义的脉"径称为穴,②黄龙祥也有类似意见,③且依黄氏意见,"是动病"原本为腕踝部脉口的脉诊病候,如此,则针对脉口的灸治方法无疑对"是动病"有较好的疗效,④然而《足臂》灸法所针对的各脉病症恰同《阴阳》"所产病",并且在《阴阳》足少阴脉"所产病"之后的一段话中也提到了灸法,说明"所产病"亦可通过灸法治疗,这显然不支持黄龙祥认为脉口灸治法针对"是动病"的意见。

黄龙祥对于"是动病"与"所生病"的性质及其关系的认识是基于其经脉生成理论的,黄氏认为经脉产生大致符合一种由点及线的过程:即基于脉口脉诊发现远隔部位的相互关联,随着脉诊部位的不断增加从而使经脉线索逐渐清晰。⑤ 如此,则经脉脉口病候及本输主治当决定经脉循行路线的演变,⑥也就是说不断发现而增加的脉口病候(即黄龙祥定义的"是动病")显示了经脉的循行路线,然而从目前的情形来看,是动病与经脉循行的差异非常明显。

因此,黄龙祥有关"是动病"与"所生病"的性质及关系的观点尚有可议之处,与此类似的李建民的意见也需要进一步论证。《足臂》各脉主病病候与《阴阳》所产病的发病部位多与相应的脉行部位一致,这与《阴阳》"是动病"的情形有异,两种病症应存在不同的渊源,这种差异出自不同流派的理论及实践,而《阴阳》整合了这两种不同传派的病症内容,《阴阳》的整合方式当正如赵京生所言,是将不同

---

① 参韩健平:《马王堆古脉书研究》,第18—39页,第二章"关于脉的名称的讨论"。
② 参李建民:《生命史学——从医疗看中国历史》,上海:复旦大学出版社,2008年,第261—284页。
③ 参黄龙祥:《中国针灸学术史大纲》,第209—218页。
④ 参黄龙祥:《中国针灸学术史大纲》,第234—238、367页。
⑤ 参黄龙祥:《中国针灸学术史大纲》,第186—208页。
⑥ 黄龙祥:《中国针灸学术史大纲》,第389页。

的内容抄录而成。这对于说明《阴阳》的文本结构和成书过程较有帮助，然而由此并不足以推论《足臂》与《阴阳》的相对年代。

　　基于以上对《足臂》与《阴阳》的分析可知，两者虽然在经脉命名方式、经脉循行、经脉与脏腑关系以及经脉主病病候上存在差异，然而这些差异并不支持两者之间存在线性演进关系。两者的内容异同互见，且互有优劣，并未体现出较为明显且规整的趋势。整体而言，两者在经脉命名的基本原则、经脉循行及其与脏腑和主病病候的关系方面，均遵循大致相同的原则，两者所体现的经脉理论并无实质性差别，在经脉理论发展阶段上处于大致相同的水平。对于《足臂》与《阴阳》这种拥有相同的经脉理论背景而又存有细节性差异的"大同小异"的情形，线性演进模型无疑不能做出圆满的解释，而认为两者分属不同体系且平行发展的意见也不够精确，因为《足臂》与《阴阳》均属"十一脉"体系，且前者对后者存在某种影响。①《足臂》与《阴阳》当代表了"十一脉"学说下的不同流派，正因为分属同一经脉学说下的不同流派，因此两者之间呈现出了拥有相同的经脉理论背景而又存有具体差异的"大同小异"的情形。这种两者之间因相互影响而存在关联的情形应当也反映了同一学说中不同流派之间较为普遍的状态。

第三节　马王堆帛书《阴阳脉死候》与
"决死生"之术的成书

　　学界有关帛书《阴阳脉死候》的成书问题讨论不多，除了关注其与《灵枢·经脉篇》的关系外，②似仅有日本学者山田庆儿对《阴阳

---

① 参赵争：《古脉书〈足臂十一脉灸经〉与〈阴阳十一脉灸经〉相对年代问题考论》，《出土文献》第七辑，第 211—212 页；赵争：《古书成书与古书年代学问题探研——以出土古脉书〈足臂十一脉灸经〉和〈阴阳十一脉灸经〉为中心》，《中国典籍与文化》2016 年第 1 期，第 10—12 页。

② 金仕荣、姚纯发：《马王堆帛书〈脉法〉〈阴阳脉死候〉考疑》，《中医药学刊》2005 年第 2 期；刘娇：《从相关出土文献看〈黄帝内经·灵枢·经脉篇〉的成篇情况》，《古籍研究》2008 年卷上，第 95—101 页，又见刘娇：《言公与剿说——从出土简帛古籍看西汉以前古籍中相同或类似内容重复出现现象》，北京：线装书局，2012 年，第 417—419 页。

脉死候》的成书问题进行了较为细致深入的分析和讨论。① 山田氏有关帛书《阴阳脉死候》成书问题的讨论是与其有关帛书《足臂十一脉灸经》与《阴阳十一脉灸经》成书的意见密切相关的。为便于讨论,现将帛书相关内容抄录如下:②

帛书《足臂十一脉灸经》足厥阴脉相关内容:

1 其病,病胻瘦,多溺,嗜饮,足跗肿,疾痹。

2 诸病此物者,灸厥阴脉。

3 皆有此五病者,又烦心,死。

4 三阴之病乱,不过十日死。

5 揗脉如三人参舂,不过三日死。脉绝如食顷,不过三日死。

6 烦心,又腹胀,死。不得卧,又烦心,死。溏泄恒出,死。

7 三阴病杂以阳病,可治。

8 阳病背如流汤,死。

9 阳病折骨绝筋而无阴病,不死。

帛书《阴阳十一脉灸经》足太阴脉所产病内容:

Ⅰ其所【产病】:□□,心烦,死;

Ⅱ心痛与腹胀,死;不能食,不能卧,强欠,三者同则死;溏泄,死;

Ⅲ【水与】闭同则死,为十病。

帛书《阴阳十一脉灸经》足厥阴脉所产病内容:

Ⅳ其所产病:热中,癃,癫,偏疝,□□有而心烦,死,勿治殹。

Ⅴ有阳脉与之俱病,可治殹。

帛书《阴阳脉死候》内容:

A 凡三阳,天气也。其病唯折骨裂肤,一死。

① 山田庆儿著,廖育群、李建民编译:《中国古代医学的形成》,第140—148页。

② 以下抄录内容及编号方案一依山田庆儿,参山田庆儿著,廖育群、李建民编译:《中国古代医学的形成》,第140—141、143、146—147页。对于部分释文我们的意见有所不同,参本书第248—249页。

B 凡三阴,地气也,死脉也。阴病而乱,则不过十日死。

C 三阴腐脏烂肠而主杀。□□五死。唇反人盈,则肉先死。

　龈齐齿长,则骨先死。

　面黑,目裹势衰,则气先死。

　汗出如丝,傅而不流,则血先死。

　舌陷卵卷,则筋先死。

D 五者偏有,则不活矣。

一、山田庆儿有关《阴阳脉死候》成书的意见

有关帛书《阴阳脉死候》的成书,山田氏认为 A、B 两条分别对应第 9 和第 4 条文;①A 的"其病"以下部分与 B 的"阴病"以下部分,当原属《足臂十一脉灸经》,两者最初当分别附记在足阳脉与足阴脉中的某一条;《足臂十一脉灸经》的编者将原本混杂在若干脉的记述中的、"决死生"的段落整合在一起,附记在足厥阴脉②之后,而《阴阳十一脉灸经》的编者与此不同,其抽出了记述一般性原则的 A、B 两条内容,与原本独立的"五死"内容结合而成《阴阳脉死候》。③ 也就是说,山田氏认为 A、B 两条内容原本属于《阴阳十一脉灸经》,后被抽出与"五死"内容整合成《阴阳脉死候》。

山田氏有关《阴阳脉死候》成书的这一意见与其对《足臂十一脉灸经》《阴阳十一脉灸经》成书问题的判断有关。通过分析以上所列《足臂十一脉灸经》足厥阴脉的记述,山田氏认为第 3、6、8 条内容性质接近,均为针对某条具体经脉的论述,且原本均附记于相应的经脉;第 4、5、7、9 条内容性质近似,均是较为一般性的叙述。《足臂十

① 山田氏对 A、B 与第 9 和第 4 条的对应情形进行了说明,尤其是对第 9 条"不死"与 A"一死"之间的矛盾情形进行了较详细的讨论,然据最新的释文,A 的"一死"为误释,当作"不死",参湖南省博物馆、复旦大学出土文献与古文字研究中心编纂,裘锡圭主编:《长沙马王堆汉墓简帛集成(伍)》,北京:中华书局,2014 年,第 209 页。

② 山田氏书作"足泰阴脉",当误。

③ 山田庆儿有关讨论参山田庆儿著,廖育群、李建民编译:《中国古代医学的形成》,第 147—148 页。

一脉灸经》的编者在足脉最后添写一般性记述时,将原本针对各具体经脉的内容也整合进来,从而形成《足臂十一脉灸经》足厥阴脉之后部分如今的文本面貌。①

再通过对比以上所列《足臂十一脉灸经》与《阴阳十一脉灸经》的相关内容,山田氏认为《阴阳十一脉灸经》第Ⅰ和第Ⅱ被整合形成了《足臂十一脉灸经》第6条,《阴阳十一脉灸经》第Ⅴ附于特定经脉的记述被一般化为《足臂十一脉灸经》第7条,这些在《阴阳十一脉灸经》中分属特定经脉的内容在《足臂十一脉灸经》中被分离出来而形成了独立的段落,反映了在将记述内容一般化上,《足臂十一脉灸经》比《阴阳十一脉灸经》走得更远。② 基于以上分析,山田氏认为,《阴阳十一脉灸经》原本也拥有与上列《足臂十一脉灸经》足厥阴脉后大体相似的内容,只是二书编者的处理方法不同:《足臂十一脉灸经》被集中整合为一段内容附于足厥阴脉之后,而《阴阳十一脉灸经》将一般性叙述的A、B两条内容抽出,与“五死”内容整合为《阴阳脉死候》。

二、《阴阳脉死候》与《足臂十一脉灸经》及《阴阳十一脉灸经》关系问题辨正

山田氏有关《阴阳脉死候》成书问题的分析无疑极具启发性,令人印象深刻。其认为《足臂十一脉灸经》足厥阴脉后所附内容本各有来路而后被整合为一段的意见大致不误,然其中有可进一步申论之处。

《足臂十一脉灸经》足厥阴脉后多出部分中,第3条内容中的“此五病者”,无疑是针对足厥阴脉的病候而言,此条内容当是针对足厥阴脉所补充的死症病候。第4和第5条内容均涉及死症及其表征以及对死亡时间的预测,其中前者是有关死症与发病情形的关系,后者为脉诊脉象与死症的关系;此处描述死症与发病情形的关系时,明确指出病发范围为“三阴”之病,这里的“三阴”无疑当指足

---

① 山田庆儿著,廖育群、李建民编译:《中国古代医学的形成》,第141—143页。
② 山田庆儿著,廖育群、李建民编译:《中国古代医学的形成》,第144页。

部三条阴脉而言,因为《足臂十一脉灸经》的臂部阴脉仅有两条;脉诊脉象与死症关系的论述未言明死症脉象所属为阴脉还是阳脉,不过从多出部分所处位置在足部各脉之后的情况来看,此处所指很可能为足脉,再考虑到多出部分整体上所反映出来的阴脉为重的倾向,则此处的死症脉象很可能也是针对足部三阴脉而言的。第6条内容是有关三种死症的描述,其所述的三种死症病候中,前二种均有心烦之疾,然而从其描述方式来看,心烦之疾在这两种死候中的地位似有不同:"烦心,又腹胀,死"当以烦心为主,若同时出现腹胀,则不活,"不得卧,又烦心,死"当以不得卧为主,若再出现烦心之症则不活;若这两条死症病候同属一条脉则殊为重复,故以上两种不同死症的情况当是针对不同脉的病候所做的补充,①其各自的性质与第3条对足厥阴脉的补充类似,若此推论不误,则第6条内容中的"溏瘕恒出,死"也当是对另外一条脉的病候所作的补充。以上第7、8、9条内容为阴病、阳病的发病情形与死症的关系,此条内容明显反映了阴脉及阴病更为紧要以及对其重视,然而其中也出现了阳病的死症,并且第8、9条内容无疑是以阳病为主要描述对象,故而这三条内容与第4、5条的侧重点有差异。

　　从整体上看,以上所列《足臂十一脉灸经》足厥阴脉内容处于足部六脉之后、臂部五脉之前,也就是说,多出部分在足脉之后而非《足臂十一脉灸经》篇末,说明这些内容原来均附属于足脉。具体而言,第3条内容作为足厥阴脉的补充,目前位于足厥阴脉之后的情形当与其原初位置相同;同理,第6条中的三句当分别附属于相应的脉;第4、5两条内容最有可能原本即附于足厥阴脉之后,与目前的位置当相差不大;第7、8、9条内容的位置原本很可能附于足部三阳脉之后。这种推论的合理之处还在于:对以上内容原初位置的判断,符合从前至后的整编顺序。若据山田氏的意见,将附于各脉之后的第3、6、8条与一般性记述的第4、5、7、9条整合为目前的面貌,则需在《足臂十一脉灸经》篇前后跳跃选取,这无疑不合常理。

---

① 若据目前《足臂》的内容来看,足少阴脉病候中有"烦心"之症,多出部分中的"烦心,又腹胀,死"或为足少阴脉的补充。

　　有关《足臂十一脉灸经》与《阴阳十一脉灸经》的关系,实际情形可能恰与山田氏的分析相反:并非《足臂十一脉灸经》整合了《阴阳十一脉灸经》的内容,而是《阴阳十一脉灸经》受了《足臂十一脉灸经》(或某种类似文本)①的影响。

　　首先,《阴阳十一脉灸经》足厥阴脉"所生病"记述了"热中、癃、癞、偏疝"四种病候,而其后的病候统计却为五病。② 这是因为《阴阳十一脉灸经》足厥阴脉"所产病"内容受到了《足臂十一脉灸经》(或某种类似文本)的影响,对此可参本章第二节第三部分的相关讨论。

　　其次,《阴阳十一脉灸经》内容Ⅱ与《足臂十一脉灸经》第6条非常近似。由上文分析可知,《足臂十一脉灸经》第6条内容中的三种死症原本当分属不同的经脉,并非针对同一条脉的死症病候。然而在《阴阳十一脉灸经》中,这些死症病候均被当作足太阴脉的病候,这说明《阴阳十一脉灸经》的编者已经不清楚这些死症原本分属不同经脉的情形。在《阴阳十一脉灸经》三条阴脉中,只有足太阴脉"是动病"中有"走心""腹胀"的症状,这应当是《阴阳十一脉灸经》编者将内容Ⅱ编入足太阴脉的主要原因。

　　再次,《阴阳十一脉灸经》本身的成书过程也有助于说明其与《足臂十一脉灸经》的关系。《阴阳十一脉灸经》至少呈现出三个文本层次:一是脉名及脉的循行路线内容,二是各脉"是动病"内容,三是各脉"所产病"内容。相应地,这些内容至少经历了二次编辑从而形成了《阴阳十一脉灸经》文本的主体部分。我们姑且将仅有各脉循行加"是动病"内容的《阴阳十一脉灸经》文本称为《阴阳十一脉灸经》原始文本,将原始文本再加上"所产病"内容的文本称为《阴

---

① 此处不能确定影响《阴阳》的即为《足臂》的原因在于,《阴阳》与《足臂》的相应内容并不全然吻合,其间还存在一些差别,古书流传的复杂性要求我们在讨论文本内容时,要充分考虑到其中的可能性,为可能的古书文本留有空间,相关讨论参李锐:《从出土文献谈古书形成过程中的"族本"》,谢维扬、赵争主编:《出土文献与古书成书问题研究——"古史史料学研究的新视野研讨会"论文集》,上海:中西书局,2015年,第107—120页。
② 《阴阳》甲本此处残缺,《阴阳》乙、丙本作"五病"。

阳十一脉灸经》主体文本。① 通过上文分析可知,足太阴脉与足厥阴脉的"所产病"内容无疑受到了《足臂十一脉灸经》(或某种类似文本)的影响而被改编为目前的形式,这种改编当发生在《阴阳十一脉灸经》主体文本形成之后,因为只有如此,改编内容才会涉及"所产病",若对没有"所产病"内容的《阴阳十一脉灸经》原始文本进行改编,则改编部分当涉及"是动病"。此外,《阴阳十一脉灸经》足少阴脉后多出的"少阴之脉,久则强食产肉"一段内容涉及灸法及治法,纵观《阴阳十一脉灸经》全篇,仅有此处言及治法,并且此段内容位于所产病数目统计之后,因此当为后来补入。若以上推论不误,则《阴阳十一脉灸经》主体文本形成之后,原足太阴脉与足厥阴脉的"所产病"内容被进行了改编,足少阴脉后附入了有关治法的内容,从而形成了我们看到的《阴阳十一脉灸经》今本面貌。统观《阴阳十一脉灸经》全篇,其大致遵循统一的叙述格式:脉名之后先叙述脉的循行路线,然后以"是动则病"开头叙述"是动病",以"是某某脉主治"结尾,然后以"其所产病"开头叙述"所产病",末尾有所产病数目统计,其中仅足部三阴脉在内容形式上与此不谐;而《足臂十一脉灸经》足部三阴脉各脉之后原本当分别附记了死症病候,较为独特。因此《阴阳十一脉灸经》足部三阴脉的独特形式受到《足臂十一脉灸经》(或某种类似文本)影响的可能性较大。

以上分析与前文相关讨论一致。由此可知,上文所列出《阴阳十一脉灸经》与《足臂十一脉灸经》的编号内容并非如山田氏所分析的后者整合了前者,恰恰相反,实际上应该是《阴阳十一脉灸经》参考了《足臂十一脉灸经》(或某种类似文本)的内容,并且《阴阳十一脉灸经》的成书过程也决定了除足太阴脉与足厥阴脉的相关内容外,《阴阳十一脉灸经》并无与《足臂十一脉灸经》足厥阴脉后近似的其他内容,故而《阴阳脉死候》也不会是源自《阴阳十一脉灸经》的内容与"五死"部分整合而成的。

---

① 有关《阴阳》成书过程的分析请参赵争:《古书成书与古书年代学问题探研——以出土古脉书〈足臂十一脉灸经〉和〈阴阳十一脉灸经〉为中心》,《中国典籍与文化》2016 年第 1 期。

三、"决死生"内容的一般化与《阴阳脉死候》成书

通过上文分析可知,《阴阳脉死候》A、B 两条并非源于《阴阳十一脉灸经》,且从内容上看,《阴阳脉死候》内容 A 和内容 B 与《足臂十一脉灸经》的相关内容非常接近,这可能有两种情形:或《阴阳脉死候》受了《足臂十一脉灸经》(或类似文本)的影响,或相反,《足臂十一脉灸经》吸收了《阴阳脉死候》(或类似文本)的内容。实际情况很可能为第一种,原因如下:

首先,来看《阴阳脉死候》A、B 条内容中的"三阴三阳"。对于《阴阳脉死候》的"三阴三阳",一般意见均以人体三阴脉和三阳脉作解,①概认为《阴阳脉死候》"三阴三阳"对应于后世经典十二脉学说的手足三阴脉和三阳脉。然而这种解释与《阴阳脉死候》"三阴三阳"的实际情形并不一致,最显著的矛盾之处在于,与《阴阳脉死候》合抄的《足臂十一脉灸经》与《阴阳十一脉灸经》均仅有十一脉,其中足脉六臂脉五,六阳脉五阴脉,与手足三阴三阳的十二脉说并不一致。这种情形有以下两种可能:一是《阴阳脉死候》的"三阴三阳"确属于某种十二脉系统,二是《阴阳脉死候》的"三阴三阳"并不对应十二脉说,也不能以十二脉说来解释。从《阴阳脉死候》所在帛书篇目安排以及各篇内容上看,帛书两部《十一脉灸经》后接着抄写《脉法》与《阴阳脉死候》的情形无疑反映了两部《十一脉灸经》是较为流行的经脉学说,另一幅帛书上《却谷食气》与《阴阳十一脉灸经》乙本合抄也印证了"十一脉"说较为流行的情形,湖北张家山汉简《脉书》的内容安排更说明了这种"十一脉"说的流行程度,因此,将《阴阳脉死候》与《足臂十一脉灸经》和《阴阳十一脉灸经》合抄也正反映了帛书编者的编纂意图和原则。因此,目前看来,《阴阳脉死候》的"三阴三阳"不太可能属于某种十二脉系统,而当与《阴阳十一脉灸经》所代表的"十一脉"说密切相关。

---

① 略如周一谋、萧佐桃:《马王堆医书考注》,天津:天津科学技术出版社,1988 年,第 47 页;马继兴:《马王堆古医书考释》,第 304、306 页;魏启鹏、胡翔骅:《马王堆汉墓医书校释(壹)》,成都:成都出版社,1992 年,第 41页;《长沙马王堆汉墓简帛集成(伍)》,第 209 页。

　　《阴阳脉死候》"三阴三阳"关联"十一脉"说而并非"十二脉"系统，那么其"三阴三阳"无疑当对应足部经脉。实际上，《阴阳脉死候》"三阴三阳"原本即是针对足脉而言。《阴阳脉死候》内容 A 和 B 与《足臂十一脉灸经》第 9 和 4 条关系密切，由上文相关分析可知，《足臂十一脉灸经》足厥阴脉后附记内容原本均是针对足脉而言的，《足臂十一脉灸经》第 9 和 4 条同样如此，因此，《阴阳脉死候》内容 A 和 B 中的"三阳""三阴"也当指足三阳脉和足三阴脉，只是其未加足部标称。这种足脉不加足部标称的做法较为常见，如《足臂十一脉灸经》《阴阳十一脉灸经》《五十二病方》及《史记·扁鹊仓公列传》，①反映了较早的经脉命名情形，这种情形与足脉首先采用三阴三阳的命名原则有关。②

　　其次，再来看天回医简的相关内容。尽管天回医简《五死》有一定程度的残损，然而其目前的内容大致可分为两部分：论述"五死"的内容和此后的经脉死症的内容。天回医简《五死》的"五死"如下：

　　　　病有五死，一曰形死，二曰气死，三曰心死，四曰志死，五曰神死。③

　　相较于马王堆帛书《阴阳脉死候》肉、骨、血、气、筋的"五死"内容，天回医简《五死》为形、气、心、志、神。从论述层次上看，帛书《阴阳脉死候》为有形的人体组成部分，而天回医简《五死》则更为抽象，在较为具体的"形"之外，更注重精神对象。比较而言，这反映了天回医简《五死》内容更为一般化的情形。统而言之，帛书《阴阳脉死候》和天回医简《五死》这两种"五死"内容不同而数目皆为五，显是受

---

① 《足臂》足太阳脉论治法句"诸病此物者，皆灸太阳脉"，即无足部标称，同样的情形还出现在《足臂》足少阳脉、足阳明脉和足厥阴脉中；《阴阳》足部经脉皆不加足部标称。此外，《五十二病方》中治疗癫病时有灸太阴、太阳之说（《长沙马王堆汉墓简帛集成（伍）》第 257 页），也无足部标称；天回医简《十二脉》（厥阴脉）及《别脉》（间别太阴脉、间别少阴脉、间别太阳脉）中同样存在脉名省略足部标称的情形。《史记·扁鹊仓公传》中这种情形多见，如司马迁：《史记》，北京：中华书局，1982 年，第 2797、2800、2801、2802、2803 页等。《素问·脉解》记足六脉病候而脉名前均无足部标称。
② 黄龙祥：《中国针灸学术史大纲》，第 289—291 页。
③ 释文取宽式。释文详情参天回医简整理组：《天回医简》，第 73 页。

了"五行"学说的影响。作为一种高度抽象的模型,"五行"学说在古代具有广泛的影响,拥有普遍性意义,马王堆帛书《阴阳脉死候》以及天回医简《五死》的"五死"内容显然欲以此来获得更为普遍的意义。

天回医简《五死》的经脉死症有如下内容:

① 数溲,足跗肿。

② 有此五者,烦心则死。

③ 则死。脉绝如食間,不过三日则死。烦心与腹胀俱,则死。溏瘕

④ 之病杂阳病,可治。阳病背如沃□则死,阳病析肤绝□而不杂阴,不死。

⑤ 产瘕,胁外肿,目外眦痛。阳①

很明显,天回医简《五死》经脉死症内容的第①②③④条对应上文所列《足臂十一脉灸经》足厥阴脉后第 1、3、5、6、7、8、9 条,天回医简《五死》经脉死症内容⑤见于《足臂十一脉灸经》足少阳脉病症。② 上文在讨论《足臂十一脉灸经》成书过程时提到,《足臂十一脉灸经》足厥阴脉后所附经脉死候内容是将原本分属不同经脉的内容整合而来,天回医简《五死》经脉死症与《足臂十一脉灸经》的对应情形更有助于说明这种内容整合方式。天回医简《五死》同样将原本分属特定经脉的内容抽出集中抄写并单独成篇,从而使其脱离了具体的经脉内容,具有了更为一般化的意义。这不仅与帛书《阴阳脉死候》的内容整合方式一致,而且在一般化程度上更进一步。这种文本整合方式无疑是一种具有代表性的做法,反映了对待经脉死候的一般化趋势。③ 这种情形无疑使"决死生"成了一种专门的技术领域,并

---

① 释文取宽式。释文详情参天回医简整理组:《天回医简》,第 74 页。

② 《足臂十一脉灸经》足少阳脉内容为"其病:病足小指次指废:胻外廉痛,胻寒,膝外廉痛,股外廉痛,髀外廉痛,胁痛,□痛,产马,缺盆痛,瘘,聋,枕痛,耳前痛,目外眦痛,胁外肿。"见《长沙马王堆汉墓简帛集成(伍)》,第 189 页。

③ 帛书《足臂》将"决死生"内容集中抄于足厥阴脉之后,除了整齐文本外,也不能排除有将"决死生"内容专门化的考量,这也是"决死生"内容一般化过程的前期环节。

且使其具有了某种普遍性意义。《阴阳脉死候》对"三阴三阳"的论述,分别以天地之气与之对应,并以此作为"决死生"的依据和原理,这无疑也是强化普遍性的做法。①

据此可知,帛书《阴阳脉死候》成书参考了《足臂十一脉灸经》(或类似文本),天回医简《五死》的成书也应当受了《足臂十一脉灸经》(或类似文本)的影响。

以上讨论了帛书《阴阳脉死候》以及天回医简《五死》的内容来源与成书方式。实际上,虽同为"决死生"之术,然而二者的"五死"内容与其各自剩余部分内容均属于不同的"决死生"技术:"五死"内容依据人体的五种要素及其症候预测死亡,而经脉死候部分主要基于经脉及病候的阴阳属性预测死亡。这两种不同的"决死生"技术显然分属不同的流派,当有各自的来源。两者均被整合为一个新的文本,与上述帛书《阴阳脉死候》及天回医简《五死》将分属特定经脉的内容整合成书的方式一致,是这种文本整合方式在更大范围上的应用,既揭示了此类"决死生"之术的成书方式,其本身也是"决死生"内容一般化的结果。

综上,帛书《阴阳脉死候》以及天回医简《五死》将原本分属特定经脉的死候内容单独抽出,使其脱离原有的具体语境从而具备了某种一般性的意味,再以具有普遍意义的理论及话语系统(阴阳、天地等)整合这些被抽离的经脉死候内容,并将之与其他具有普遍意义的经脉死候(如受五行理论影响的"五死"内容)纂集成书。这种对待经脉死候的做法及其所反映出来的一般化趋势使"决死生"凸显为一种专门的技术领域,具有了某种普遍性意义。

四、《阴阳脉死候》与"决死生"之术的结集与成书

帛书《阴阳脉死候》是将原本分属特定经脉的死候内容及不同流派的"决死生"之术整合成篇的,因而呈现出较为朴素的状态,然而这种专论"决死生"之术的内容反映了其时对待经脉死候的一般

---

① 各家多以后世经典十二脉说解释《阴阳脉死候》"三阴三阳"的原因也当在此,只是未充分考虑当时特定地域中经脉学说的实际流传情形。

化趋势,帛书《阴阳脉死候》的内容很大程度上拥有了普遍性的意义,并具备了经典化的特征。若考察张家山汉简《脉书》中的相关内容,则对此会有更深入的体认。

与帛书《阴阳脉死候》相较,张家山汉简《脉书·阴阳脉死候》多出一段论述:

> 夫流水不腐,户枢不蠹,以其动。动者实四肢而虚五脏,五脏虚则玉体利矣。夫乘车食肉者,春秋必泻,不泻则脉烂而肉死。脉盈而洫之,虚而实之,静则待之。①

由"玉体""乘车食肉者"来看,此段论述针对的对象为社会上层群体,且对其养尊处优缺乏运动的生活状态提出了针对性意见。这些意见中有"肉死"的后果,此"肉死"无疑与帛书《阴阳脉死候》"五死"中的"肉先死"相对应,当是这段论述接于"五死"内容之后的主要原因之一。当然,"五死"部分为多出的针对"乘车食肉者"的部分提供理论基础。其实张家山汉简《脉书·阴阳脉死候》这段针对特定人群的论述与《阴阳脉死候》内容的一般化趋势"背道而驰",然而恰是从这种"背道而驰"的情形中可以看出,帛书《阴阳脉死候》的内容已经具备了某种经典化的特征:在不同的文本中,帛书《阴阳脉死候》的内容元素呈现出较为稳定的面貌,且为相关的论述提供具有普遍意义的理论基础。当然,这种经典化并不影响编纂抄集的成书方式,张家山汉简《脉书·阴阳脉死候》即在已经实现某种经典化的内容上添加新的内容,从而整合出新的文本。

传世的《灵枢·经脉》篇相关内容亦可见《阴阳脉死候》的影响。《灵枢·经脉》篇在论述十二经脉之后有"五阴气绝"的内容,其主要内容为手足五条阴脉对应的五种"气绝"症状及五种人体元素的死症:手太阴气绝有"毛折者则毛(气)②先死"句,手少阴气绝有"面黑如漆柴者血先死"句,足太阴气绝有"人中满则唇反,唇反者肉先

① 此处采用宽式释文,原释文参张家山二四七号汉墓竹简整理小组编:《张家山汉墓竹简[二四七号墓]:释文修订本》,第124—125页。
② 此处《脉经》《千金》均作"气",且郭霭春语译中以"气"处理,郭霭春:《黄帝内经灵枢校注语译》,贵阳:贵州教育出版社,2010年,第125页。

死"，足少阴气绝有"肉软却故齿长而垢，发无泽，发无泽者骨先死"，足厥阴气绝有"舌卷卵缩则筋先死"。与《阴阳脉死候》相较，两者五种人体元素均为气、血、肉、骨、筋，其中"肉"与"筋"的死症两者相同，"血"的死症中面色发黑的症状与张家山《脉书·阴阳脉死候》吻合，"骨"的死症中齿长之症候与《阴阳脉死候》相同。《阴阳脉死候》经脉死候部分所论是根据经脉及脉症的阴阳属性而"决死生"的技术，其中体现出了阴脉主杀、重视阴脉的理念，《灵枢·经脉》篇"五阴气绝"无疑是这种理念的体现。可见，《灵枢·经脉》篇的"五阴气绝"部分当参考了《阴阳脉死候》（或某种类似文本）的内容，并受到了后者相关理念的影响。由此可以想见《阴阳脉死候》的经典化程度及其影响。

《内经》中不乏与"决死生"有关的内容，不仅如此，《内经》之前便有类似《阴阳脉死候》这类"决死生"的专门之书，如《内经》所称引的《金匮》，《素问·病能论》云"《金匮》者，决死生也"，可见《金匮》当为论"决死生"的专书；又有《奇恒》者，"言奇病也。所谓奇者，使奇病不得以四时死也；恒者，得以四时死也"，此当为聚焦于奇病的"决死生"之术；又有《揆度》者，与《奇恒》"道在于一"，"所谓揆者，方切求之也，言切求其脉理也；度者，得其病处，以四时度之也"，当也涉及"决死生"之术。① 另，《史记·扁鹊仓公列传》所录仓公诊籍中多有"决死生"的内容，这些内容无疑源于仓公从阳庆所学及所受诸书，其中《上下经》《五色诊》《奇咳术》《揆度》等可能与《内经》所称引者关系密切。

《阴阳脉死候》的内容源于不同的"决死生"之术，这其实是一种较为常见的情形，如上文所列《足臂十一脉灸经》足厥阴脉后的附记内容中便包含了不同的"决死生"之术："揗脉如三人参舂，不过三日死。脉绝如食顷，不过三日死"基于脉诊法；"偏有此五病者，又烦心，死""烦心，又腹胀，死。不得卧，又烦心，死。溏瘕恒出，死"为基于病候；"三阴病杂以阳病，可治。阳病背如流汤，死。阳病折骨绝

① 有关《揆度》《奇恒》及《金匮》的讨论，参张灿玾：《黄帝内经文献研究》，上海：上海中医药大学出版社，2005年，第89、90、94页。

筋而无阴病,不死"基于经脉及病候的阴阳属性。从名称上看,《奇恒》《五色诊》《奇咳术》《揆度》当分别聚焦于某种特定的"决死生"技术,而《金匮》则可能类似《阴阳脉死候》,为不同"决死生"技术的集合。

综上所论可知,在早期存有相当数量的不同种类的"决死生"技术,或聚焦某种特定的"决死生"技术,或综合若干种"决死生"之术,这些内容当被编成不同的文本,帛书、汉简《阴阳脉死候》以及天回医简《五死》这种纂集成书的方式当是这类古书形成的重要方式之一。

图书在版编目(CIP)数据

出土文献与古书成书新研 / 赵争著. -- 上海 ： 上海古籍出版社，2024. 12. -- （"出土文献与古史史料学研究"丛书）. -- ISBN 978-7-5732-1393-8

Ⅰ. K877.04；G256

中国国家版本馆 CIP 数据核字第 2024JQ9592 号

"出土文献与古史史料学研究"丛书

出土文献与古书成书新研

赵 争 著

上海古籍出版社出版发行

（上海市闵行区号景路 159 弄 1－5 号 A 座 5F　邮政编码 201101）

（1）网址：www.guji.com.cn

（2）E-mail：guji1@guji.com.cn

（3）易文网网址：www.ewen.co

苏州市越洋印刷有限公司印刷

开本 710×1000　1/16　印张 18.75　插页 2　字数 261,000

2024 年 12 月第 1 版　2024 年 12 月第 1 次印刷

ISBN 978－7－5732－1393－8

K·3731　定价：88.00 元

如有质量问题,请与承印公司联系